# 나를 다 안다는 착각

# 나를 다 안다는 착각

## 무의식은 어떻게 나를 뒤흔드는가

카렌 호나이 지음
서나연 옮김

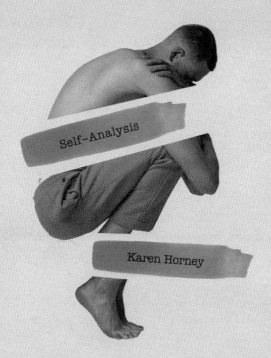

Self-Analysis

Karen Horney

page2

　처음에 정신분석은 철저하게 의학적 치료 방법으로만 개발되었
다. 프로이트는 사람의 몸 속 여러 기관에서 병이 났기 때문이라고
여길 만한 근거를 찾을 수 없는 특정한 제한적 장애, 이를테면 히
스테리 경련이나 공포증, 우울증, 약물 중독, 기능성 위장장애 등은
그 기저에 작용하는 무의식적 요인을 알아내면 치료할 수 있다는
사실을 발견했다. 시간이 흐르고 이런 종류의 장애는 대개 신경증
으로 불리게 되었다.

　지난 30년 동안 정신과 의사들은 신경증을 앓는 사람들이 신경
증이 원인이 되어 나타난 다른 증상 때문에 고통스러워할 뿐만 아
니라, 삶에서 일어나는 모든 일에 대처할 때도 상당한 불편을 겪는
다는 사실을 깨달았다. 그리고 많은 사람이 이전까지 신경증의 특
징이라 생각했던 뚜렷한 증상들을 보이지 않으면서 인격 장애를 앓
고 있다는 사실도 알게 되었다. 다시 말해 신경증인 경우에 증상은
나타날 수도 있고 그렇지 않을 수도 있지만 인격 장애는 항상 존재
한다는 것이 점점 더 분명해졌다. 따라서 이렇게 뚜렷하게 보이지
않은 장애들이 신경증의 본질적 핵심을 이룬다는 결론에 이를 수밖

에 없었다.

　이러한 인식은 정신분석의 효율성을 높임과 동시에 범위를 확장하였고 정신분석학의 발전에 건설적으로 역할하며 크게 이바지했다. 강박적인 우유부단을 비롯해 친구나 연인을 반복적으로 잘못 선택하는 일, 업무를 심각하게 방해inhibition하는 것처럼 분명하게 드러나는 성격 장애도 명백하게 나타나는 임상 증상들과 마찬가지로 분석의 대상이 되었다. 그렇지만 관심의 초점은 인격이나 인격이 발달시킬 수 있는 최고의 상태에 있지 않았다. 정신분석의 궁극적인 목적은 장애를 정확하게 파악하여 최종적으로 제거하는 것이고 성격 분석은 단지 이러한 목적을 향한 수단이었다. 작업의 영향으로 한 사람의 전체 발달이 더 나은 방향으로 가게 된다면, 그 결과는 부산물로 얻어진 것에 더 가까웠다.

　정신분석은 지금까지와 마찬가지로 앞으로도 특정한 신경증적 장애를 위한 치료 방법으로 남을 것이다. 하지만 정신분석이 포괄적인 성격 발달에 도움이 될 수 있다는 사실은 그 자체로 중요성을 띠게 되었다. 사람들의 눈길이 정신분석에 점점 더 쏠리는 이유는 우울증이나 공포증 혹은 그와 비슷한 장애 때문이 아니다. 삶을 견딜 수 없거나 내면의 요인들이 자신을 방해하고, 타인과의 관계를 망가뜨린다고 느끼기 때문이다.

　생소한 전망이 등장할 때면 매번 그렇듯이 이 새로운 동향의 의미도 처음에는 과대평가되었다. 정신분석이 인격 성장을 촉진하는 유일한 수단이라고 딱 잘라 말하는 일이 심심치 않게 벌어지고, 그러한 의견이 여전히 널리 퍼져 있다. 그것이 사실이 아님은 말할 필요도 없다. 우리 자신의 발전을 가장 효과적으로 돕는 것은 바로 삶 그 자체이기 때문이다. 삶은 우리에게 역경을 준다. 고국을 떠나야 한다거나 신체적인 질병에 걸리기도 하고, 어떤 시기를 외롭게 보내야 할 때도 있다. 반대로 삶은 우리에게 선물을 주기도 한다. 기분 좋은 교우 관계는 물론이고, 진정으로 선하고 귀한 사람과 그저 마주치거나 집단 안에서 협력하는 경험 등이다. 이렇게 삶이 부과하는 역경과 선물은 모두 우리가 가진 잠재력을 최대치에 이르게 도와주는 요인들이다.

삶이 우리에게 도움을 줄 때는 불행히도 어느 정도의 불편함도 경험하게 한다. 우리에게 도움이 되는 요인들이 언제나 필요할 때만 오는 것은 아니라는 의미다. 역경은 우리의 활동과 용기를 시험하기도 하지만 우리가 가진 힘보다 더 강한 힘을 가지고 있기에 단지 우리를 짓밟기만 할 수도 있다. 결국 우리는 정신적인 곤경에 얽매여 삶이 우리에게 준 도움을 활용하지 못할 수도 있다. 정신분석에는 비록 다른 어려움이 있을지언정 이러한 단점은 없다. 따라서 정신분석은 개인의 발전에 도움을 주는 하나의 구체적인 수단으로 자리매김하기에 충분하다.

문명사회에서 살아가는 우리는 복잡하고 어려운 상황 때문에 이러한 도움을 받아야 할 필요성이 배가된다. 전보다 많은 사람이 전문적인 분석의 도움을 받을 수 있게 되었다고는 해도, 필요한 사람이 모두 그 혜택을 누릴 수 있는 것은 아니다. 그런 이유에서 자기 분석의 문제가 중요해진다. '자신을 아는 것'은 언제나 가치 있고 실현 가능한 것으로 여겨졌다. 정신분석을 하며 발견해내는 것들은 자신을 알려는 시도에 큰 도움을 줄 것이다. 다른 한편 이러한 발견들 덕분에 자기 분석에 수반되는 본질적인 어려움과 관련하여 이전에 알려진 것보다 훨씬 많은 사실을 알게 되었다. 그러므로 정신분석을 이용한 자기 검진의 가능성에 대해 논의할 때는 언제나 희망적이면서도 겸손한 태도를 잃지 말아야 한다.

이 책의 목적은 자기 분석의 문제를 진지하게 제기하고, 그와 관련된 모든 어려움을 적절하게 고려하는 것이다. 나는 또한 자기 분석 절차와 관련하여 기본적으로 고려해야 할 사항도 제시하고자 했다. 하지만 이 분야에 지침이 될만한 실질적 경험이 거의 없는 탓에, 딱 떨어지는 답을 제시하기보다는 주로 쟁점을 내놓고 건설적인 자기 검진을 시도하도록 격려하는 것을 목적으로 삼았다.

건설적인 자기 분석을 시도하는 것은 우선 사회 안의 개인인 자신에게 중요할 수 있다. 그러한 시도는 자아실현의 기회를 준다. 여기서 자아실현이란 단지 활용하지 못하도록 억제되어 있던 특별한 재능을 발전시키는 데서 그치지 않고 더 나아가, 강인하고 완성된 인간 존재로서 강박에서 벗어나 제대로 기능하지 못하던 잠재력을 개발하는 것을 의미한다. 하지만 자기 분석에는 한 개인의 문제보다 더 포괄적인 문제도 연관되어 있다. 개인이, 그것도 최대한 많은 수의 개인이 가진 잠재력을 최대치로 개발해야만 한다는 믿음은 오늘날의 민주적 이상을 유지하기 위한 필수적인 요소다. 개인의 정신분석이 수행되도록 돕는다고 해서 세계의 병폐가 해결되지는 않겠지만 최소한 그러한 문제들의 원인이자 결과인 불화와 오해, 증오, 두려움, 상처, 취약점 일부를 명확하게 드러낼 수는 있다.

두 권의 전작前作(『우리 시대는 신경증일까』『정신분석의 새로운 길』)에서 신경증 이론의 틀을 제시했다면, 여기서는 더 상세하게 설명하였다. 이번에는 이론에 대한 새로운 관점과 체계화에 대한 설명을 피할 수도 있었지만 그렇다고 해서 자기 분석에 도움이 되는 내용을 제외하는 건 적절하지 않은 듯했다. 다만 가능한 한 주제를 왜곡하지 않으면서 단순하게 문제를 제시하려고 노력했다. 정신적인 문제는 본래 대단히 복잡하고, 이런 특성은 숨길 수도 없고 숨겨서도 안 되는 사실이다. 나는 복잡한 특성을 충실히 고려하는 동시에 부담스러운 전문 용어를 남발하여 난해함을 더하지 않으려 애썼다.

이 기회를 빌려 내용을 빈틈없이 이해하고 자료 정리를 도와준 엘리자베스 토드와 지치지 않고 꾸준히 애써준 비서 마리 레비에게 감사를 표하고 싶다. 그리고 자신의 자기 분석 경험을 출판에 이용하도록 허락해준 환자들에게도 고마운 마음을 전한다.

차례

# 1장

# 자기 분석의
# 실현 가능성과 정당성

혼자서 정신분석을 할 수 있을까?

분석가라면 누구나 환자가 '협조'할수록 분석이 더 빠르고 효과적으로 진행된다는 사실을 안다. 여기서 협조란 환자가 분석가의 제안에 맞장구치며 순순히 받아들인다는 뜻이 아니다. 의식적으로 흔쾌히 자신에 관한 정보를 주려는 환자의 태도를 가리키는 것도 아니다. 자발적으로 분석가를 찾아온 환자들 대부분은 오래지 않아 자신을 최대한 진실하게 표현할 필요성을 깨닫고 받아들인다. 협조는 일종의 자기표현으로, 작곡가가 거의 통제되지 않은 상태에서 음악으로 자신을 표현하듯이 환자가 거의 의식하지 않고 자신의 감정을 표현하는 것을 뜻한다. 작곡가의 내면에 있는 요인들이 표현을 가로막는다면 음악으로 자신의 감정을 표현하는 것은 명백히 불가능하다. 그런 작곡가는 비생산적이게 된다. 마찬가지로 아무리 협조하려고 최선을 다하는 환자라도 그 노력이 어떤 '저항'과 만나는 순간 비생산적인 상태가 된다. 하지만 자신을 자유롭게 표현할 수 있는 시간이 자주 생길수록 환자는 자신의 문제를 더욱 솔직하게 말할 수 있고, 환자와 분석가가 참여하는 공동 작업의 의미도 더 깊어진다.

나는 환자들에게 분석가의 이상적인 역할은 그저 각기 다른 산행에서 어떤 방향을 선택하거나 피하는 것이 유리할지 알려주는 안내자가 되는 것이라고 말하곤 했다. 더 엄밀히 말해 분석가는 스스로 그 길을 지나치게 확신하지 않는 안내자가 되어야 한다. 설령 등반 경험이 많은 안내자라도 이 특정한 산은 아직 올라가 보지 않았기 때문이다. 이러한 까닭으로 환자의 정신적 활동과 생산성이 한층 가치 있는 요소가 된다. 분석가의 숙련도와는 별개로, 분석의 소요 기간과 결과를 좌우하는 결정적 요인은 환자의 건설적인 활동이라고 해도 과언이 아니다.

　　분석 치료를 하던 중 환자가 여전히 좋지 않은 상태에 있는데도 어떤 이유에서 분석이 중단되거나 종결될 때가 있다. 환자의 정신적 활동의 중요성이 드러나는 것이 대개 이런 순간이다. 환자나 분석가 모두 진척에 만족하지 못한 상황에서 분석을 더는 진행하지 못하는 경우가 있다. 그런데 어느 정도 시간이 지나고 보면 환자가 상당히 호전되었으며, 그 상태가 지속되고 있다는 사실을 깨닫고 기분 좋게 놀라게 될지도 모른다. 환자의 상황을 신중히 검토해 보아도 상태를 호전시킬 이유가 될 만한 어떤 변화를 찾아낼 수 없는데 좋아졌다면, 뒤늦게 분석의 효과가 나타났다고 생각하는 것이 타당할 수도 있다. 하지만 그것으로 분석의 지연된 효과를 설명하기는 쉽지 않다. 효과에는 다양한 요인이 작용할 수 있기 때문이다.

　　이전까지 했던 분석 작업으로 환자는 더 정확하게 자기 자신을 관찰할 수 있게 되었을지도 모른다. 그 덕분에 자신을 불안하게 하는 어떤 경향성이 있다는 사실을 전보다 더 깊이 확신하게 되었거나 예상과는 달리 내면에서 새로운 불안 요인을 발견했을 수도 있다. 혹은 분석가의 의견은 무엇이든 부적절한 침해로 여기는 환자라면 스스로 똑같은 내용을 다시 발견했을 때 더 쉽게 파악할 수 있을지도 모른다. 만약 타인보다 우월해져야 한다는 완고한 욕구에서 문제가 비롯된 환자라면 분석가가 성공적으로 일을 해냈다는 만족감을 느끼도록 두지 않을 것이다. 따라서 분석가가 상황에서 완전히 사라졌을 때만 회복할 수 있을지도 모른다. 이 밖에도 다양한 상황에서 지연된 반응이 나타날 수 있다는 점을 유념해야 한다. 대화에서 나온 농담이나 발언의 진정한 의미를 한참 뒤에 파악할 때가 있는 것처럼 말이다.

이렇게 다양하게 효과가 지연된 원인을 설명할 수 있지만 사실은 모두 한 방향을 가리킨다. 즉 정신의 어떤 활동은 환자의 내면에서 자각 없이, 의식적으로 마음먹고 노력하는 것이 아닌 상태에서 일어난다는 것이다. 그러한 정신 활동은 물론이고, 심지어 의도적으로 통제된 의미 있는 활동조차 자각 없이 일어난다는 사실을 우리는 경험으로 알고 있다. 의미심장한 꿈을 꾸기도 하고, 어젯밤까지는 풀기 어려워서 쩔쩔매고 있었는데 자고 일어나니 해결책이 떠오르기도 한다. 유명한 수학 문제만 하루아침에 저절로 풀리는 것이 아니다. 전날 저녁까지는 헷갈렸던 결정이 하룻밤 '잠자며' 생각하고 난 뒤에 명확해지기도 한다. 낮에는 알아채지도 못했던 억울하고 분한 감정이 자는 동안 의식으로 강렬하게 떠올라 감정을 일으킨다. 이러한 반응을 분명히 인지하고는 새벽 5시에 벌떡 일어나기도 한다.

　모든 분석가는 이렇게 물밑에서 일어나는 정신적 활동에 의존한다. 환자의 '저항'이 제거되면 분석이 만족스럽게 진행될 것이라는 신조doctrine에는 이러한 의존성이 포함되어 있다. 나는 (의존의) 긍정적인 측면 또한 강조하고 싶다. 환자가 해방되고자 하는 의욕이 강할수록, 그리고 제한 받지 않을수록 더 생산적인 활동을 보이리라는 점이다. 하지만 부정적인 측면(저항)이나 긍정적인 측면(의욕), 어느 쪽을 강조하든지 근본적인 원칙은 똑같다. 걸림돌을 치우거나 의욕을 충분히 끌어내면 환자의 정신적 에너지가 작용하기 시작하고, 결국 환자는 진전된 통찰로 이어지는 재료를 만들어 낸다.

　이 책에서는 과연 거기에서 한 걸음 더 나아갈 수 있느냐의 문제를 제기한다. 분석가가 환자의 무의식적인 정신 활동에 의존하고, 환자에게는 어떤 문제의 해결책을 향하여 혼자 나아갈 능력이 있다면, 이 능력을 더 계획적인 방식으로 활용할 수 있지 않을까? 환자는 비판적으로 사고하여 자기를 관찰하고 연상聯想*된 것들을 철저히 살필 수 있을까? 보통은 환자와 분석가가 역할을 분담한다. 대체로 환자가 자기 생각과 감정, 충동을 드러내면 분석가는 자신의 비판적 사고를 이용해 환자가 무엇을 의도하는지 인지한다. 분

---

*　심리학에서 사고思考란 어떤 것을 깊이 연구한다는 의미다. 연구의 대상으로 의식이 흐르는 것을 관념觀念이라 하는데, 이렇게 하나의 관념이 또 다른 관념을 불러일으키는 것을 연상이라고 한다.

석가는 환자가 한 진술의 유효성validity에 의구심을 갖고 질문해보며, 겉보기에는 동떨어진 자료들을 조합하여 어떤 의미가 있을지 제안해본다. 여기서 '대체로'라고 한 것은 분석가가 자신의 직관을 활용할 수도 있고, 환자 역시 스스로 여러 가지를 연관 지어 조합할 수 있기 때문이다. 하지만 전체적으로 보면 그러한 분업은 분명히 존재하고, 이는 분석 시간에 환자가 긴장을 풀고 무엇이든 떠오르는 대로 표현할 수 있게 해주어 확실한 장점으로 작용한다.

그렇다면 분석 치료가 없는 날은 어떻게 될까? 여러 가지 이유로 분석이 오랫동안 중단되는 기간에는 어떻게 해야 할까? 분석이 다시 시작되기 전에 어떤 문제들은 무의식중에 저절로 명확해질 수도 있다. 그런 일을 왜 우연에 맡겨야 할까? 환자가 계획적이고 정확한 자기 관찰과 더불어 자신의 추론 능력을 이용해 어떤 통찰에 이르도록 북돋아 줄 수 있지 않을까? 물론 이것은 다분히 위험하고 한계가 있는 어려운 일이며, 이 점에 대해 뒤에서 다시 논의할 것이다. 그러나 어렵다고 해서 의문을 제기하는 것 자체를 단념해서는 안 된다. 자기 분석은 불가능한 일인가?

광범위한 기준에서 보자면 이는 매우 오래된 질문이다. 우리는 스스로 자신을 인지할 수 있는가? 사람들이 언제나 이 임무를 어렵지만 가능한 것으로 간주해왔다는 사실은 고무적이다. 그러나 그런 격려를 받더라도 우리는 썩 멀리 가지는 못한다. 선조들이 이 일을 바라보던 방식과 우리가 바라보는 방식 사이에는 어마어마한 거리가 있기 때문이다. 특히 프로이트Sigmund Freud의 기본적인 발견들이 이루어진 뒤로 스스로를 인지하는 것이 선조들이 상상했던 것보다 무한히 복잡하고 어려운 일이라는 것을 알게 되었다. 단지 문제를 진지하게 제기하는 것만으로도 미지의 세계로 들어가는 모험이라는 것을 말이다.

최근에는 자신과 타인을 잘 대처하는 데 도움을 줄 목적의 책들이 많이 등장했다. 그중 일부는 데일 카네기Dale Carnegie의 『데일 카네기 인간관계론』과 같이 자기 인식과는 거의 관련이 없고, 개인적이고 사회적인 문제들을 다루는 방법에 관해 양식 있는 조언을 제공한다. 하지만 데이비드 시버리David Seabury의 『자기 발견의 모험』 Adventures in Self-Discovery과 같이 확실하게 자기 분석을 겨냥한 책들도 있다. 그런데 시버리 같이 최고로 꼽힐 만한 저자조차도 프로이트가 시작한 정신분석학적 기법을 충분히 이용하지 않으며, 제대로 된 설명을 제공해주지 않는 것 같다.* 내가 이 주제에 관해 또 한 권의 책을 써야겠다고 마음먹은 이유다. 게다가 『쉽게 하는 자기 분석』Self-Analysis Made Easy과 같은 제목에서 알 수 있듯이 이런 책들은 자기 분석을 하면 당연하게 뒤따라오는 복잡한 사항들을 인정하지 않는다. 이런 종류의 책에서 나타나는 경향은 특정한 정신의학 분야

---

\* 해럴드 드와이트 라스웰Harold Dwight Lasswell은 『여론을 통한 민주주의』Democracy through Public Opinion의 4장 「너 자신을 알라」에서 자기 인식을 위한 자유 연상법의 가치를 강조한다. 하지만 그 책에서 집중하는 것은 다른 주제였기에, 자기 분석의 문제에 관련된 구체적 쟁점은 논의하지 않는다.

에서 시도하는 성격 연구에서도 은연중에 암시되고 있다.

이러한 시도들은 자신을 인식하는 것이 쉬운 일이라고 암시한다. 이는 착각인 동시에 희망 사항을 바탕으로 세워진 믿음에 지나지 않는다. 정말 해로운 착각이다. 쉬운 길이라는 약속을 믿고 나선 사람들은 자신에 대해 모든 것을 안다고 확신하며 의기양양하게 굴거나 첫 장애물에 가로막히면 곧바로 낙담하고 진실 탐구를 소용없는 일로 여기며 쉽게 단념해버릴 것이다. 자기 분석이 몹시 힘들고, 더딘 과정이며 때때로 고통스럽고 혼란스럽게 마련이고, 모든 건설적인 에너지를 끌어와야 하는 일임을 잘 알고 있다면, 쉽게 자신만만해 하거나 쉽게 포기하는 일은 일어나지 않을 것이다.

경험이 많은 분석가는 그러한 낙관주의에 절대로 굴복하지 않는다. 환자가 문제를 정확하게 바라볼 수 있기까지 견뎌야 하는 힘들고 때로는 절박하기까지 한 싸움에 대해 이미 잘 알고 있기 때문이다. 분석가는 오히려 자기 분석의 가능성을 완전히 부정하며 극단적으로 반대 방향에 설 가능성이 크다. 이는 단지 분석가의 경험으로 하는 이야기가 아니라 이론적 근거가 있다. 예를 들어 어떤 분석가는 환자가 유아적인 욕망과 두려움, 애착을 오직 분석가와의 관계에서 다시 경험할 때만 그들이 처한 어려움에서 벗어날 수 있다고 주장한다. 자기 뜻대로 하도록 내버려 두면 환자는 기껏해야 효과적이지 않고 '단지 지적인' 통찰에 이르게 된다는 것이다. 여기서는 자세히 살피지 않겠지만 이런 주장들을 세부적으로 검토해보면 결국 환자의 동기는 자기 인식으로 가는 길에 산재한 장애물들을 스스로 극복할 수 있을 만큼 강하지 않아서 믿을 수 없다는 것으로 요약된다.

내가 이 지점을 강조하는 데는 충분한 이유가 있다. 어떤 목표에 도달하겠다는 환자의 동기는 모든 분석에서 중요한 요인이다. 환자 스스로가 가고자 하지 않으면 분석가는 환자를 더 나아가게 할 수 없다고 말해도 무방하다. 그러나 분석을 하면 환자가 분석가의 도움, 격려, 안내를 받을 수 있다는 이점이 있다. 그 가치에 대해서는 다른 장에서 논의할 것이다. 만약 환자가 어떤 도움도 받지 않고 자력으로 해나가야 한다면, 이때는 동기가 중요한 문제가 된다. 동기는 자기 분석의 실현 가능성을 전적으로 좌우할 정도로 결정적인 요인이다.

물론 프로이트는 신경증적 문제로 인해 나타나는 심각한 고통이 그러한 동기를 일으킬 수 있다는 것을 알고 있었다. 하지만 애초에 심각한 고통이 존재하지 않았거나 치료 중에 사라지는 경우에는 동기를 어떻게 설명해야 할지 몰라 난감해했던 것이 분명하다. 그는 환자가 분석가에게 갖는 '사랑'의 감정이 추가적인 동기를 불러올 수 있다고 제안했다. 이 사랑이 구체적인 성적 만족감을 겨냥한 것이 아니라 분석가의 도움을 받고 활용하는 데 만족하는 것이라면 말이다. 그럴듯하게 들린다. 그러나 우리는 모든 신경증 환자에게 사랑하는 능력이 매우 손상되어 있으며 사랑으로 보이는 것 대부분이 애정과 인정에 대한 환자의 과도한 욕구의 결과라는 사실을 잊지 말아야 한다. 분석가를 만족시키기 위해 무비판적인 자세로 해석을 기꺼이 받아들이고, 상태가 나아진 것처럼 보이려는 시도도 마다하지 않는 환자들이 있는 것은 사실이다. 아마 프로이트도 이런 경우를 염두에 두고 있었을 것이다. 그러나 이런 유형의 노력은 분석가를 향한 '사랑'에서 촉발되는 것이 아니다. 이 노력은 다른 사람들에 대한 환자의 숨은 두려움을 완화하려는 환자의 수단, 더 넓은 의미로는 삶을 견디는 환자의 방식을 나타낸다. 환자는 보다 자립적인 방식으로는 그렇게 할 수 없다고 느끼기 때문이다. 결과적으로 분석을 잘 해내기 위한 동기는 전적으로 분석가와의 관계에 달려 있다.

이런 유형의 환자들은 쉽게 거부당하거나 비판 받는다는 느낌을 받는데, 환자는 그런 감정이 들자마자 자신이 얻게 될 이익은 잊어버린다. 그렇게 되면 정신분석학적 작업은 환자의 앙심과 복수심이 난무하는 전쟁터로 변한다. 분석가가 이런 일을 막는 것이 미덥지 못한 동기보다 더 중요하다고 할 만하다. 환자 자신의 바람과는 관계없이 단지 다른 누군가가 그것을 기대한다는 이유로 무엇을 하려는 성향은 환자에게 상당한 문제를 일으키는 근원이다. 따라서 환자의 그러한 태도는 이용되는 것이 아니라 분석되어야 한다. 프로이트가 유일하게 인정한 동기는 심각한 고통을 없애려는 환자의 바람이다. 프로이트가 적절히 주장한 대로 이 동기는 증상이 감소하는 것에 정확히 비례하여 줄어들기 마련이라서 멀리까지 영향을 미치지 않는다.

분석의 유일한 목표가 증상을 없애는 것이라면 이러한 동기만으로도 충분할 수 있다. 하지만 과연 그런가? 프로이트는 이러한 목표들에 대하여 자신의 관점을 분명하게 표현한 적이 없다. 환자가 일을 할 수 있고 즐거움을 누릴 수 있어야 한다고 말하는 것은 이 두 능력에 관한 규정 없이는 의미가 없다. 일상적인 일을 할 수 있는 능력인가? 아니면 창의적인 일을 할 수 있는 능력인가? 성생활이 가능하다는 것인가? 혹은 전반적인 생활을 즐길 수 있다는 것인가? '분석으로 인해 다시 교육이 되어야 한다'는 말 또한 무엇을 교육하는가? 하는 질문에 대한 답이 없으면 모호하기는 마찬가지다. 프로이트는 아마도 이 질문에 대해 깊이 생각해보지 않았을 것이다. 초기 저작에서 후기 저작에 이르는 내내 그는 주로 신경증적 증상을 없애는 일에만 관심이 있었기 때문이다. 그는 성격의 변화가 증상을 영구적으로 치료할 수 있다고 보장될 때만 성격 변화에 대해 고려했다.

따라서 '증상에서 벗어남'이라는 프로이트의 목표는 본질상 부정적인 방식으로 정의될 수밖에 없다. 그러나 나를 비롯한 다른 저자들은 분석의 목표를 긍정의 방식으로 표현할 것이다. 우리의 목표는 사람을 내면적 구속에서 벗어나게 하여 자유로운 상태에서 잠재력을 최고로 개발할 수 있게 만드는 것이다. 프로이트의 목표에 강조점만 다른 것으로 들릴 수 있지만 강조점의 차이만으로도 동기의 문제를 완전히 달라지게 하기에 충분하다.

목표를 긍정적인 방식으로 설정하는 것이 무시할 수 없는 현실적인 가치를 가지려면, 환자에게 자신이 가진 어떤 능력이든 개발하고, 주어진 잠재력을 깨닫고, 때때로 겪어야 할지도 모르는 그 모든 시련을 무릅쓰고 자신과 직면하게 만드는 동기가 있어야 한다. 가장 단순하게 말하자면 발전할 만한 동기가 있을 때만 실질적인 가치가 있다.

이처럼 쟁점을 있는 그대로 진술해보면, 여기에는 단지 강조점의 차이만이 아니라 더 많은 것이 관련되어 있다는 것이 분명해진다. 프로이트는 소망의 존재를 단호하게 부정했기 때문이다. 그는 소망을 사실로 받아들이는 것은 일종의 공허한 이상주의라는 듯이 조롱하기까지 했다. 그는 자기 계발을 향한 욕구는 '자기도취적인' 욕망에서 나오는 것이라고 지적했다. 즉 그 둘은 자기 팽창을 하려는 성향과 타인을 능가하려는 성향을 나타낸다는 것이다. 단지 이론적으로 고려하기 위해 프로이트가 가설을 세우는 일은 좀처럼 없었다. 가설의 밑바탕에는 언제나 날카로운 관찰이 있었다.

이 경우 자기 과시 성향이 자기 계발의 바람에 강력한 요소로 작용할 때가 많다는 걸 알 수 있다. 프로이트가 인정하지 않은 부분은 '자기도취적인' 요소가 유일한 기여 요인이라는 사실이다. 만약 자기 과시의 욕구가 분석을 거쳐 단념된다 해도, 자기 계발의 소망은 여전히 남는다. 그렇다. 이 소망은 전보다 더 명확하고 강력하게 드러난다. '자기도취적' 요소들은 성장하려는 소망에 불을 붙이는 동시에 소망의 실현을 방해한다. 환자의 표현을 빌리면 "'자기도취적' 충동은 거짓된 자기의 발달로 향한다." 거짓된 자기를 만들어 내면 언제나 진짜 자기를 대가로 치러야 한다. 진짜 자기는 무시당하고, 천

덕꾸러기가 된다. 내 경험으로는 거짓된 자기가 더 많이 사라질수록 진짜 자기가 더 많이 관심을 받게 되고, 내적 속박에서 벗어남으로써 환경이 허용하는 한 충실한 삶을 살기 위해 억제되지 않은 동기가 나타났다. 자신의 에너지를 발전시키려는 소망은 추가적인 분석을 거부하려는 노력의 하나인 듯하다.

자기 계발의 소망에 대한 프로이트의 불신은 '자아'에 대한 그의 가설과 이론적으로 연관되어 있다. 그는 '자아'를 본능적인 충동들과 외부 세계와 금지하는 양심이 각각 주장하는 요구들 사이에서 오락가락하는 나약한 힘으로 본다. 그러나 나는 두 가지로 가정된 분석의 목표가 궁극적으로는 인간 본성에 대한 서로 다른 철학적 믿음의 표현이라고 믿는다. 막스 오토Max Otto는 "한 사람이 가진 철학의 가장 깊은 원천, 즉 철학을 형성하고 거기에 자양분을 주는 것은 인간에 대한 믿음 혹은 믿음의 결핍이다. 인간 존재에 대한 신뢰가 있고, 인간을 통해 훌륭한 무언가를 성취할 수 있다고 믿으면, 자신의 신뢰에 걸맞은 삶과 세계에 대한 견해를 얻을 것이다. 신뢰가 없다면 그에 부합하는 견해가 생길 것이다."라고 했다. 프로이트는 꿈의 해석에 관한 저서에서 자신의 꿈을 분석했으므로, 암묵적으로 어느 정도의 자기 분석이 가능하다는 것을 인정했다고 말해도 될 것이다. 그의 철학 전체가 자기 분석을 부정한다는 사실을 생각했을 때 이 점은 특히 흥미롭다.

하지만 자기 분석에 대한 동기가 충분하다는 것을 인정하더라도, 필요한 지식과 훈련과 경험이 없는 '비전문가'가 자기 분석을 실행할 수 있는지는 여전히 의문이다. 이 책 서너 장의 내용으로 전문가의 특수한 기법을 충분히 대체할 수 있다는 것인지 나에게 다소 퉁명스럽게 물어볼 만하다. 당연히 나는 그 어떤 것도 대신할 수 있다고 생각하지 않는다. 나는 아주 비슷한 대체물조차 제안하지 않는다. 여기서 우리는 교착 상태에 빠지는 것 같다. 하지만 정말 그럴까? '전부 아니면 전무'라는 이분법적 원칙은 유효해보이지만 대개는 어떤 오류가 뒤따른다. 어떤 주제와 관련한 문화가 발전할 때 그 안에서 전문 분야의 역할을 인정하지만 전문화에 대한 지나친 경외감이 자주성을 마비시킬 수 있다는 점을 잊지 말아야 한다. 정치가만이 정치를 이해할 수 있고, 정비사만이 자동차를 고칠 수 있고, 교육을 받은 정원사만이 가지치기를 할 수 있다고 믿는 성향이 지나치게 강하다. 물론 교육을 받은 사람이 그렇지 않은 사람보다 더 빠르고 효율적으로 일할 수 있다. 그리고 교육 받지 않은 사람은 완전히 실패하는 경우도 많다. 하지만 교육 받은 사람과 그렇지 않은 사람의 차이는 실제보다도 더 크게 받아들여지곤 한다. 전문화에 대한 믿음은 맹목적인 경외로 쉽사리 변질하여, 새로운 활동을 시도하지 못하게 억누른다.

이렇듯 전반적으로 고려해보면 고무적인 결과를 얻는다. 하지만 자기 분석의 기술적 가능성을 적절히 평가하기 위해서는 전문 분석가의 소양을 구성하는 사항이 무엇인지 구체적으로 떠올려봐야 한다. 첫 번째로, 다른 사람을 분석하는 데는 무의식적 힘의 본성에 대한 광범위한 심리학적 지식이 필요하다. 즉 무의식적 힘이 어떤 형태로 발현되어 어떤 영향을 끼치는지, 이를 나타나게 하는 원인은 무엇인지, 이것을 어떤 방법으로 밝혀내야 하는지를 알아야 한다. 두 번째로, 분석에는 교육과 경험을 통해 개발해야 하는 일정한 기술이 필요하다. 분석가는 환자를 대하는 방법을 알아야 한다. 분석가는 미로처럼 복잡한 자료에서 어떤 요인들을 가지고 씨름해야 하고, 어떤 요인들은 당분간 무시해야 할지 알고 있어야 하며, 어느 정도 확신도 있어야 한다. 분석가는 보이지 않는 밑바닥에 흐르는 환자의 심리적 암류暗流를 느낄 수 있는 감성, 즉 육감에 가까운 고도로 개발된 능력을 갖추어야 한다. 마지막으로 다른 사람을 분석하는 데는 철저한 자기 인식이 요구된다. 분석가는 환자와 작업하면서 고유한 특성과 고유한 규칙을 가진 낯선 세계로 자신을 내던져야 한다. 분석가의 악의가 아닌 부주의나 무지 혹은 자만심 때문에 오해하거나 오도하고, 결정적인 상처를 가할 위험도 상당하다. 따라서 분석가는 자신이 사용하는 도구와 기술을 완벽하게 알아야 할 뿐만 아니라 자신과의 관계 그리고 타인과의 관계를 바르게 하는 것 역시 중요하다. 세 가지 조건은 모두 필수적이므로 이를 충족하지 못한다면 누구라도 다른 사람을 분석하는 것과 관련된 일을 맡지 않아야 한다.

이 조건들이 자동으로 자기 분석의 조건이 될 수는 없다. 우리 자신을 분석하는 것은 어떤 본질적인 지점에서 다른 사람을 분석하는 것과 다르기 때문이다. 여기서 중요한 차이점은 우리가 각자 표현하는 세계는 우리 자신에게 낯설지 않다는 사실이다. 실은 그 세계야말로 우리가 제대로 알고 있는 유일한 세계다. 당연하게도 신경증 환자는 세상의 많은 부분에서 동떨어져 있고, 사회의 일부를 보이지 않도록 만드는 데 흥미를 가지고 있다. 자신에게 너무 익숙한 나머지 의미심장한 요인들을 대수롭지 않게 지나칠 위험성도 있다. 하지만 변함없는 사실은 자신의 내면세계이므로 그에 대한 모든 지식이 어쨌든 거기에 있으며, 접근하기 위해서는 자신의 내면세계를 관찰하고 그 관찰을 활용하면 된다는 것이다. 자신이 처한 어려움의 원인을 알아내는 데 관심이 있고, 원인을 인지하는 것에 대한 자신의 저항을 극복할 수 있다면, 어떤 면에서는 다른 사람보다 본인이 자신을 더 잘 관찰할 수 있다. 어찌 됐든 자기 자신과 밤낮으로 살고 있으니 말이다. 자기 관찰의 기회가 왔을 때 자신을 꾸준히 환자 곁을 지키는 영리한 간호사에 비견할 수 있다. 분석가는 기껏해야 하루에 한 시간 정도 환자를 만난다. 분석가는 관찰하기에 더 좋은 방법을 알고, 관찰하고 추론하는 데 더 명확한 관점을 가지고 있지만 간호사에게는 더 광범위하게 관찰할 기회가 있다.

이 사실은 자기 분석에 중요한 자산이 된다. 실제로 그 덕분에 전문적인 분석가에게 요구되는 조건 중에서 첫 번째는 줄어들고, 두 번째는 사라진다. 즉 자기 분석에서는 다른 사람을 분석할 때보다 심리학적 지식이 덜 요구되고, 다른 사람을 대할 때 필요한 전략적인 기법이 전혀 필요하지 않다. 자기 분석에서 결정적인 어려움은 이런 영역이 아니라 우리가 무의식적인 힘을 보지 못하게 만드는 감정적 요인들에 있다. 보통 생각과 달리 주된 어려움은 지성적인 측면이 아닌 감정적 측면에 있다. 분석가가 자신을 분석해도 비전문가보다 크게 유리한 점이 없다는 사실을 통해 이를 확인할 수 있다.

자기 분석을 하지 못하게 할 만한 이론적 근거는 없다. 비록 많은 사람이 자신을 분석하기에는 자신의 문제에 너무 깊이 얽매여 있다거나 자기 분석이 전문가가 행하는 분석적 치료의 속도나 정확성에 결코 가까워질 수 없다 하더라도, 특정한 저항들은 오직 외부의 도움으로만 극복할 수 있다고 하더라도, 이 모든 것이 원칙적으로 자기 분석을 할 수 없다는 증거를 의미하지는 않는다.

그러나 이론적인 부분만을 고려하여 자기 분석이라는 주제에 문제를 제기해서는 안 된다. 나는 자기 분석의 가능성을 예측할 만한 경험을 했고, 이 경험을 바탕으로 진지하게 문제를 제기하는 용기를 낸 것이다. 내가 직접 겪었고, 동료들이 겪은 뒤에 내게 이야기해준 것, 나와 진행하는 분석 작업이 중단되는 동안 직접 분석해보도록 내게 권유 받은 환자들이 겪은 것을 토대로 이루어진 경험이다.

이 성공적인 시도는 단지 피상적인 어려움만을 다루고 있지 않다. 사실 일부는 심지어 분석가의 도움을 받아도 일반적으로 접근 불가능하다고 여기는 문제들을 다루었다. 그 일들은 한 가지 유리한 조건에서 이루어졌는데, 모두 자기 분석에 도전하기 전 분석을 받은 경험이 있었다는 것이다. 즉 그들은 접근 방법에 친숙해져 있었고, 분석에서는 자신에 대해 인정사정없을 정도로 솔직한 태도가 도움이 된다는 것을 경험으로 알고 있었다. 이러한 사전 경험이 없이 자기 분석이 가능한지, 가능하다면 어느 정도까지 가능한지는 아직 답을 찾아야 할 문제로 남아 있다. 그러나 많은 사람이 치료를 받으러 나서기 전 자신의 문제에 대해 정확한 통찰을 얻기도 하며, 이는 고무적인 사실이다. 치료에서 얻는 것만큼 통찰이 충분하게 이루어지지는 않을 테지만 그들이 이전에 분석을 경험해본 적 없이 얻었다는 점에는 변함이 없기 때문이다.

따라서 만약 우리가 자신을 조금이라도 분석할 수 있다면, 자기 분석의 가능성은 다음과 같이 요약할 수 있다. 환자는 분석 치료를 받을 때면 일어나기 마련인 장기간의 분석 중단 시기에 자기 분석을 할 수 있다. 휴가나 출장, 개인적인 이유로 집을 비울 때 등 다양한 이유에서 분석이 중단될 수 있다. 유능한 분석가들이 있는 소수의 도시를 제외한 지역에 산다면 주된 작업은 스스로 수행하고 이따금 검진에서 분석가를 만날 수도 있다. 분석가들이 많이 있는 곳에 살더라도 경제적인 이유 때문에 정기적인 치료를 감당할 수 없는 경우나 분석 치료를 너무 이르게 종결한 경우에도 스스로 분석을 수행할 수 있다. 마지막으로 의문의 여지가 있긴 하지만 자기 분석은 외부의 분석적 조력 없이도 실행할 수 있다.

하지만 또 다른 의문점이 있다. 제한적인 범위에서 직접 자신을 분석하는 것이 가능하다고 해도, 과연 자기 분석을 하는 것이 바람직한가? 분석이란 능숙한 사람의 안내 없이 사용하기에는 너무 위험한 도구가 아닌가? 프로이트는 분석을 수술에 비교하지 않았던가? 물론 분석을 잘못 적용했다고 해서 수술을 잘못 집도했을 때처럼 사람들이 목숨을 잃는 것은 아니라고 덧붙이긴 했다.

자기 분석의 위험성에 대해 막연히 불안해하며 불확실한 상태로 남기는 것은 결코 좋은 결과로 이끌지 못하므로, 자기 분석에 잠재한 위험을 구체적으로 검토해보자. 많은 사람이 자기 분석에서 일어나는 자기반성 때문에 탈이 날 가능성이 크다고 생각한다. 종류가 다른 모든 분석에 이와 같은 이의가 제기된 적이 있고, 여전히 제기되고 있지만 나는 이 논의부터 다시 시작해야겠다. 아예 지도를 받지 않거나, 약간의 안내만 받으며 분석을 진행한다고 하면 더욱 요란하게 문제를 제기할 것이 확실하기 때문이다.

분석이 사람을 더욱 내성적으로 만들지 모른다는 우려에 나타나 있는 반감은 개인이나 개인적 감정과 노력에 여지를 주지 않는 인생관에서 나오는 것으로 보인다. 이는 『고故 조지 애플리』The Late George Apley(1937년 출간된 존 필립스 마퀀드John Phillips Marquand의 소설로 당시 미국 보스턴 상류층을 풍자하는 내용을 담고 있으며, 후에 연극과 영화, TV 드라마로 제작되었다. -옮긴이)에 잘 표현되어 있다. 여기서는 그 사람이 환경에 맞고, 공동체에 도움이 되고, 의무를 다하는 것이 중요하다. 따라서 그가 가진 어떤 개인적 두려움이나 욕망도 통제되어야 한다. 자기 수양은 가장 중요한 덕목이다. 어떤 방식으로든 자신에 대해 많이 생각하는 것은 방종이자 '이기주의'다.

반면 정신분석을 대표하는 최고의 권위자들은 타인을 향한 책임뿐만 아니라 자신에 대한 책임 역시 강조한다. 따라서 정신분석가들은 빼앗을 수 없는 개인의 행복추구권을 강조하는 데도 힘쓴다. 여기에는 내면의 자유와 자주성을 위해 자신의 발전을 중요하게 여길 권리도 포함된다.

이 두 가지 철학 각각의 가치에 대해서는 개인이 스스로 결정해야만 한다. 전자의 가치를 선택하는 사람이라면 분석에 대해 논의하는 것이 큰 의미가 없다. 그런 사람이라면, 누구든 자기 자신과 자신의 문제에 대해 곰곰이 생각하는 것이 옳지 않다고 느낄 것이기 때문이다. 그런 사람에게는 분석을 통해 자기중심적인 성향이 줄어들고, 인간관계에서 신뢰성이 커지는 결과를 얻는다는 사실을 보여줄 수는 있다. 그러면 기껏해야 그 사람은 자기반성이 가치 있는 목적을 위한 수단이기에는 논란의 여지가 있다고 인정하는 데서 그칠 것이다.

후자의 가치에 부합하는 믿음을 가진 사람이라면 자기반성 그 자체를 비난 받을 만한 것으로 생각할 수 없다. 그런 사람에게 자기 인식은 환경의 다른 요인들을 인식하는 것과 마찬가지로 중요하다. 자신에 관한 진실을 찾는 것은 삶의 다른 영역에서 진실을 찾는 것만큼 가치 있는 일이다. 그 사람이 고려해야 하는 유일한 문제는 자기반성이 이로운지 아니면 무익한지다. 만약 자기반성이 인간 존재로서 더 나아지고, 풍요로워지며, 강해지고자 하는 소망에 도움이 된다면 이로운 일일 것이다. 자기 인식과 변화를 궁극적인 목표로 삼고 책임 있게 노력한다면 말이다. 만약 자기반성 그 자체가 목적이라면, 즉 심리학적 연관성에 대한 무분별한 관심에서 비롯되어 추구하는 자기반성은, 이를테면 예술을 위한 예술처럼 휴스턴 피터슨Houston Peterson이 '심리학 마니아'mania psychologica라고 부르는 것으로 쉽사리 변질될 수 있다. 그리고 자기반성이 자신에 대한 발전성 없는 되새김질, 실속 없는 자기 비난, 자화자찬이나 자기 연민에만 빠지는 것이라면 이 역시 무익하다.

　그리고 여기서 우리는 질문하기에 적절한 지점에 도달한다. 자기 분석은 그렇고 그런 목적 없는 숙고로 쉽게 전락하는 게 아닐까? 내가 환자들과 만나면서 얻은 경험에 비추어 판단해보면, 이 위험은 대체로 생각하는 방향과는 달리 그렇게 일반적이지는 않다. 분석가와 작업할 때 끊임없이 이런 종류의 막다른 골목으로 가려는 성향의 사람들만이 자기 분석을 할 때도 그러한 위험에 빠진다고 생각해도 무방하다. 이 사람들은 지도를 받지 않으면 쓸데없이 방황하며 길을 잃을 것이다. 그러나 이들이 자기 분석을 시도하면 실패할 운명으로 정해져 있다고 하더라도 자기 분석이 해를 끼치는 일은 거의 없다. 그들을 되새김질하게 만든 원인은 분석이 아니기 때문이다. 그들은 분석가와 만나기 전부터 자신의 복통이나 외모, 자신이 잘못한 일 혹은 자신이 당한 잘못된 일에 대해 곰곰이 생각하거나 목적 없이 자세한 '심리학적 설명'을 장황하게 늘어놓았을 것이다. 그들은 생각에 빠져 제자리에 맴도는 것을 정당화하는 데 분석을 이용한다. 분석을 하며 되풀이되는 순환이 정직한 자기 관찰이라는 착각을 불러일으킨다. 우리는 이러한 시도를 자기 분석의 위험성이 아닌 한계에 속하는 것으로 판단해야 한다.

자기 분석이 가지고 있는 위험성을 고려할 때 본질적 문제는 자기 분석이 개인에게 분명한 해를 끼칠 위험이 있는가 하는 것이다. 누구의 도움 없이 이 모험을 시도한다면 숨어 있던 힘이 떠올라 혼자서 감당할 수 없는 것은 아닐까? 만약 출구가 보이지 않는 상태에서 무의식 속의 갈등 중 결정적인 부분을 알아챘다면, 깊은 불안과 무력감이 일어나서 우울증에 빠지고, 심지어 자살을 생각하게 되지는 않을까?

이와 관련해 우리는 '일과성transitory 손상'과 '지속적lasting 손상'을 구분해야 한다. 일과성 손상은 모든 분석에서 일어나기 마련이다. 억압된 요소에 접근하면 이전에 방어적 수단으로 가라앉혔던 불안을 다시 불러일으킬 수밖에 없다. 마찬가지로 분석을 시도하지 않았더라면 의식에서 차단되었을 화火나 분노의 감정도 전면으로 나올 수밖에 없다. 이 충격 효과가 강하게 나타나는 것은 분석이 참을 수 없이 나쁘거나 악한 경향을 인식하도록 이끌었기 때문이 아니다. 다양한 충돌이 만들어 낸 혼란 속에서 길을 잃은 느낌을 받지 않도록 불안정하게나마 평형이었던 상태가 흔들렸기 때문이다. 이러한 일시적인 동요의 특성은 뒤에서 논의할 것이므로 여기서는 단지 그러한 현상이 일어난다는 사실을 언급하는 것으로 충분하다.

분석 과정에서 혼란을 맞닥뜨릴 때 환자는 단순히 극심하게 동요될 수도 있고, 예전 증상이 재발할 수도 있다. 그렇게 되면 환자는 자연히 낙담하게 된다. 하지만 좌절은 대개 오래 지나지 않아 극복된다. 새로운 통찰이 진정으로 완성되면 곧바로 혼란은 사라지고 자연스럽게 한 걸음 전진했다는 기분이 든다. 삶의 방향을 전환하는 과정에서는 피할 수 없는 충격과 고통 속으로 퇴보할 수밖에 없다. 건설적인 과정이라면 어디에나 따르는 현상이다.

환자는 내적인 격변의 시기에 특히 분석가의 도움의 손길을 아쉬워한다. 숙련된 전문가의 도움을 받으면 모든 과정에서 수월하리라는 사실은 우리도 이미 인정하고 있다. 여기서는 개인이 이러한 곤경을 혼자 극복하지 못하고 영구적으로 손상을 입을 가능성을 걱정하는 것이다. 혹은 환자가 자신의 뿌리가 흔들린다고 느끼면서 무모한 도박이나 난폭 운전과 같은 극단적인 행동으로 지위를 위태롭게 하거나 자살을 시도할 가능성도 있다.

내가 관찰한 자기 분석의 사례에서 예기치 못한 결과는 일어난 적이 없다. 그러나 이 관찰이 설득력 있는 통계적 증거가 되기에는 너무 제한적이다. 예컨대 나는 불운한 결과가 100건 중 1건꼴로 일어났다고 말할 수는 없다. 그러나 이러한 위험이 지극히 드물어서 무시해도 될 정도라고 믿을 만한 합리적인 이유는 있다. 모든 분석에서 관찰이 이루어질 때 환자들은 자신들이 아직 받지 못한 통찰로부터 충분히 방어할 수 있음이 나타났다. 자신의 안위에 엄청난 위협이 되는 해석이 주어진다면 그들은 해석을 거부할 수 있다. 혹은 잊어버리거나 자신과의 관련성을 없애버릴 수도 있고, 논쟁으로 물리치거나 부당한 비판으로 여겨 분노할 수도 있다. 이러한 자기 방어의 힘이 자기 분석에 작동한다고 해도 틀린 말이 아니다.

자신을 분석하려고 시도하는 사람은 아직 통찰을 견딜 수 없기에, 자기 관찰을 통하여 통찰에 이를 수 없다. 혹은 자기 관찰에 의해 통찰이 이루어지더라도 핵심적인 지점을 놓치는 방식으로 해석할 것이다. 아니면 자신이 생각하는 잘못된 태도를 재빨리 표면적으로만 수정하려고 할 것이다. 그렇게 함으로써 추가적인 조사로 가는 문을 그냥 닫아버리려고 애쓸 것이다. 따라서 자기 분석의 실질적인 위험은 전문적 분석에서보다 줄어든다. 환자는 직감적으로 무엇을 피해야 할지 알지만 분석가는 아무리 조심하더라도 실수를 범하고 환자에게 설익은 해결책을 내놓을 수 있기 때문이다. 다시 말하지만 자기 분석의 위험은 환자가 결정적인 손상을 입게 될 가능성보다는 문제를 지나치게 많이 회피해서 분석을 소용없게 만들 가능성에 달렸다.

만약 환자가 자신에게 대단히 충격적인 통찰에 이르는 지점까지 나아간다 해도 우리가 의지할 수 있는 고려 사항은 여러 가지가 있다.

첫 번째는 진실에 직면하면 혼란스러워지기도 하지만 동시에 자유로워지기도 한다는 것이다. 모든 진실에 포함된 해방적 힘이 처음부터 충격으로 미칠 영향을 대체해 줄 수도 있다. 만약 그렇다면 즉각 안도감이 뒤따를 것이다. 하지만 환자를 불안하게 하는 영향이 더 크다고 해도 자신에 관한 진실을 발견했다는 것은 출구를 분명히 인식하기 시작했음을 암시한다. 설령 출구가 명확히 보이지 않더라도 직관적으로 느낄 수 있을 것이고, 따라서 앞으로 더 나아갈 힘을 불러일으킬 것이다.

두 번째는 비록 진실이 몹시 두렵더라도 건전한 두려움도 있다는 점이다. 예를 들어 어떤 사람이 은밀히 자해를 의도해왔다는 사실을 깨닫는다면, 그러한 욕구가 조용히 작동하도록 두기보다는 욕구를 분명히 인식하는 편이 훨씬 덜 위험하다. 인식은 두렵지만 살려는 의지가 조금이라도 있다면 자해 욕구에 대응하는 자기 보존 에너지를 동원하게 만든다. 그리고 살려는 의지가 충분하지 않은 사람이라면 분석을 하든지, 하지 않든지 어차피 몸과 마음이 허물어질 것이다. 이와 비슷한 생각을 좀 더 긍정적인 방식으로 표현해보자. 만약 자신에 관한 불편한 진실을 찾을 용기가 있는 사람이라면, 그 과정도 굳센 용기로 헤쳐 나갈 수 있다고 믿어도 좋다. 거기까지 나아갔다는 사실만으로도 자신을 직면하려는 의지가 얼마나 강한지 드러난다. 그것은 좌절하는 것을 너끈히 막아줄 정도의 강한 의지다. 다만 자기 분석에서는 문제를 해결하려고 시작할 때부터 문제를 해결하고 온전한 답을 완성하기까지 걸리는 기간이 더 길어질 수 있다.

마지막으로 우리는 당시 분석에 대해 제대로 해석하지 못했다고 해서 걱정할 정도의 혼란이 발생하는 경우는 거의 없다는 사실을 잊지 말아야 한다. 해석이나 분석을 하는 상황 전체가 분석가를 향한 증오심을 불러일으키고 거기에서 불안의 원인을 찾을 수 있는 경우가 더 많다. 이 증오는 의식에서 차단되고, 차단으로 인해 표현하지 못하게 된다면 기존의 자기 파괴적 성향을 증폭시키는 역할을 할 수 있다. 그렇게 되면 몸과 마음이 무너지도록 두는 것이 분석가에 대한 복수의 수단이 된다.

만약 혼란을 일으키는 통찰에 홀로 직면하게 된다면 스스로 끝까지 헤쳐 나가는 것 말고는 다른 방법이 거의 없다. 혹은 조심하기 위해서, 다른 사람들에게 책임을 돌려서 그러한 통찰을 피하고자 하는 유혹이 줄어든다. 조심하는 것은 당연하다. 어떻게든 자신의 결점에 대한 책임을 다른 사람에게 떠넘기려는 성향이 강한 사람이 스스로 책임을 감당할 필요성을 아직 받아들이지 않았다면, 자기 분석에서 자신의 결점을 인식하자마자 그 성향부터 급격하게 표출될 것이기 때문이다.

그렇다면 자기 분석은 가능한 범위 안에 있고, 자기 분석이 결정적인 해를 초래할 위험은 비교적 미미하다고 할 수 있겠다. 물론 자기 분석에는 실패를 비롯하여 절차의 연장에 이르기까지 사실상 다소 심각한 문제점들이 산재해 있다. 문제를 파악하고 해결하기까지 상당히 긴 시간이 걸릴 것이다. 하지만 이러한 결점에 맞서서 의심의 여지없이 자기 분석을 바람직하게 만드는 여러 요인이 있다. 먼저 앞서 언급한 것과 같은 종류의 확실한 외부적 요인들이다. 자기 분석은 비용과 시간 혹은 위치 때문에 정기적인 치료를 받을 수 없는 사람들에게 바람직하다. 그리고 치료를 받고 있더라도 다음 치료 시간까지 기다리면서, 치료 시간 중에도, 스스로 능동적이고 독립적인 작업을 수행하는 용기에 고양되어 절차를 상당히 단축

할 수 있을 것이다.

　확실한 이유와는 별개로 자기 분석 능력이 있는 사람들에게는 매혹적인 이득이 있다. 정신적인 특성을 띠는 이득의 실체를 확인할 수 없다고 해서 진정성이 덜한 것은 아니다. 이는 내면적인 힘의 증가와 그에 따른 자신감 증가로 요약할 수 있다. 모든 성공적인 분석은 자신감을 키워준다. 하지만 주도권을 가지고 용기와 인내를 통해 어떤 영역을 정복한다면, 추가적인 이득까지 얻을 수 있다. 이 효과는 분석에서도, 삶의 다른 영역에서도 마찬가지다. 산을 오를 때 혼자 힘으로 길을 찾아내면, 같은 일을 하고 같은 결과를 얻더라도 이미 나 있는 길을 선택할 때보다 더욱 강력한 힘을 축적하게 된다. 그러한 성취는 정당한 자부심을 부여할 뿐만 아니라 곤경에 대처하고 안내를 받지 않아도 길을 잃지 않는다는 근거 있는 자신감을 불러일으킨다.

# Self-Analysis

# 2장

# 신경증의 동력

내 안의 무언가가 자꾸 나를 방해한다

이미 논의한 대로 정신분석에
는 신경증을 치료하는 '의학적 가치'뿐만 아니라 사람들이 최대한
발전할 수 있도록 도와주는 잠재성이라는 '인간적 가치'도 있다. 두
목적 모두 다른 방식으로 추구될 수 있다. 분석이 특별한 점은 인간
을 이해하면서 이러한 목표에 닿기 위해 시도한다는 것이다. 또 이
러한 시도는 인간의 이해를 다루는 어느 분야에서든 필수적 자질
인 공감, 관용, 상호 연관에 대한 직관적인 이해를 통해서만이 아니
라 보다 근본적으로 전체 성격을 보여주는 정확한 그림을 얻기 위
한 노력을 통해 이루어진다. 그리고 무의식적인 요인들을 밝혀내
는 특정한 기법들을 수단으로 삼는다. 무의식적 힘의 역할을 인정
하지 않으면 그 그림을 얻을 수 없다는 걸 프로이트가 명확하게 보
여주었기 때문이다. 프로이트를 통해 우리가 의식적으로 바라는
바와 다르거나 주변 세계와의 만족스러운 관계를 파괴할 수도 있는
행동과 감정, 반응을 하게 만드는 것이 바로 무의식의 힘이라는 사
실을 알게 되었다.

이러한 무의식적 동기부여가 누구에게나 존재하고, 언제나 동

요를 일으키는 것은 결코 아니다. 무의식적 요인들을 드러내고 인식하는 것은 단지 그것이 심리적 장애를 만들어 내는 경우에서다. 어떤 무의식적 힘이 우리가 그리거나 쓰게 만들든지, 그림이나 글에서 합리적이고 타당하게 자신을 표현하도록 만든다면 그 힘에 대해서는 굳이 신경 쓰지 않을 것이다. 어떤 무의식적 동기가 우리를 사랑이나 헌신으로 이끌고 이로 인해 삶에 만족감을 얻는다면 그 동기에는 관심을 두지 않을 것이다. 하지만 생산적인 일이나 괜찮은 인간관계를 다지는 일에서 그토록 간절히 원했던 성공을 이루었더라도, 여전히 우리를 공허하고 불만스럽게 한다면, 혹은 성공하려고 모든 노력을 다했음에도 번번이 실패하고, 모든 실패를 외부 환경의 탓으로 돌릴 수 없다고 막연히 느낀다면, 우리는 무의식적 요인들을 고려해야 한다. 요컨대 내면의 무언가가 우리가 추구하는 일을 방해하는 것 같다면 무의식적 동기를 살펴봐야 한다.

프로이트 이래로 무의식적 동기는 인간 심리 작용의 기본적인 요소로 받아들여졌다. 모두가 무의식적 동기에 관한 프로이트의 식견을 다양한 방법으로, 상세히 설명할 수 있기에 그 주제에 대해서는 여기서 자세히 다룰 필요가 없다. 대신 프로이트가 직접 저술한 『정신분석 강의』『일상생활의 정신 병리학』『꿈의 해석』을 비롯하여 그의 이론을 정리한 아이브스 헨드릭Ives Hendrick의 『정신분석의 사실과 이론들』Facts and Theories of Psychoanalysis과 같은 책들이 있다. 또 프로이트의 기초적인 연구 결과를 발전시키고자 하는 저자들도 참고할 만하다. 해리 스택 설리번Harry S. Sullivan의 『현대 정신의

학의 개념들』Conceptions of Modern Psychiatry과 에드워드 스트레커Edward A. Strecker의『임상의 한계를 넘어』Beyond the Clinical Frontiers, 에리히 프롬Erich Fromm의『자유로부터의 도피』, 혹은 나의 저서『우리 시대는 신경증일까?』와『정신분석의 새로운 길』등을 들 수 있다. 에이브러햄 매슬로Abraham H. Maslow와 벨라 미텔만Bela Mittelmann의『이상심리학의 원리』Principles of Abnormal Psychology, 프리츠 퀸켈Fritz Künkel의『성격 발달과 교육』Character Growth and Education과 같은 책들은 여러 가지 소중한 실마리를 보여준다. 철학서, 특히 에머슨Ralph W. Emerson과 니체Friedrich W. Nietzsche, 쇼펜하우어Arthur Schopenhauer의 저서들은 마음을 열고 글을 읽는 독자에게 심리학적 보물을 드러내 보인다. 찰스 앨런 스마트Charles A. Smart의『기러기와 기러기를 뒤쫓는 법』Wild Geese and How to Chase Them처럼 삶의 기술에 관한 몇몇 책도 같은 역할을 한다. 셰익스피어William Shakespeare와 발자크Honore de Balzac, 도스토옙스키Fyodor M. Dostoevsky, 입센Henrik Ibsen 등이 쓴 작품들도 심리학적 견문의 무궁무진한 원천이다. 그리고 우리를 둘러싼 세계 역시 중요하다. 주변을 관찰하면서 많은 것을 배울 수 있다.

무의식적 동기의 존재와 효과에 대한 지식은 분석을 시도할 때 언제나 유용한 안내자가 된다. 특히 말로만 인정하는 것이 아니라 진지하게 받아들일 때 도움이 된다. 심지어 이 지식은 때때로 이런저런 우연한 연관성을 발견하기에 충분한 도구가 될 수도 있다. 그러나 분석을 보다 체계적으로 하려면 발전을 방해하는 무의식적 요인들에 관한 구체적인 이해가 어느 정도는 필요하다.

성격을 이해하려면 성격의 기저에서 영향을 끼치는 원동력을 찾아내는 것이 필수적이다. 그리고 정서 장애를 보이는 성격을 파악하려면 장애의 원인이 되는 원동력을 밝히는 것이 필수적이다.

이제 우리는 더욱 논란이 되는 영역에 가까워진다. 프로이트는 장애가 환경적 요인과 억압된 본능적인 충동 사이의 갈등에서 발생한다고 믿었다. 프로이트보다 합리주의적이고 피상적인 아들러 Alfred Adler는 사람들이 스스로 타인보다 우월하다고 주장할 때 사용하는 방법과 수단 때문에 성격 장애가 생겨난다고 믿는다. 프로이트보다 신비주의적인 융Carl Jung은 집단무의식의 환상을 믿는다. 창의적인 가능성이 충만하기는 하지만 이는 큰 혼란을 일으킬 수 있다. 이 환상에서 비롯된 무의식적 분투는 의식에서 일어나는 노력과는 정반대이기 때문이다. 더하여 나는 심리적 장애의 중심에는 두려움과 무력함, 고립감을 느끼는 삶을 견디기 위해 발생한 무의식적 분투unconscious strivings가 있다고 답하겠다. 나는 이를 '신경증적 경향'이라고 부른다. 프로이트나 융과 마찬가지로 나의 답도 최종적인 것과는 거리가 멀다. 하지만 미지의 영역으로 들어가는 탐험가는 누구나 찾고자 하는 것을 그려보기 마련이고, 이 상상이 맞으리라는 보장은 할 수 없다. 비록 상상이 틀렸다고 하더라도 발견은 일어났다. 이러한 사실이 현재 우리가 가진 심리학적 지식의 불확실함에 대한 위안이 될 것이다.

그렇다면 신경증적 경향이란 무엇인가? 그 특성과 기능, 기원,

그리고 그것이 삶에 미치는 영향은 무엇인가? 여기서 신경증적 경향의 본질적 요소들은 무의식적이라는 점을 다시 강조해야겠다. 어떤 사람은 신경증적 경향의 효력을 인식하고 있을지도 모른다. 하지만 그런 경우에 그 사람은 필시 자신에게 칭찬할 만한 성격적 특성이 있다고 믿을 것이다. 예컨대 신경증적인 애정 욕구가 있는 사람이라면 자신이 착하고 다정한 기질을 타고났다고 생각할 것이다. 신경증적 완벽주의에 시달리는 사람이라면 자신이 다른 사람보다 더 정돈되고 정확한 성격을 갖고 태어났다고 생각할 것이다. 그는 그러한 결과를 만들어 내는 심리적 유인誘因을 어렴풋이 알아챌지도 모른다. 혹은 관심사에 그 유인들이 들어올 때 인지할 수도 있다. 이를테면 자신이 애정에 대한 욕구나 완벽해지려는 욕구가 있다는 것을 의식하게 될 수도 있다. 하지만 절대로 자신이 이러한 무의식적 욕망의 추구에 빠져 있으며, 삶이 그것에 휘둘릴 정도라는 것을 의식하는 수준에는 이르지 못한다. 그리고 그러한 힘이 자신을 지배하게 된 이유는 더욱더 알지 못한다.

신경증적 경향은 강박적 특성이 두드러지며 크게 두 가지 방식으로 모습을 드러낸다. 첫 번째로 무차별적인 목적을 추구한다. 만약 반드시 애정을 받아야만 하는 사람이라면, 친구와 적, 고용주와 구두닦이를 가리지 않고 애정을 받아야 한다. 완벽해지려는 욕구에 사로잡힌 사람은 대체로 균형감각을 잃는다. 흠잡을 데 없이 깔끔하게 정돈된 책상을 유지하는 것이 중요한 보고서를 완벽하게 준비하는 것과 똑같이 중요한 일로 여긴다. 게다가 이 목적들은 실제의 자기 이익과 현실은 완전히 무시한 채 추구된다. 예를 들어 한 남자에게 매달리면서 삶의 모든 책임을 의탁해버리는 여자를 생각해보자. 그 남자가 매달릴 만큼 완벽하게 적당한 사람인지, 그와 함께 있으면 정말로 행복한지, 자신이 그를 좋아하고 존중하는지와 같은 질문들은 그녀의 안중에 없을 것이다. 만약 반드시 독립적이고 자족적이어야만 하는 사람이라면 누구에게도, 무엇에도 얽매이지 않으려고 할 것이며 그것 때문에 삶을 망치더라도 상관하지 않을 것이다. 아무리 도움이 필요하더라도 결코 도움을 청하거나 받지 않을 것이다. 이런 판별력의 부재는 다른 사람의 눈에는 분명하게 보이지만 당사자는 의식하지 못한다. 일반적으로 비전문가는 특정한 경향이 자신에게 불편을 끼치거나 알려진 유형과 일치하지 않을 때만 느낀다. 예컨대 강박적 거절증은 알아채더라도 강박적 순종은 못하는 알아채지 못하는 식으로 말이다.

신경증적 경향의 강박적인 특성을 나타내는 두 번째 요소는 그 경향을 추구하는 데 실패했을 때 뒤따르는 불안 반응이다. 이 특성은 매우 의미심장하다. 신경증적 경향이 가진 안전장치로써의 가치를 보여주기 때문이다. 내적이거나 외적인 어떤 이유에서 강박적으로 추구한 게 효과를 내지 못하면 극도로 위협을 느끼게 된다. 완벽주의 성향을 가진 사람은 어떤 실수라도 저지르면 전전긍긍한다. 무한한 자유에 대한 강박적 욕구를 가진 사람은 어떻게든 속박될 수도 있다고 생각되면 겁에 질린다. 속박이 결혼을 약속하는 것이든 아파트를 임대하는 계약이든 상관없다. 이런 공포 반응을 잘 드러내는 삽화가 발자크의 『나귀 가죽』에 등장한다. 소설의 주인공은 자신이 소망을 표현할 때마다 수명이 줄어든다고 확신하여 그런 일을 삼가려고 애쓴다. 그러다가 방심해서 소망을 표현해버리면, 중요한 소망이 아니었어도 그는 공황상태에 빠지고 만다. 이 사례는 신경증을 겪는 사람이 자신의 안전을 위협받을 때 공포에 사로잡히는 모습이다. 그는 완벽함이나 완전한 독립 혹은 다른 무엇이든 자신의 충동 욕구를 나타내는 기준에서 벗어나면 모든 것을 상실한 기분을 느낀다. 신경증적 경향이 강박적 특성을 띠는 주된 원인은 바로 이러한 안전장치로써의 가치다.

이러한 경향들의 기능은 기원을 살펴보면 더 잘 이해할 수 있다. 신경증적 경향은 생애 초기, 기질적 영향과 환경적 영향이 결합하여 생긴다. 어린이가 부모의 강압을 받으면서 순종적으로 될지 혹은 반항적으로 될지는 강압의 성질뿐만 아니라 활력의 정도나 타고난 성격의 상대적 상냥함이나 냉정함 같은 주어진 바탕에 따라서도 달라진다. 우리는 환경적 요인을 아는 만큼 기질적 요인에 대해서는 알지 못하고, 환경적 요인은 유일하게 변화가 허용되므로 나는 여기에 관해서만 이야기하겠다.

아이는 어떤 상황이나 환경에 영향을 받는다. 중요한 것은 이 영향이 성장을 저해하는지 아니면 촉진하는지다. 그리고 어떤 발달이 일어날지는 대체로 어린이와 부모 혹은 가족 중의 다른 아이를 포함한 주변 사람들 사이에 확립된 관계의 종류에 좌우된다. 가정이 따뜻하고, 서로 존중하며 배려하는 분위기라면 아이는 성장에 방해받지 않을 것이다.

불행하게도 우리 사회에서는 아이의 발달에 불리한 환경적 요인들이 많다. 부모가 잘 기르려는 마음에 아이에게 너무 많은 압력을 가하여 아이의 자주성이 마비될 수도 있다. 숨 막히도록 억누르는 사랑과 위협, 폭압과 칭찬의 결합이 있을지도 모른다. 부모는 아이에게 가정의 울타리 밖에 도사리는 위험에 관해 주입할 수 있다. 부모 중 한 명이 아이에게 자신의 편을 들고 다른 한 명과 대립하도록 강요할 수 있다. 부모가 즐거운 동지애를 보여주다가도 엄격한 권위주의를 내세우며 종잡을 수 없게 만들지도 모른다. 특히 아이는 자신의 존재 자격이 순전히 부모의 기대를 채우는 데 있다고 느끼도록 유도될 수도 있다. 부모의 기준이나 부모가 심어 놓은 이상을 실현시키고, 부모의 위신을 세우고, 부모에게 맹목적으로 헌신하면서 살아야 한다고 느끼는 것이다. 다시 말해 아이는 스스로 권리와 책임을 갖는 개인이라는 사실을 깨닫지 못할 수 있다. 그러한 영향들이 교묘하고 은밀하게 작용한다고 해서 유효성이 줄어드는 것은 아니다. 더구나 부정적인 요인은 단 하나만 있는 것이 아니라 여러 가지가 결합해 있다.

그러한 환경의 결과로 아이는 적절한 자존감을 발달시키지 못한다. 아이는 자신이 없고, 불안해하며, 고립되고, 억울해하게 된다. 처음에는 아이가 자신을 둘러싼 이러한 힘에 무력감을 느끼지만 차츰차츰 직관력과 경험으로 환경에 대처하고 위기를 모면하는 수단들을 개발한다. 다른 사람들을 능숙하게 다루기 위한 수단으로는 경계심을 갖추고 예민함을 발전시킨다.

아이가 개발하는 특정한 기법들은 복합적인 환경의 전체 성격에 따라 달라진다. 첫 번째로, 어떤 아이는 고집스러운 거절증과 간헐적인 분노 발작으로 침범을 막을 수 있다는 것을 깨닫는다. 그 아이는 삶에서 다른 사람들을 차단하고, 자신이 주인인 은밀한 섬에 살면서 자신에게 주어지는 모든 요구와 제안 혹은 기대를 자신의 사생활을 침해하는 위험한 것으로 불쾌하게 여긴다. 두 번째로, 또 어떤 아이에게는 자기 자신과 자신의 감정을 없애버리고 맹목적으로 굴복하는 것 말고는 다른 길이 없다. 아이는 자유로운 자신이 될 수 있는 곳을 여기저기서 아주 조금씩 찾아서 근근이 버틴다. 이렇게 비어 있는 영역들은 원초적이거나 숭고할 것이다. 여기에는 호젓한 욕실에서 하는 은밀한 자위행위에서 자연이나 책, 공상에 이르기까지 다양한 영역들이 포함된다. 이런 방식과는 대조적으로 세 번째, 아이는 자신의 감정을 몰아내지는 않고, 일종의 절박한 헌신으로 부모 중 강한 쪽에 매달린다. 아이는 부모의 호불호와 삶의 방식, 인생관을 맹목적으로 받아들인다. 아이는 이러한 성향으로 고통을 겪는 동시에 자족하며 지내고 싶은 열렬한 욕망을 발전시킬지도 모른다.

그리하여 신경증적 경향들의 초석이 놓인다. 신경증적 경향은 우호적이지 않은 조건들로 강요된 삶의 방식을 나타낸다. 아이는 자신의 불안과 공포와 외로움을 견디기 위해 이러한 경향을 발달시킬 수밖에 없다. 하지만 그 경향들은 아이가 자신을 위협하는 난관에 굴복하지 말고, 무슨 일이 있어도 이미 설정한 경로를 굳게 지켜야 한다는 무의식적 감정을 심어준다.

나는 관련된 유아기의 요인들에 대해 작은 부분까지 지식이 충분하다면 아이가 왜 특정한 경향의 조합을 발달시키게 되는지 이해할 수 있다고 믿는다. 이 주장을 입증하려면 다수 어린이의 내력을 매우 상세히 기록해야 하므로 여기서는 불가능하다. 하지만 이를 실제로 증명할 필요는 없다. 아이들에 대한 경험이나 그들의 초기 발달을 재구성한 경험이 풍부한 사람이라면 누구나 직접 시험해 볼 수 있기 때문이다.

이러한 초기 발달이 일어나면 그 뒤로도 반드시 경향이 지속되는 것일까? 주어진 환경의 영향으로 아이가 순종적이거나 반항적이거나 소심해진다면, 계속 그런 성향으로 남을 수밖에 없을까? 아이가 자신의 방어적 기제를 필히 유지하는 건 아니더라도 그러한 성향을 지닌 채로 지낼 위험이 상당하다는 게 나의 답이다. 방어적 기법들은 초기의 급격한 환경 변화로 근절될 수도 있다. 혹은 상당한 시간이 흐른 뒤에라도 이해심 있는 선생님이나 친구, 연인, 동료를 발견하거나 자신의 성격과 능력에 적합한 몰두할 수 있는 일을 찾으면 수정될 수 있다. 하지만 강력한 대응 요인이 없으면 습득된 신경증적 경향은 끈질기게 지속될 뿐만 아니라 결국은 더 강한 힘으로 성격을 장악하게 될 것이다.

이러한 '지속성'을 이해하려면 신경증적 경향이 그저 완고한 부모에 대항하기 위해 발달한 효과적인 전략 이상이라는 점을 온전히 깨달아야 한다. 내부의 발달 요인을 모두 고려해 볼 때 신경증적 경향은 아이가 삶 전체를 감당하기 위해 쓸 수 있는 유일한 방법이다. 공격을 피해 달아나는 것은 위험에 직면한 토끼의 전략이며, 토끼가 가진 유일한 전략이다. 토끼가 도망가는 대신 맞서 싸우겠다고 결정하는 것은 불가능하다. 싸울 수 있는 수단이 없기 때문이다. 이와 마찬가지로 어려운 조건에서 성장하는 아이도 삶에 대한 일련의 태도를 개발하는데, 이것이 기본적으로 신경증적 경향이며 이는 자유 의지로는 변화시킬 수 없고 꼭 필요하기에 굳건히 유지해야만 하는 것이다.

하지만 토끼의 비유가 완전히 들어맞는 것은 아니다. 토끼는 타고난 체질상 위험에 대처할 다른 방법이 없지만 인간은 선천적으로 정신적 혹은 육체적 장애가 있는 경우가 아니라면 다른 잠재력이 있기 때문이다. 반드시 특정한 태도를 지키려 하는 것은 태생적 한계 때문이 아니다. 그 사람의 두려움과 억압, 취약성, 기만적인 목표, 세계에 대한 실체가 없는 믿음 등이 모두 작용해 특정한 방식만 사용하도록 제한하고 다른 방식들을 배제하기 때문이다. 다시 말해 융통성 없게 만들고 기본적인 변화도 허용하지 않기 때문이다.

이런 점을 분명히 보기 위한 한 가지 방법은 아이와 성인이 유사하게 완고한 행태를 보이는 사람들에게 각각 어떻게 대처하는지 비교하는 것이다. 다음에 나오는 비교는 단순히 실례를 보여주기 위한 것이지, 두 상황에 관계된 모든 요인을 다루려는 것이 아님을 염두에 두기를 바란다. 여기서 나는 나중에 분석을 다시 검토할 실제 환자를 떠올리고 있다. 클레어라는 어린이의 어머니는 독선적인 성격으로 아이가 자신을 존경하고, 자신에게 독점적인 헌신을 바치기를 기대한다. 성인의 경우는 심리학적으로 잘 융화된 회사원인데 상사가 아이의 어머니와 비슷한 성격이다. 어머니와 상사는 모두 자기만족에 빠져 있고 독단적이며 다른 사람들을 불공정하게 대한다. 그들은 타인으로부터 마땅히 받아야 한다고 생각하는 존경의 표시를 받지 못하거나 비판적인 태도를 감지하면 적대적으로 변한다.

이러한 조건에서 회사원은 일자리를 지켜야 할 절박한 이유가 있다면 어느 정도 의식적으로 상사를 대하는 기법을 발전시킬 것이다. 그는 필시 비판적 의견은 표현하기를 삼가고, 어떤 훌륭한 자질이 있으면 반드시 노골적으로 높이 평가하고, 상사의 경쟁자에 대한 칭찬은 자제할 것이다. 자신의 의견과는 상관없이 상사의 계획에 동의하고, 자신이 제안한 의견도 상사가 착수시킨 것처럼 보이게 할 것이다. 그렇다면 이러한 전략이 그의 성격에 어떤 영향을 미칠까? 그는 부득이하게 차별하고 속임수를 써야 하는 것에 분개하고 반감을 품을 것이다. 하지만 그는 자존감이 있는 사람이므로 그 상황은 자신이 아니라 상사의 행동을 반영하는 것이고, 자신이 취하는 행동이 자신을 고분고분하고 아부하는 사람으로 만들지 않는다고 느낄 것이다. 그의 전략은 오직 그 상사에 한해서만 적용할 것이다. 변화가 생긴다면, 다음에 만나는 상사에게는 다르게 행동할 것이다.

신경증적 경향들을 잘 파악하려면 갑작스럽게 터진 일을 둘러 맞추어 처리하는 식의 임시변통 전략과의 차이를 인식해야 한다. 그렇지 않으면 신경증적 경향이 가진 힘과 침투성을 제대로 알지 못하고 아들러처럼 지나치게 단순화하고 합리화하는 실수를 저지를 것이다. 그렇게 되면 결국 치료 작업을 너무 가볍게 여겨서 제대로 완수하지 못하게 된다.

클레어의 상황은 회사원의 상황과 견주어질 만하다. 어머니와 상사의 성격이 비슷하기 때문이다. 다만 클레어의 경우는 좀 더 세부적으로 들어가 볼 만한 가치가 있다. 그녀는 부모가 원하지 않는 자식이었다. 부모의 결혼 생활은 불행했고 어머니는 아들을 낳은 후에 더는 아이를 갖고 싶어 하지 않았다. 클레어는 낙태 시도가 여러 차례 실패한 끝에 태어났다. 그녀를 심하게 다루거나 방치한 것은 아니었다. 오빠와 마찬가지로 좋은 학교에 다녔고, 선물도 오빠와 똑같이 받았다. 오빠와 같은 선생님에게 음악도 배웠다. 모든 물질적인 면에서 그녀는 아주 좋은 대우를 받았다. 하지만 물질적이지 않은 면에서는 오빠와 비교해 애정도 덜 받았고, 학교 성적이나 아이가 하는 수천 가지 소소한 일상적 경험에 보이는 관심도 적었다. 그녀가 아플 때도 크게 걱정해주지 않았고, 그녀를 곁에 두려는 배려도 적었으며, 친구처럼 대해주려는 마음도 없었고, 외모나 성취에 대한 칭찬도 적었다. 뭐라고 꼬집어 말할 수 없지만 어머니와 오빠 사이에는 강한 공동체 의식이 있었고, 그녀는 거기서 배제되었다. 아버지는 도움이 되지 않았다. 그는 시골 의사로 일하느라 대부분의 시간은 집에 없었다. 클레어는 아버지에게 가까워지려는 애처로운 시도를 몇 차례 했지만 그는 두 자녀 모두에게 관심이 없었다. 아버지의 애정은 일종의 주체 못 할 찬양으로 오롯이 어머니에게만 초점이 맞춰져 있었다. 아버지는 어머니에게 노골적으로 괄시를 받았기에 도움이 되지 않았다. 세련되고 매력적인 어머니는 의심할 여지없이 가족을 지배하는 사람이었다. 어머니는 아버지에게 느끼는 증오와 경멸을 공공연하게 표현했고, 아버지가 죽었으면 좋겠다는 소망도 숨기지 않고 말했다. 클레어는 여기에 감정적으로 많은 영향을 받았고, 강한 편에 서는 것이 안전하다고 느끼게 되었다.

이런 상황의 결과로 클레어는 자신감을 발달시킬 변변한 기회를 얻지 못했다. 지속적으로 반항이 일어날 만큼 드러나는 부당함은 없었지만 클레어는 불만스럽고 짜증이 나고 투덜거리게 되었다. 그 결과 그녀는 항상 자신이 희생자인 양 생각한다고 놀림을 받았다. 어머니나 오빠는 클레어가 부당한 대우를 받는다고 느낄 만하다는 생각은 조금도 하지 않았다. 당연하게 그들은 그녀의 태도를 심술궂은 기질을 나타내는 징후라고 여겼다. 한 번도 안정감을 느껴보지 못한 클레어는 자신에 대해 말하는 다수의 의견을 쉽게 따랐고 모든 것을 제 잘못으로 느끼기 시작했다. 미모와 매력이 빼어나 모두에게 칭송을 받는 어머니와 명랑하고 똑똑한 오빠에 비하면 클레어는 미운 오리 새끼였다. 그녀는 자신이 호감이 가지 않는 사람임을 굳게 믿게 되었다.

　사실에 바탕을 두고 정당하게 타인을 향했던 비난이 거짓에 바탕을 두고 정당하지 않은 자기 비난으로 옮겨 가는 변화는 우리가 앞으로 살펴볼 것처럼 광범위한 영향을 미친다. 이 변화는 그녀가 다수의 평가를 수용하는 일 이상의 효과를 일으킨다. 클레어가 어머니에 대한 모든 불만을 억눌렀다는 것을 의미하기도 한다. 만약 모든 것이 그녀 잘못이었다면 어머니에게 유감을 품게 한 근거도 기반을 잃었을 것이다. 그렇게 적대감을 억압하는 데서 어머니를 칭송하는 무리에 합류하기까지 겨우 한 걸음만 떼면 되었다. 다수 의견에 한층 더 굴복하면서 클레어에게는 최대한의 감탄을 표하지 않을 때마다 어머니가 내보이던 적대감에 동참하고자 하는 강력한 욕망이 자라났다. 어머니에게서 결점을 찾는 것보다는 자신에게서 찾는 편이 훨씬 안전했다. 클레어 또한 어머니를 찬양한다면 더는 고립되거나 배제된 느낌을 받을 필요가 없고 사랑받거나 적어도 인정받기를 바랄 수도 있었다. 사랑받기를 바라던 기대가 실현되는 대신 그녀는 가치가 의심스러운 선물을 얻었다. 어머니는 다른 사람의 칭송을 즐기는 부류가 그러는 것처럼 자신을 떠받들어준 사람들을 칭찬하는 데 관대했다. 클레어는 더는 무시당하는 미운 오리 새끼가 아니라 멋진 어머니의 멋진 딸이 되었다. 따라서 그녀는 자신감이 산산이 무너져 내린 자리에 외부 칭찬으로 기반을 다진 그럴싸한 자부심을 쌓아 올렸다.

　진실한 반항이 거짓된 찬양으로 변화하면서 클레어는 미약하게 나마 있던 자신감의 흔적마저 잃어버렸다. 다소 모호한 용어를 쓰자면 그녀는 자기 자신을 잃어버렸다. 실제로는 그녀가 원망하던 대상을 반대로 찬양하게 되면서 그녀는 자기 자신의 감정에서 멀어졌다. 그러면서 자신이 좋아했거나, 희망했거나, 두려워했거나, 분하게 여겼던 게 무엇인지 더는 알 수 없게 됐다. 사랑에 대한 희망이나 다른 어떤 희망을 표명할 능력도 모두 잃어버렸다. 겉으로 자부심은 있었지만 자신은 호감 가지 않는 존재라는 자기만의 확신은 더 깊어지기만 했다. 따라서 나중에 이런저런 사람이 그녀를 좋아하게 되었을 때 그녀는 애정을 있는 그대로 받아들이지 못하고 다양한 방식으로 포기해버렸다. 때로는 그 사람이 그녀를 다른 사람의 모습으로 오해했다고 생각했다. 때로는 그 애정이 그녀가 쓸모있었던 것에 대한 고마움이거나 미래의 유용성에 대한 기대 때문이라고 생각했다. 이러한 불신은 그녀가 관여한 모든 인간관계를 깊이 훼손했다. 다른 사람들을 비판하기보다는 찬양하는 것이 더 안전하다는 무의식적 처세법에 따라 행동하면서, 비판적 판단을 할 능력도 잃어버렸다. 이러한 태도는 더 고차원적이었던 그녀의 지성이 발휘되는 데 제약을 걸었고, 저 자신을 어리석다고 느끼게 만드는 원인이 되었다.

이 모든 요인이 작용한 결과 세 가지 신경증적 경향이 발달하였다. 첫 번째는 자신의 희망과 요구에 관한 강박적 겸손이다. 이는 스스로를 두 번째 자리로 밀어 두고, 다른 사람보다 자신을 더 하찮게 생각하며, 다른 사람이 옳고 나는 틀렸다고 생각하는 강박적 경향을 일으켰다. 하지만 이 제한된 범위에서조차 그녀는 누군가 의지가 되고 보호하고 지켜줄 사람, 조언하고 격려하며 인정해주고 책임져주고 필요한 모든 것을 주는 사람이 존재하지 않는 한 안전하다고 느끼지 못했다. 그녀는 삶을 직접 감당할 능력을 잃어버렸기 때문에 이 모든 것이 필요했다. 그러므로 두 번째 경향인 '동반자'에 대한 욕구가 생겼다. 의지할 수 있는 친구나 연인, 남편이 필요해졌다. 그녀는 어머니에게 했듯이 동반자에게 자신을 종속시킬 것이다. 동시에 동반자는 그녀에게 전적으로 헌신하면서 으스러진 그녀의 존엄을 회복시켜 줄 것이다. 세 번째 신경증적 경향, 즉 다른 사람들을 능가하고 이기려는 강박적인 욕구는 마찬가지로 자존감 회복을 지향했지만 그 외에 상처를 받고 수치심을 느끼며 쌓였던 복수심마저 모두 흡수했다.

우리의 비교로 다시 돌아가 그것이 보여주고자 하는 의미가 무엇인지 요약해보자. 회사원과 아이는 모두 상황에 대처하는 전략을 개발한다. 둘 다 자신을 뒤로 밀어 두고 권한을 가진 사람을 향해 칭송하는 태도를 보이는 기법이다. 그들의 반응은 거의 비슷해 보이지만 실제로는 완전히 다르다. 회사원은 자존감을 잃지 않고, 비판적 판단력을 포기하지 않으며, 분노를 억압하지 않는다. 그러나 아이는 자존감을 잃고, 비판적 능력을 버리며, 적대감을 억압하고 자기를 내세우지 않게 된다. 요약하면 성인은 단지 자신의 행동을 맞추지만 아이는 성격을 바꾸게 된다.

경직되고, 구석구석 침투하는 신경증적 경향의 특성은 치료에 중대한 영향을 준다. 환자들은 종종 자신의 강박적 욕구를 감지하자마자 그 욕구를 버릴 수 있으리라 기대한다. 그리고 신경증적 경향의 영향력이 계속 이어지고 강도가 거의 줄어들지 않으면 실망한다. 이런 희망이 전부 허황한 것은 아니다. 가벼운 신경증 단계에서 신경증적 경향은 인식되고 나면 정말로 사라질 수도 있다. 여기에 대해서는 수시 자기 분석에 관한 장(6장)에서 사례를 들어 논의할 것이다. 하지만 더 복잡한 신경증에서 그러한 기대는 헛된 것이다. 마치 '실업' 같은 사회적 재난이 그저 문제로 인식되기만 하면 사라지리라고 예상하는 것만큼이나 덧없다. 사회적인 문제든 개인적인 문제든 지장을 초래하는 경향을 만들어 내고 그 경향을 지속시키는 힘들을 연구하여 가능하다면 그 힘에 영향을 주어야 한다.

나는 신경증적 경향이 안전을 보장한다고 강조했다. 앞서 언급했듯이 이 속성은 신경증적 경향의 강박적 성격을 설명해준다. 하지만 신경증적 경향이 불러일으키는 만족감, 혹은 만족에 대한 희망이 맡은 역할도 과소평가해서는 안 된다. 이런 감정이나 희망은 비록 그 강도는 다를지라도 결코 빠지는 법이 없다. 완벽을 추구하는 욕구, 겸손에 대한 강박 같은 일부 신경증적 경향에서는 방어적 측면이 우세하다. 다른 경향에서는 분투에 성공하여 얻고자 하거나 얻는 만족감이 너무 강하여 탐욕스러운 열정의 성격을 띨 수도 있다. 예컨대 의존에 대한 신경증적 욕구에는 삶을 책임져줄 사람과 함께 누릴 행복에 대한 강렬한 기대가 뒤따른다. 크게 만족감을 얻었거나 만족감에 강하게 기대를 걸면 신경증적 경향을 치료하기가 더 어려워진다.

신경증적 경향은 다양한 방식으로 분류할 수 있다. 타인과 친밀감을 느끼기 위해 분투하는 신경증적 경향은 무관심과 거리감을 유지하는 경향과 대조를 이룬다. 이런저런 종류의 의존성을 강요하는 경향은 독립성을 강조하는 경향과 대비되는 쌍으로 묶을 수 있다. 삶의 확장을 추구하는 경향은 제한을 위해 노력하는 경향과 반대된다. 개인적 특성을 강조하는 경향은 개인을 적응시키거나 없애는 것을 겨냥하는 경향과 대비되고 자기 강화를 추구하는 경향은 자기 비하를 일으키는 경향과 대비될 수 있다. 하지만 분류를 계속한다고 해서 더 명확한 그림이 그려지는 것은 아니다. 범주들이 겹치기 때문이다. 그러므로 현재 설명할 수 있는 실체로서 두드러지는 경향들을 단순히 열거하기로 하겠다. 단언컨대 이 목록은 완전하지도 않고 확실하지도 않다. 다른 경향들이 추가되어야 할 것이고, 독자적인 실체로 나타난 경향이 다른 경향의 변형에 불과한 것으로 밝혀질 수도 있다. 다양한 경향에 대한 상세한 설명은 알아둘 가치가 있는 지식이긴 하지만 이 장의 영역을 벗어난다. 일부 경향은 나의 전작들에 자세히 서술되어 있다. 여기서는 신경증적 경향들을 열거하고 주된 특징들을 대략 언급하는 것으로 충분하다.

**1. 애정과 인정에 대한 신경증적 욕구**(『우리 시대는 신경증일까?』에서

애정에 대한 욕구를 다룬 6장을 참조하라.)

- 다른 사람들을 기쁘게 하고, 다른 사람들이 좋아해주고, 인정해주기를 바라는 무차별적인 욕구
- 반사적으로 다른 사람의 기대에 맞추는 삶
- 무게 중심이 자기가 아닌 다른 사람들에게 있으며, 그들의 소망과 의견만을 중요하게 여김
- 자기주장에 대한 두려움
- 다른 사람들의 적의나 자기 내면의 적대감에 대한 두려움

**2. 삶을 책임져줄 '동반자'에 대한 신경증적 욕구**(『정신분석의 새로운 길』에서 마조히즘을 다룬 부분과 에리히 프롬의『자유로부터의 도피』에서 권위주의에 관한 내용을 참조하라. 또한 이 책 8장 사례도 참조하라.)

- 무게 중심이 전적으로 '동반자'에게 있음. 동반자는 삶의 모든 기대를 완수해주고 선과 악을 책임지며, 그의 성공적인 조종이 지배적인 임무가 됨
- '사랑'을 과대평가하고 사랑이 모든 문제를 해결해줄 것으로 여김
- 버려질 것에 대한 두려움
- 혼자가 되는 것에 대한 두려움

**3. 협소한 경계 안에서 삶을 제한하려는 신경증적 욕구**

- 요구하지 않고 작은 것들에 만족하며 물질적인 것에 대한 야

망이나 소망을 제한해야 할 필요성

- 눈에 띄지 않게 지내고 두 번째 자리로 가야 할 필요성
- 기존의 능력과 잠재력을 과소평가하고, 겸손을 최고의 가치로 여김
- 소비하기보다는 절약하려는 욕구
- 무엇이든 요구하는 것에 대한 두려움
- 좋은 상태나 높은 단계로 나아가기 위해 소망을 품거나 주장하는 것에 대한 두려움

예상할 수 있듯이 이들 세 가지 경향은 함께 발견되곤 한다. 모두 나약함을 인정하고 이를 토대로 삶을 처리하려고 시도하기 때문이다. 이러한 경향들은 자신의 힘에 의지하거나 스스로 책임지려는 경향과는 반대다. 그러나 세 경향이 하나의 증후군을 구성하지는 않는다. 세 번째 경향은 다른 두 경향이 두드러지는 역할을 하지 않아도 존재할 수 있다.

**4. 권력에 대한 신경증적 욕구**(『우리 시대는 신경증일까?』에서 권력과 명망, 소유에 대한 욕구를 다룬 10장을 참조하라.)

- 지배에 대한 갈망을 채우기 위해 다른 사람을 지배함
- 대의명분이나 의무, 책임에 대한 헌신이 어느 정도 역할을 하긴 하지만 원동력은 아님
- 다른 사람들, 그들의 개성, 존엄성, 감정에 대해 근본적으로

무시함. 유일한 관심사는 그들의 복종임

- 이 욕구와 관련된 파괴적인 요소들은 그 정도에서 큰 차이를
  보임
- 힘에 대한 무분별한 숭배와 약함에 대한 경멸
- 통제할 수 없는 상황에 대한 두려움
- 무력함에 대한 두려움


**4a. 이성과 선견지명을 통해 자기와 다른 사람들을 통제하려는 신경증적 욕구**(4번의 변형으로 권력을 직접적이고 공공연하게 행사하기에는 너무 억눌려 있는 사람들의 경우에 나타난다.)

- 지성과 이성의 전능함에 대한 믿음
- 감정에 영향을 받는 것을 부정하고 경멸함
- 선견지명과 예견에 극단적인 가치를 부여
- 다른 사람보다 우월한 선견지명이 있다고 느낌
- 자기 안에 세워 놓은 지적이고 우월한 이미지보다 뒤처지는
  것은 모두 경멸함
- 이성의 힘에 객관적 한계가 있다고 인정하기를 두려워함
- '어리석음'과 서투른 판단에 대한 두려움


**4b. 의지의 전능함을 믿으려는 신경증적 욕구**(다소 모호한 용어를 쓰자면 4번의 내향적인 변형으로 직접 권력을 행사하는 행위를 다른 사람과의 과도한 접촉으로 여기는 매우 고립된 사람들에게 나타난다.)

- (소원 반지를 소유한 양) 마법 같은 의지를 믿으면 불굴의 힘이 솟아남
- 소망이 좌절되면 비참해짐
- '실패'에 대한 두려움 때문에 소망을 포기하거나 제한하고, 관심을 철회하려는 성향
- 순수한 의지의 한계를 인정하는 것에 대한 두려움

## 5. 수단과 방법을 가리지 않고 다른 사람을 이용하여 그들을 능가하려는 신경증적 욕구

- 다른 사람을 평가할 때 어떻게 이용할 수 있는지 혹은 쓸모가 있는지를 주로 고려함
- 아이디어, 성생활, 감정, 돈(흥정은 열정과 마찬가지다) 등 착취 대상은 다양함
- 착취하는 기술을 가진 것에 자부심을 느낌
- 이용당하는 것에 대한 두려움, 이용당하여 '어리석어지는 것'에 대한 두려움

## 6. 사회적 인정이나 명망에 대한 신경증적 욕구(권력에 대한 갈망과 결합할 수도 있고, 결합하지 않을 수도 있다.)

- 무생물, 돈, 사람, 자신의 고유한 자질, 활동, 감정 등 모든 것이 오직 위신과 관련된 가치로 평가됨
- 자기 평가는 전적으로 대중의 인정에 달려 있음

- 질투나 감탄을 불러일으키는 전통적인 방식이나 저항적인 방식의 사용에 차이가 있음
- 외부적 환경 때문이든 내부적 요인 때문이든, 사회적 지위를 잃는 것('굴욕')에 대한 두려움

## 7. 개인적 존경에 대한 신경증적 욕구

- 자기에 대한 과장된 이미지(나르시시즘)
- 자신이 가진 것이나 대중의 눈에 보이는 것이 아닌 상상 속 자신이 존경 받고자 하는 욕구
- 자기 평가는 이 과장된 이미지에 맞추어 사는 것과 이미지에 대한 다른 사람들의 존경에 달렸음
- 존경을 잃는 것('굴욕')에 대한 두려움

## 8. 개인적 성취에 대한 신경증적 욕구

- 자신의 존재를 통해서가 아니라 자신의 활동을 통해 다른 사람을 능가하려는 욕구
- 자기 평가는 최고가 되는 것에 달려 있음. 특히 자기 생각에 최고의 연인이나 최고의 운동선수, 최고의 작가, 최고의 직원이 되어야 하지만 타인의 인정 역시 필수적이며 인정받지 못하면 분노함
- (다른 사람을 물리치고자 하는) 파괴적인 성향들은 빠지는 법이 없지만 강도는 다양함

- 끊이지 않는 불안감, 더 큰 성취를 위해 한계 없이 자기를 몰
  아붙임
- 실패('굴욕')에 대한 두려움


6, 7, 8번 경향은 다른 사람에게 절대적인 우월함을 행사하기 위
한 노골적이고 경쟁적인 충동이다. 이런 경향들은 겹치거나 서로
결합할 수도 있지만 분리되어 존재할 수도 있다. 예를 들어 개인적
찬양에 대한 욕구를 가지면서도 사회적 명망은 무시할 수 있다.

### 9. 자족과 독립에 대한 신경증적 욕구

- 절대로 아무도 필요로 하지 말아야 하거나 어떤 영향에도 굴
  복하지 않아야 할 필요성. 혹은 어떤 것에도 속박되지 않아야
  하고, 노예화할 위험이 있는 어떤 친밀함에도 얽매이지 않아
  야 할 필요성
- 거리 두기와 분리는 안전 보장의 유일한 원천임
- 타인을 필요로 하는 것에 대한 두려움과 유대감, 친근함, 사랑
  에 대한 두려움


### 10. 완벽함과 철저함에 대한 신경증적 욕구(『정신분석의 새로운 길』

에서 초자아를 다룬 13장과 프롬의 『자유로부터의 도피』5장의 자동인형
식 순응에 관한 내용을 참조하라.)

- 끈질기게 완벽함을 추구하려고 함

- 발생할 수 있는 결점에 관해 반추하고 스스로를 질책함
- 완벽하다는 이유로 다른 사람에게 우월감을 가짐
- 자기 안에서 결점을 발견하거나 실수를 저지르는 것에 대한 두려움
- 비판이나 책망에 대한 두려움

이러한 경향들을 검토하면서 인상적인 부분이 드러났는데, 경향이 의미하는 어떤 분투나 태도도 그 자체로 '비정상'이거나 인간적 가치가 빠진 것은 없다는 것이다. 우리 대부분은 애정과 자기 절제, 겸손함, 타인에 대한 배려를 원한다. 삶에서의 성취를 자신이 아닌 다른 사람에게서 기대하는 것은 적어도 여성에게는 '정상'이거나 심지어 고결한 것으로 간주한다. 그러한 분투 중에는 우리가 주저 없이 높게 평가할 만한 것들도 있다. 자족, 독립, 이성을 통한 지침은 일반적으로 가치 있는 목표로 여긴다.

이러한 사실들을 고려하면 거듭해서 의문이 제기된다. 왜 이 경향들을 '신경증적'이라고 부를까? 이 경향들에서 잘못된 점이 무엇일까? 일부 사람들에게 특정한 경향이 지배적이고, 상당히 엄격하게 작용하고, 또 어떤 경향은 행동을 결정하기도 한다는 사실을 인정한다. 그럼에도 이렇게 다양한 욕망은 단지 서로 다른 가치를 설정하고, 삶에 대해 서로 다른 대처 방식을 가진 사람들에게 주어진 표현의 차이가 아닐까? 이를테면 인정 많은 사람은 애정을, 더 강인한 사람은 독립과 지도력을 추구하는 성향이 자연스러운 것처럼 말이다.

이런 의문을 제기해보는 것은 유용한 일이다. 근본적인 인간의 분투와 가치 평가, 그에 따르는 신경증적 대응 사이의 차이를 인식하는 것은 이론적으로는 물론이고 실용적으로도 대단히 중요하기 때문이다. 두 가지 유형의 분투는 목적이 비슷하지만 토대와 의미는 완전히 다르다. 그 차이는 마치 플러스 7과 마이너스 7의 차이만큼이나 크다. 두 경우 모두 숫자 7로 같다. 우리가 같은 말과 애정, 이성, 완벽함을 사용하는 것과 마찬가지다. 하지만 앞에 붙는 부호가 성격과 가치를 바꾸어 놓는다. 명확한 유사성 뒤에 숨은 차이에 대해서는 회사원과 어린이 클레어를 비교하면서 다룬 바 있지만 더욱 일반화되어 있는 몇 가지를 비교하면 정상과 신경증적 경향 사이의 차이를 더욱 분명히 할 수 있을 것이다.

다른 사람들에게 사랑받고자 하는 소망은 그들에게 애정이 있을 때, 즉 그들과 공통점이 있다고 느낄 때만 의미가 있다. 그렇다면 내가 호의를 받는 것뿐만 아니라 다른 사람에게 호의를 갖고, 긍정적인 감정을 표현하는 일도 중요해질 것이다. 하지만 애정에 대한 신경증적 욕구에는 상호 관계의 가치가 빠져 있다. 신경증이 있는 사람에게 자신이 가진 애정이란 감정은 낯선 사람과 위험한 동물에 둘러싸여 있을 때와 마찬가지로 거의 중요하지 않다. 엄밀히 말해 그런 사람은 정말로 다른 사람의 애정을 원하는 것이 아니라 그들이 자신에게 공격적인 행동을 할까 봐 절박하고 맹렬하게 염려하는 것이다. 상호 이해의 훌륭한 가치인 관용과 배려, 연민은 그런 관계에 들어설 자리가 없다.

이와 유사하게 우리의 재능과 인간적 능력을 완벽하게 다지려는 분투는 분명 최선을 다할 가치가 있다. 이 노력이 모두에게 치열하고 활발하게 일어난다면 세상은 더 살기 좋은 곳이 되리라는 것에 의심의 여지가 없을 정도다. 하지만 완벽함에 대한 신경증적 욕구는 같은 완벽이라는 말로 표현될지언정 특별한 가치가 없다. 신경증의 경우에는 변화 없이 완벽해지거나 완벽해 보이려는 시도를 나타내기 때문이다. 자기 안에서 변화가 필요한 영역을 찾는 것은 두려운 일이고, 두려움은 곧 회피해야 하는 일이기 때문에 발전 가능성은 없다. 유일하게 진실한 관심사는 공격에 노출되지 않고 타인에 대한 비밀스러운 우월감을 지키기 위해 결점을 없애는 것이다. 애정에 대한 신경증적 욕구에서처럼 자신의 능동적인 참여는 빠져 있거나 충분히 역할을 하지 못한다. 이 경향은 능동적인 분투가 되는 대신 환상에 불과한 현상을 유지하려는 정지 상태의 고집에 불과하다.

이제 마지막 비교다. 우리는 누구나 의지력을 높이 평가하며, 의지력이 중요한 일을 추구할 때 쓰인다면 의미 있는 힘이라고 여긴다. 하지만 의지가 전능하다고 여기는 신경증적 믿음은 환상에 지나지 않는다. 제아무리 결연한 노력을 해도 허용되지 않는 한계들을 완전히 무시하기 때문이다. 대단한 의지력이 있다고 해도 일요일 오후의 교통체증에서 벗어날 수는 없다. 더구나 의지력의 효과를 증명하는 것 그 자체가 목적이 된다면 의지력의 미덕은 가치가 없어진다. 일시적인 충동을 방해하는 장애물은 무엇이든 이러한 신경증적 경향에 시달리는 사람을 걷잡을 수 없는 몹시 흥분된 행동으로 몰고 갈 것이다. 그 사람이 정말로 특정한 목표를 원하는지 아닌지는 상관없다. 사실상 판세는 뒤집혔다. 그가 의지력을 가진 것이 아니라 의지력이 그를 가진 것이다.

이런 예들은 신경증적 추구가 그와 유사한 인간적 가치를 서투르게 모방하는 것에 가깝다는 것을 충분히 보여준다. 신경증적 추구에는 자유와 자발성, 의미가 빠져 있으며 착각을 일으키는 요소들이 포함되어 있는 경우가 너무 많다. 신경증적 추구에서 가치는 단지 주관적일 뿐이며, 안전을 보장하고 모든 문제에 대한 해결책이라는 다소 무모해 보이는 약속을 붙잡은 채로 있다.

강조할 사항을 한 가지 덧붙이자면 신경증적 경향에는 그것이 모방하는 인간적 가치가 빠져 있을 뿐만 아니라 당사자가 원하는 것이 무엇인지조차 나타나지 않는다. 예컨대 어떤 사람이 모든 에너지를 사회적 명망이나 권력을 추구하는 데 쓴다면, 자신이 정말로 이런 목표들을 원한다고 믿을지도 모른다. 우리가 보았듯이 그는 단지 그것들을 원하도록 이끌린 것이다. 원격으로 조종되는 비행기를 타면서 자신이 조종하고 있다고 믿는 셈이다.

신경증적 경향이 대략 어떻게, 어느 정도까지 사람의 성격을 결정하고 삶에 영향을 미치는지는 여전히 이해해야 할 과제로 남아 있다. 첫째로, 이러한 추구는 특정한 태도와 감정, 행동 유형을 발달시킨다. 무한한 독립을 추구하는 경향이 있는 사람이라면, 비밀

주의와 은둔을 욕망하며 자신의 사생활을 침범할 법한 것들은 무엇이든 경계하고 다른 사람과 거리를 유지하는 기술을 개발할 것이다. 삶의 긴축을 추구하는 사람이라면, 겸손하고 무엇이든 요구하지 않으며 자신보다 공격적인 사람에게는 기꺼이 굴복할 태세가 될 것이다.

두 번째로 신경증적 경향은 자신이 어떤 사람인지 혹은 어떤 사람이어야만 하는지에 대한 이미지 대부분을 결정한다. 신경증이 있는 사람은 모두 자기 평가에서 자신의 과장된 이미지와 위축된 이미지 사이를 오가며 두드러지게 불안정한 모습을 보인다. 신경증적 경향이 인지되면, 어떤 사람이 자신에 대해 이야기한 특정한 평가는 의식하면서 다른 평가는 억압(외면)하는 구체적인 이유를 이해할 수 있다. 그리고 왜 의식적이거나 무의식적으로 어떤 속성을 띠는 태도는 지나치게 자랑스러워하면서 다른 태도는 인정할 만한 객관적인 이유도 없이 경멸하는지도 이해할 수 있다.

예를 들어 A라는 사람이 이성과 선견지명에 대한 방어적인 믿음을 구축했다면, 그는 일반적으로 이성을 활용하여 성취할 수 있는 것을 과대평가할 뿐만 아니라 자신의 추리력과 판단력, 예측력에 특별한 자부심을 가질 것이다. 다른 사람보다 우월하다는 생각은 주로 자신의 지능이 우월하다는 확신에서 비롯될 것이다. 만약 B라는 사람이 도저히 자립할 수는 없지만 삶에 만족감을 주고 방향을 지시해줄 '동반자'가 필요하다고 느낀다면, 그는 사랑의 힘뿐만 아니라 사랑할 수 있는 자신의 능력 또한 과대평가할 것이다. 그는 다른 사람에게 매달리려는 욕구를 특별히 위대한 사랑의 능력으로 오해하고, 착각이 만들어 낸 능력에 대해 특별한 자부심을 가질 것이다. 마지막으로 C라는 사람의 신경증적 경향이 어떤 상황이든 자신의 노력으로 관리해야 하고, 어떤 대가를 치르더라도 필요한 것은 스스로 충당해야 하는 것이라면, 그는 자신의 능력과 자립성과 더불어 누구의 도움도 필요로 하지 않는 것에 지나치게 자부심을 가질 것이다.

자신의 우월한 추론력에 대한 A의 믿음과 다정한 성격에 대한 B의 믿음, 스스로 일을 처리하는 능숙함에 대한 C의 믿음을 지속되게 하는 것은 그것을 만들어 낸 신경증적 경향과 마찬가지로 강박적 성격을 띠게 된다. 이러한 자질을 가졌음에 자부심을 느낄지언정 이 자부심은 예민하고 취약하다. 여기에는 타당한 이유가 있는데, 자부심의 토대가 그다지 견고하지 않다는 것이다. 자부심은 너무 좁은 기반 위에 세워졌고 실체가 없는 요소들이 너무 많이 포함되어 있다. 실제로 타고난 자질에 자부심을 느끼는 게 아니라 신경증적 경향이 유지되기 위해 필요한 자질에 대해 자부심을 느낀다.

사실 B가 가진 사랑하는 능력은 보잘것없지만 자신의 거짓된 추구를 인정하지 않기 위해서는 이 자질에 대한 B의 믿음이 필수적이다. 만약 그가 자신의 다정한 성격에 대해 일말의 의구심이라도 품었다면, 자신은 사랑하는 사람이 아니라 많은 보답을 받지 않아도 전적으로 자신에게 삶을 헌신해줄 사람을 찾고 있다는 것을 깨달았을 것이다. 이것은 B의 안전에 치명적인 위협을 뜻하기 때문에 이 점을 비판하면 B는 공포와 적개심이 뒤섞인 반응을 보일 수밖에 없다. 공포가 더 클 수도 있고, 적개심이 더 클 수도 있다. 마찬가지로 A는 자신의 훌륭한 판단력을 의심하는 견해에 극도로 짜증스러운 반응을 보일 것이다. 한편 누구의 도움도 필요로 하지 않는 것에 자긍심을 느끼는 C는 도움이나 조언 없이는 성공할 수 없다는 의견에 화가 날 것이 틀림없다. 소중한 자기 이미지를 침해당하면 불안과 적대감이 발생하고, 이는 타인과의 관계를 한층 더 손상하며, 그 결과 C는 자신의 방어적 장치를 더욱더 강하게 고수하게 된다.

자기에 대한 평가만 신경증적 경향에 민감하게 영향을 받는 것은 아니다. 타인에 대한 평가 역시 마찬가지다. 명성을 갈망하는 사람은 전적으로 다른 사람들이 누리는 명성에 따라 그들을 판단한다. 그들이 가진 진정한 가치는 개의치 않고, 명성이 높은 사람은 자신보다 우위에 두고, 명성이 덜한 사람은 업신여길 것이다. 강박적으로 순응하는 사람은 자신에게 힘을 행사하는 것은 무엇이든 무분별한 숭배의 감정을 느낄 가능성이 크다. 설령 이 '힘'이 단지 엉뚱하거나 부도덕한 행동에서 나온 것이라 해도 달라지지 않는다. 다른 사람을 이용해야만 하는 사람은 스스로 착취당하도록 두는 사람을 어느 정도 좋아하면서도, 또한 경멸할 수 있다. 그는 강박적으로 겸손한 사람은 어리석거나 위선적이라고 생각할 것이다. 강박적으로 의존적인 사람은 강박적으로 자족적인 사람을 부럽게 바라보며, 자유롭고 제약을 받지 않는다고 생각할지도 모른다. 하지만 실상은 자족적인 사람도 단지 또 다른 신경증적 경향에 사로잡혀 있을 뿐이다.

　마지막으로 논의할 것은 신경증적 경향에서 비롯되는 억제 inhibition다. 억제는 발기부전이나 전화 걸기를 꺼리는 것처럼 구체적인 행동, 감각, 혹은 감정에 관한 것에만 한정적으로 나타날 수 있다. 또는 확산하면서 자기주장과 자발성, 요구하기나 사람들에게 다가가기와 같이 삶의 모든 영역에 영향을 미칠 수도 있다. 일반적으로 한정된 억제는 의식 수준에 존재한다. 확산된 억제는 더욱 중요하지만 뚜렷하지 않다.* 억제가 매우 강해지면 그 사람은 대개 억제된 것을 의식하지만 구체적으로 어떤 방향으로 억제되었는지는 알아채지 못한다. 반면 억제는 아주 교묘하고 은밀해서 당사자가 억제의 존재와 효과를 의식하지 못 할 수도 있다. 억제를 인식하지 못하는 방식은 아주 다양하지만 그중에서 가장 흔한 것은 합리화다. 사교 모임에서 다른 사람들에게 말하는 것에 대한 억제가 있는 사람은 스스로가 억제하고 있다는 걸 깨달을 수도 있지만 자신은 그냥 모임을 싫어하고 지루하다고 여기는 것뿐이라 믿으며 초대를 거절할 여러 가지 적당한 이유를 찾을 수도 있다.

　신경증적 경향이 유발한 억제는 주로 확산된 억제다. 신경증적 경향에 사로잡힌 사람과 줄타기 곡예사를 비교하면서 좀 더 명확히 알아보자. 줄타기 곡예사가 떨어지지 않고 줄의 반대쪽 끝에 닿기

---

\* 　슐츠 헨케H. Schultz-Hencke, 『억제된 사람』Der gehemmte Mensch을 참조하라.

위해서는 오른쪽이나 왼쪽을 흘낏거리지 않고 줄에만 집중해야 한다. 여기서 우리는 옆쪽으로 시선 돌리기를 억제하는 이야기는 하지 않을 것이다. 줄타기 곡예사는 위험에 대해 분명히 인지하고 있고, 의식적으로 그 위험을 피하기 때문이다. 신경증적 경향에 휘둘리는 사람도 똑같이 불안해하며 미리 정해진 경로에서 조금도 벗어나지 않으려고 할 것임에 틀림없다. 하지만 이 경우에는 중요한 차이가 있다. 곡예사와는 달리 의식하지 못하는 과정이라는 점이다. 그가 정해진 경로에서 흔들리지 않도록 막아주는 것은 강한 억제다.

따라서 자신을 동반자에게 종속시키는 사람은 독립적으로 행동하기를 억제할 것이다. 삶을 긴축하려는 경향이 있는 사람은 어떤 것을 소망하며 확장하려고 하지 않고, 더욱이 주장은 하지 않도록 억제할 것이다. 자기와 타인을 이성으로 통제하려는 신경증적 욕구를 가진 사람은 어떤 강렬한 감정을 느끼지 않도록 억제할 것이다. 그리고 명성에 대한 강박적 열망을 가진 사람은 대중 앞에서 춤추기나 연설하기 혹은 자신의 명성을 위태롭게 할 다른 어떤 활동을 억제할 것이다. 그러면서 사실상 그의 학습 능력 전체가 마비될 것이다. 처음 무언가를 배우는 시기에 서툴러 보이는 것은 그에게 견딜 수 없는 일이기 때문이다.

억제는 이렇게 서로 다른 모습을 띠지만 공통된 속성이 있다. 바로 감정과 생각과 행동의 자발성을 저지한다는 것이다. 곡예사가 줄에서 춤을 추고자 한다면 계획적인 자발성만을 발휘할 수 있다. 그러나 신경증적 경향이 있는 사람이 정해진 경계를 침범당하면, 줄타기 곡예사가 발을 잘못 디딘 경험 만큼이나 극심한 공황에 사로잡히게 된다.

그러므로 각 신경증적 경향은 특정한 불안을 낳을 뿐만 아니라 특정한 유형의 행동, 자기와 타인에 대한 특정한 이미지, 특정한 자부심, 특정한 종류의 취약성과 특정한 억제까지 발생시킨다.

지금까지 우리는 한 사람이 단 한 가지 신경증적 경향이나 종류가 비슷한 경향들의 조합만을 가진다고 가정하면서 문제를 단순화했다. 자기 삶을 동반자에게 위탁하려는 경향에는 애정에 대한 전반적인 욕구와 삶을 좁은 영역으로 국한하려는 경향이 결합하는 경우가 많다. 권력을 갈망할 때는 명성을 갈망하는 욕구가 빈번하게 동반되어 각각의 경향이 같은 경향의 두 가지 측면처럼 보이기도 한다. 완전한 독립과 자족을 고집하는 경향은 이성과 선견지명을 통해 삶을 제어할 수 있다는 믿음과 얽혀 있는 경우가 많다. 예시에서처럼 다양한 경향이 공존한다고 해서 그림이 복잡해지는 것은 아니다. 존경 받고자 하는 욕망이 지배하려는 욕망과 충돌하듯이 서로 다른 경향이 때로는 상충하기도 하지만 두 경향의 목적이 크게 동떨어져 있지 않기 때문이다. 그렇다고 해서 갈등이 없다는 뜻은 아니다. 신경증적 경향은 저마다 그 자체로 갈등의 싹을 품고 있다. 비슷한 종류의 경향들이라면 개인의 막대한 희생을 치러야 하지만 억압과 회피 같은 방식들로 갈등을 처리할 수 있다.

만약 한 사람에게 조화되지 않는 성격을 띠는 여러 가지 신경증적 경향들이 발달했다면 상황이 근본적으로 달라진다. 그 사람은 두 명의 주인을 섬기는 하인과 비슷한 입장이 된다. 두 주인은 모순되는 명령을 내리면서 둘 다 맹목적인 복종을 기대한다. 순응하려는 욕구가 완전한 독립의 욕구와 똑같이 강박적이라면 그는 어떤 제한이나 한계가 없는 해결책도 허용되지 않는 갈등에 갇힌 기분일 것이다. 그는 절충한 해결책을 모색하겠지만 충돌은 불가피하다. 한 가지 욕구는 대립하는 다른 욕구를 끊임없이 훼방하기 마련이다. 독재적인 방식으로 타인을 지배하려는 강박적 욕구가 타인에게 기대어 의존하려는 욕구와 만날 때도 똑같은 교착 상태가 발생한다. 또한 타인을 이용하려는 욕구는 그 사람의 생산성을 막고 해치는데, 이런 욕구가 우월하고 방어적인 천재성으로 찬양 받고자 하는 욕구와 같은 강도로 공존할 때도 같은 상황이 된다. 사실상 모순되는 경향들이 함께 존재하면 언제나 이런 일이 일어난다.

공포증과 우울증, 알코올중독과 같은 신경증적 '증상'은 궁극적으로 이러한 갈등에서 비롯된다. 우리가 사실을 더 철저히 인식할수록 증상을 직접적으로 해석하려는 시도를 덜 하게 될 것이다. 여러 경향이 갈등하면서 비롯된 결과가 증상이라면 먼저 근본적인 구조를 파악하지 않고 증상을 이해하려는 시도는 쓸모없는 일이 된다.

'신경증'의 본질은 신경증적 성격 구조이고, 그 구조의 초점은 신경증적 경향에 맞춰져 있다는 사실이 이제 분명해졌다. 각각의 신경증적 경향은 인격 내 한 구조의 핵심이며, 각각의 하부 구조는 다른 하부 구조들과 다양한 방식으로 밀접하게 연관되어 있다. 이러한 성격 구조의 특성과 복잡성을 인식하는 것은 이론적 관심의 대상이기도 하지만 실용적으로도 매우 중요하다. 비전문가는 말할 것도 없고 심리학자들조차 현대인이 가진 기질의 복잡성을 과소평가하는 경향이 있다.

신경증적 성격 구조는 경직되어 있기도 하지만 허위성과 자기기만, 착각 같은 여러 허점 때문에 불안정하고 취약하다. 개인에 따라 다르더라도 무수한 지점에서 신경증적 성격 구조가 기능하는 데 실패한다는 것이 감지된다. 당사자 역시 무엇인지 모르겠지만 어떤 것이 근본적으로 잘못되었다는 사실을 강하게 느낀다. 그는 두통이나 폭식 외에 모든 것이 괜찮다고 힘차게 주장할지도 모르지만 마음 깊은 곳에서는 무언가 잘못되었다는 것을 알아챈다.

그는 문제의 근원에 대해 무지할 뿐만 아니라 계속 모르는 채로 남아 있는 것에 지대한 관심이 있다. 앞서 강조했듯이 그의 신경증적 경향들은 주관적으로는 그에게 확실한 가치가 있기 때문이다. 이 상황에서 그가 선택할 수 있는 길은 두 가지다. 신경증적 경향에 그의 주관적 가치가 있더라도 경향들이 만들어 내는 결점의 본성과 원인을 검토할 수 있다. 반대로 무언가 잘못되었다는 사실이나 무엇이든 변화할 수 있다는 사실을 부정할 수도 있다.

분석에서는 두 가지 길을 모두 따라간다. 때에 따라 어느 한쪽 중 가능성이 더 많은 방향이 될 수도 있다. 신경증적 경향이 당사자에게 더 불가피하고, 실질적 가치가 더 의심스러워질수록 그는 더욱더 격렬하고 완고하게 경향들을 방어하고 정당화한다. 마치 정부가 자기 활동을 방어하고 정당화해야 하는 것과 비슷하다. 논란의 여지가 많은 정부일수록 비판을 견디기 어려워하고 자기 권리를 더 강하게 내세울 수밖에 없다. 나는 이런 자기 정당화를 '이차적 방어'라고 일컫는다. 자기 정당화의 목적은 이런저런 의심스러운 요인을 방어하는 것뿐만 아니라 신경증적 구조 전체가 유지되도록 보호하는 것이다. 마치 신경증을 보호하기 위해 주변에 지뢰를 설치한 것과 같다. 세부적으로는 다르게 보이지만 자기 정당화의 공통분모는 본질적으로 모든 것이 옳고, 선하고, 바꿀 수 없다는 신념이다.

이차적 방어에 수반되는 태도는 빠져나갈 구멍을 열어 두지 않기 위해 일반화되는 경향이 있다. 이는 이차적 방어의 포괄적 기능에 부합한다. 예를 들어 독선의 갑옷으로 자신을 감싸고 있는 사람은 자신의 권력욕이 옳고 합리적이며 정당하다고 옹호할 뿐만 아니라 사소한 것이라도 자신이 하는 어떤 행동도 잘못되거나 의심스럽다는 것을 인정하지 못한다. 이차적 방어는 오직 분석 작업 중에만 탐지할 수 있을 정도로 꼭꼭 감추어져 있다. 혹은 관찰 가능한 인격의 모습에서 눈에 띄는 특징을 이루기도 하는데 이를테면 항상 자신이 옳다고 믿는 사람에게서 이런 태도를 쉽게 알아챌 수 있다. 이차적 방어가 반드시 성격적 특성으로 나타나는 것은 아니며 도덕적 또는 과학적 확신의 형태를 취할 수도 있다. 따라서 타고난 자질을 지나치게 강조한다면 그 사람이 '선천적으로' 그런 상태이므로 모든 것이 변화할 수 없다는 확신을 나타낸다.

이러한 방어 강도와 엄격성의 정도는 상당히 다양하다. 예컨대 이 책에서 계속 다루는 클레어의 경우에는 이차적 방어가 거의 아무런 역할도 하지 않는다. 반면 분석 시도 자체를 불가능하게 만들 정도로 이차적 방어가 강력한 경우도 있다. 현상 유지에 더 몰두하는 사람일수록 방어를 뚫기가 더 어려워진다. 이차적 방어는 투명성과 강도, 징후 면에서 다양한 차이를 보인다. 하지만 신경증적 성격 구조 자체가 다양한 색조를 띠고 여러 변형으로 나타나는 것과는 대조적으로 방어는 '좋음' '옳음' '변경 불가능함'이라는 주제를 이래저래 조합하여 단조롭게 반복한다.

이제 정신적 장애의 중심에는 신경증적 경향이 있다는 처음 주장으로 돌아가야겠다. 물론 이 진술은 개인이 가장 예민하게 느끼는 장애가 신경증적인 경향이라는 뜻은 아니다. 앞서 언급했듯이 대개는 신경증적 경향이 자기 삶에 원동력으로 작용한다는 사실을 의식하지 못한다. 또 신경증적 경향이 모든 정신적 문제의 궁극적인 발원지라는 뜻도 아니다. 그 경향 자체는 이전에 발생한 장애, 즉 인간관계에서 일어난 갈등의 산물이다. 정확히 말하자면 신경증적인 구조 전체의 초점이 내가 신경증적인 경향이라 칭한 것에 맞춰져 있다는 뜻이다. 신경증적 경향은 자신과 타인에 대한 관계에 장애가 있어도 삶을 감당할 수 있다고 약속하면서, 초기의 재난에서 벗어날 수 있는 길을 제공한다. 하지만 세상과 자기에 대한 착각, 취약성, 억제, 갈등과 같은 다양한 종류의 장애를 새롭게 만들어 내기도 한다. 즉 신경증적 경향은 초기의 갈등을 해결할 방법인 동시에 이후의 방해를 만들어 내는 원천이기도 하다.

# 3장

# 정신분석적
# 이해의 단계

내 성격에는 어떤 무의식의 힘이 작용하고 있을까?

신경증적 경향과 그에 따르는 영향을 이해하면 분석에서 무엇을 해야 하는지 대략적인 구상이 선다. 그러나 먼저 분석 작업이 어떤 순서로 수행되어야 하는지부터 아는 것이 바람직하다. 닥치는 대로 문제를 해결할 것인가? 여기저기서 단편적인 정보를 얻다가 마침내 퍼즐 조각들을 모아 알아볼 수 있는 그림을 만들 것인가? 혹은 복잡한 미로처럼 나 있는 자료에 지침 역할을 할 수 있는 원칙이 담겨 있는가?

이 질문에 대한 프로이트의 대답은 매우 쉬워 보인다. 프로이트는 분석 과정에서 대상자는 일반적으로 세상에 내보이는 것과 똑같은 모습을 가장 먼저 보여줄 것이며, 그 후에는 억압되어 있던 의지 중에서 억눌린 정도가 덜한 것부터 더한 것까지 순차적으로 나타날 것이라고 밝혔다. 만약 분석 절차 전체를 대강 살펴본다면, 프로이트의 대답이 옳다. 발견된 결과들이 하나의 수직선을 중심으로 배열되고, 우리가 그 선을 따라 깊은 곳까지 파고들어야 할 때 일반적인 원칙들은 행동 지침으로써도 충분히 훌륭한 역할을 할 것이다. 이것이 사실이라고 가정해보자. 보통 어떤 모습이 나타나든 계속 분석하기만 하면 억압된 영역으로 차차 파고들 수 있으리라고 기대한다. 그러면 우리는 쉽게 혼란 상태에 빠질 것이다. 실제로 이런 일이 드물지 않게 일어난다.

앞 장에서 전개한 신경증 이론은 더 구체적인 단서를 제공한다. 이론에서는 신경증적 성격에는 신경증적 경향이 초래한 몇 가지 핵심이 있으며, 각 핵심을 중심으로 신경증적 구조가 구축된다고 주장한다. 간단히 말해 치료하기 위해서는 각각의 신경증적 경향을 찾아내서 매번 깊은 곳까지 내려가야 한다는 것이다. 보다 구체적으로 말하면 각 신경증적 경향은 다양한 정도로 억압된다는 의미다. 덜 억압된 경향들에 먼저 접근할 수 있고, 더 깊숙이 억압된 경향들은 나중에 나타날 것이다. 8장에 제시된 자기 분석의 폭넓은 예는 이 점을 잘 보여준다.

신경증적 경향을 다루는 순서에도 같은 원칙이 적용된다. 어떤 환자는 절대적 독립과 우월성에 대한 욕구의 암시부터 보여주기 시작하여 한참 후에야 순응이나 애정에 대한 욕구를 나타내는 징후를 발견하고 해결할 수 있다. 다른 환자는 사랑받고 인정받고자 하는 욕구를 노골적으로 드러내며 시작할 것이고, 만약 다른 사람들을 통제하려는 성향이 있더라도 처음부터 경향에 접근할 수는 없다. 처음부터 극도로 발달된 권력 욕구를 내보이는 환자도 있을 것이다. 경향이 나타나는 순서로 그 경향의 상대적 경중을 구별할 수는 없다. 먼저 나타나는 신경증적 경향이 반드시 성격에 가장 큰 영향을 미칠 정도로 강력하다고 말할 수도 없다. 그보다 처음 나타나는 경향은 그 사람이 자신에 대해 가진 의식적인 이미지 혹은 잠재 의식의 이미지와 가장 일치하는, 첫 번째로 구체화하는 경향이라고 말할 수 있다. 만약 자기 합리화 수단인 이차적 방어가 고도로 발달한다면, 이 방어들이 초기의 모습을 완전히 지배할 수 있다. 이 경우 신경증적 경향은 나중에야 알아볼 수 있고 접근이 가능해진다.

앞 장에서 환자 클레어의 어린 시절 이야기를 간략하게 살펴보았는데 이번 장에서는 그녀의 사례를 통해 정신분석적 이해 단계가 무엇인지 설명하겠다. 이 같은 목적을 가지고 전달되는 분석 내용은 매우 단순하고 도식화될 수밖에 없다. 수많은 세부 사항과 파생되는 상황뿐만 아니라 분석 작업 중에 마주치는 난관들도 모두 생략해야 한다. 더구나 다양한 단계들이 실제 일어난 일보다 더 명확해보이기까지 한다. 이를테면 분석 보고에서 첫 번째 단계에 속하는 것으로 분류된 요인들은 실제로 당시에는 희미하게 드러났지만 분석을 진행하는 동안 점점 분명해졌다. 그러나 나는 이러한 부정확성이 제시된 원칙들의 유효성을 근본적으로 훼손하는 것은 아니라고 믿는다.

클레어가 여러 가지 이유로 분석 치료를 받으러 온 것은 30세 때였다. 그녀는 무력감을 주는 피로로 꼼짝할 수 없게 되기 일쑤였고, 업무와 사회생활에 지장을 받았다. 또한 놀라우리만큼 자신감이 없다는 점도 불만스러워 했다. 그녀는 잡지 편집자로 일하며 직업적인 경력과 현재 위치에 만족했지만 희곡과 소설을 쓰고자 하는 이상理想은 극복할 수 없는 억제로 인해 실현되지 못했다. 그녀는 일상적인 일은 할 수 있었지만 생산적인 일을 하지 못했다. 그리고 생산적인 일에 대한 무능력을 자신의 재능이 부족한 탓으로 설명하려는 경향이 있었다. 그녀는 스물세 살에 결혼했지만 3년 후 남편이 사망했다. 결혼 이후 다른 남성과의 교제는 분석이 진행되는 동안에도 계속되었다. 그녀가 처음 설명한 바에 따르면 남편을 비롯한 다른 남성과 교제할 때 성性적으로도 다른 면으로도 모두 만족스러웠다고 했다.

클레어에 대한 분석은 4년 반에 걸쳐 진행되었다. 나는 처음 1년 반 동안 그녀를 분석했고, 그 뒤로 2년 동안은 분석이 중단되었는데 이 기간에 그녀는 상당한 양의 자기 분석을 수행했다. 그 후로 다시 1년간 비정기적으로 분석이 재개되었다.

클레어의 분석은 크게 세 단계로 나눌 수 있다. 그녀가 강박적인 겸손을 가졌다는 사실을 발견한 첫 단계, 동반자에 대한 강박적인 의존을 발견한 다음 단계, 마지막으로 다른 사람들에게 자신의 우월성을 인정하도록 강요하는 강박적 욕구의 발견 단계다. 이러한 경향 중에서 어느 것도 그녀 자신이나 다른 사람들에게 명확하게 보이지 않았다.

첫 번째 시기에 나타난 강박적인 요소를 드러내는 자료는 다음과 같다. 그녀는 자신의 가치와 능력을 아주 작게 만드는 경향이 있었다. 자신의 장점에 대한 자신감이 없었을 뿐만 아니라 장점이 존재한다는 사실을 끈질기게 부인했다. 그녀는 자신이 똑똑하지 않고, 매력적이지 않으며, 재능이 없다고 주장했다. 그리고 그렇지 않음을 보여주는 증거는 없애버리려고 했다. 또한 그녀는 다른 사람들이 자신보다 우월하다고 여기는 경향이 있었다. 혹시라도 의견이 일치하지 않을 때는 자동으로 다른 사람들이 옳다고 믿었다. 남편이 다른 여자와 바람을 피우기 시작했을 때는 그것이 극도로 고통스러운 경험이었음에도 남편에게 항의하는 어떤 행동도 하지 않았다고 회상했다. 클레어는 그 여자가 더 매력적이고 사랑스럽다는 이유를 들어 남편이 다른 여자를 더 좋아하는 것을 정당화하려 했다. 클레어가 자신을 위해 돈을 쓴다는 건 불가능했다. 다른 사람들과 여행할 때는 경비에서 자신의 몫을 부담하고 비싼 곳에서 지내며 즐길 수 있었다. 하지만 혼자서는 여행이나 옷, 연극, 책 같은 것에 돈을 쓸 수 없었다. 마지막으로 그녀는 관리자의 위치에 있으면서도 지시를 내리지 못했다. 불가피할 때는 미안해하며 지시하곤 했다.

이러한 자료를 통해 결론을 얻을 수 있었다. 클레어는 강박적인 겸손을 발달시켰고, 그로 인하여 자기 삶을 협소한 경계 안으로 제한해야 하고, 늘 두 번째나 세 번째 위치를 차지해야 한다고 느꼈다. 경향이 인지되고, 어린 시절에서 비롯된 그 기원에 대해 논의하자 우리는 신경증적 경향의 발현과 그 결과를 체계적으로 탐색하기 시작했다. 이런 경향이 그녀의 삶에서 실제로 어떤 역할을 하는 것일까?

그녀는 어떤 식으로도 자기주장을 할 수 없었다. 토론에서는 다

른 사람들의 의견에 쉽게 휘둘렸다. 사람을 판단하는 능력이 뛰어
났지만 편집할 때를 제외하면 비판적인 입장을 취해야 하는 순간에
누구에게도 혹은 무엇에 대해서도 비판적인 의견을 내지 못했다.
예를 들어 동료가 그녀의 지위를 위태롭게 하려는 것을 깨닫지 못
해 심각한 어려움에 직면한 적도 있었다. 상황이 다른 사람들에게
까지 명확하게 보일 때조차 그녀는 그 동료를 여전히 친구로 여겼
다. 두 번째가 되어야 한다는 강박은 그녀가 운동 경기를 할 때 분
명하게 나타났다. 예컨대 테니스 시합을 할 때 그녀는 보통 지나치
게 억제되어 있어 잘 치지 못했지만 이따금 경기가 잘 풀리더라도
자신이 이길 수 있다는 사실을 깨닫자마자 갑자기 실력이 형편없어
지기 시작했다. 그녀에게는 자신의 소망보다 다른 사람의 소망이
더 중요했다. 다른 사람들이 가장 피하는 시기에 휴가를 가는 데도
만족했고, 다른 사람들이 업무량이 많다고 불만스러워할 때는 자신
이 필요 이상으로 많은 일을 했다.

전반적으로 그녀가 자신의 감정과 소망을 억제한다는 사실이
무엇보다 중요했다. 그녀는 특히 계획을 확장시키는 것에 대한 억
제를 '현실적'이라고 생각했다. 이는 자신의 힘이 미치지 않는 영역
의 것은 바란 적도 없다는 증거였다. 사실 '현실적'이지 않기로는 삶
에 대해 지나친 기대치를 가진 사람이나 그녀나 마찬가지였다. 그
녀는 단지 자신의 소망을 달성할 수 있는 수준 이하로 유지했을 뿐
이다. 클레어는 사회, 경제, 직업, 정신 모든 면에서 자신의 지위보
다 못 미치는 삶을 산다는 점에서 비현실적이었다. 이후의 삶에서

보이듯 그녀는 많은 사람에게 호감을 얻고 매력적으로 보이며, 가치 있고 독창적인 글을 쓰는 것이 가능한 사람이었다.

이러한 경향에서 가장 일반적인 결과는 자신감이 점차 떨어지고 삶에 대한 불만이 번지는 것이었다. 그녀는 삶에 대한 불만을 전혀 의식하지 않고 있었다. 그녀 스스로 모든 것이 '썩 괜찮다'고 여겼다. 자신이 소망하는 것이나 소망이 이루어지지 않는 것에 대해 확실하게 의식하지 않는 한 삶에 대한 불만을 인식할 수 없었다. 다만 갑작스레 한 차례씩 그녀 자신도 이해할 수 없는 대수롭지 않은 일들로 울음이 터지곤 했는데 이는 삶에 대한 불만이 바깥으로 모습을 드러내는 방식이었다.

그녀는 꽤 오랫동안 발견한 이 진실을 부분적으로만 인식하고 있었다. 그녀는 중요한 문제에 관해서 내가 치료를 위해 그녀를 과대평가하거나 격려한 것이 아닌지 내심 의구심을 가졌다. 그러나 마침내 이 겸손의 허울 뒤에 강력한 '진짜 불안'이 도사리고 있음을 깨닫게 되었다. 그녀의 인식은 다소 극적인 방식으로 일어났다. 당시 그녀는 잡지의 개선 방안을 제안하려던 참이었다. 자신의 의견이 훌륭하고, 지나친 반대에 부딪히지 않을 것이며, 결국 모두가 가치를 인정할 것임을 잘 알고 있었다. 그러나 개선안을 제안하기 전에 그녀는 어떤 식으로도 그럴듯한 이유를 댈 수 없는 극심한 공포를 겪었다. 논의가 시작된 시점에도 그녀는 여전히 공황 상태에 있었고, 갑작스러운 설사로 자리를 떠야 했다. 하지만 토론이 점점 그녀에게 유리하게 흘러가자 공황은 가라앉았다. 개선안은 결국 받아들여졌고 그녀는 상당한 인정을 받았다. 그녀는 의기양양하게 집으로 돌아갔고 다음 분석 시간에 왔을 때도 여전히 기분이 좋은 상태였다.

나는 이 일이 그녀가 세운 대단한 업적이라는 취지로 무심하게 한마디 말해보았지만 그녀는 곤혹스러워하며 수긍하지 않았다. 클레어는 인정을 즐기기는 했지만 큰 위험에서 벗어났다는 감정에 더 크게 지배를 당했다. 2년이 넘는 시간이 지나서야 그녀는 이 경험과 관련한 다른 요소들, 즉 야망이나 실패에 대한 두려움, 승리와 같은 것들을 다룰 수 있었다. 당시 클레어의 감정은 그녀의 연상에서 표현되었듯이 모두 '겸손'이라는 문제에 집중되어 있었다. 그녀는 자신이 주제넘게 새로운 방안을 제출했다고 느꼈다. '내가 뭔데 아는 척했을까?' 그러나 그녀는 스스로를 이러한 태도로 이끄는 근간이 무엇인지 점차 깨닫게 되었다. 다른 방책을 제안하는 행동이 그녀에게 자신이 안절부절못하며 지켜왔던 협소한 범위, 인위적 경계에서 벗어나는 모험을 뜻한다는 것을 이해했다. 클레어는 관찰에서 진실을 깨달은 뒤에야 비로소 자신의 겸손이 안전을 위해 유지되어야 하는 겉모습임을 완전히 확신하게 되었다. 분석 작업의 첫 단계에서 얻은 결과로 그녀는 자신에 대한 믿음과 더불어 자신의 소망과 의견을 느끼고 주장할 수 있는 용기를 갖기 시작했다.

두 번째 시기에는 주로 '동반자'에 대한 의존성을 다루는 데 전념했다. 이와 관련된 문제 대부분은 그녀 혼자서 다루었다. 이 내용은 뒤에서 더 자세히 설명하겠다. 의존성은 압도적인 강도를 지녔음에도 이전의 경향보다 훨씬 더 깊이 억압되었다. 그녀는 남자들과 교제할 때 뭔가 문제가 있다는 생각은 전혀 해본 적이 없었다. 오히려 그들과의 관계가 특별히 양호하다고 믿고 있었다. 분석은 이런 그림을 서서히 변화시켰다.

강박적 의존성을 암시하는 주요 요인에는 세 가지가 있었다. 첫 번째, 어떤 인간관계가 끝나거나 자신에게 중요한 사람과 일시적으로 헤어졌을 때 클레어는 낯선 숲에 들어선 어린아이처럼 완전히 길을 잃은 느낌을 받았다. 그녀는 스무 살에 집을 떠나면서 처음으로 이런 종류의 경험을 했다. 그때는 자신이 우주에 흩날리는 깃털처럼 느껴져서 엄마 없이는 살 수 없다는 절박한 편지들을 썼다. 향수병은 그녀가 연상의 남자에게 반하면서 멈췄다. 성공한 작가였던 남자는 클레어가 쓴 작품에 흥미를 보였고 그녀를 후원하며 발전시켰다. 혼자가 되었을 때 처음으로 상실감을 느낀 경험은 그녀의 어린 시절과 이전까지 보호받으며 살아온 삶을 근거로 이해될 수 있었다. 그러나 이후의 반응도 본질적으로 처음의 경험과 다르지 않았으며, 앞서 언급했던 어려움이 있어도 그녀가 이루어냈던 꽤 성공적인 직업적 경력과 이상한 대조를 보여줬다.

두 번째 눈에 띄는 사실은 이러한 관계들 속에서 그녀의 주변 세계 전체는 늘 깊이 가라앉아 은폐되었고, 그녀가 사랑하는 사람만이 중요성을 띠었다는 것이다. 그 남자의 전화나 편지, 만남이 그녀의 생각과 감정에 영향을 끼쳤다. 그와 함께하지 않은 시간은 공허했고, 그럴 때는 오직 그를 기다리거나 그녀를 대하는 그의 태도에 대해 곰곰이 생각하며 시간을 보냈다. 그녀가 철저히 무시당하거나 굴욕적으로 거절당했다고 생각하는 사건에 대해 느끼는 극도로 비참한 감정이 그 시간을 채웠다. 이런 시기에는 다른 인간관계나 업무, 그리고 다른 관심사들은 거의 가치가 없어졌다.

세 번째 요인은 위대하고 권위적인 남자에 대한 환상이다. 그녀는 자신이 기꺼이 남자의 노예가 되면 물질적인 것에서 정신적 자극에 이르기까지 원하는 모든 것을 넘치도록 내주고 그녀를 유명한 작가로 만들어줄 남자를 상상했다.

이러한 요인들의 숨겨진 뜻이 점차 인식되면서 '동반자'에게 의지하려는 강박적 욕구가 드러났고, 특성과 영향도 다루어졌다. 이러한 욕구의 주된 특징은 철저히 억압된 기생적 태도, 즉 동반자가 그녀를 먹여 살리고, 그녀의 삶을 채워주며, 그녀를 책임지고, 그녀의 모든 어려움을 해결하고, 그녀가 스스로 노력하지 않아도 대단한 사람으로 만들어주기를 바라는 무의식적인 소망이었다. 이러한 경향은 클레어가 다른 사람들뿐만 아니라 동반자와도 소원해지도록 만들었다. 동반자에 대한 은밀한 기대가 채워지지 않았을 때 어쩔 수 없이 느끼는 실망감이 내면 깊은 곳에서 짜증을 불러일으켰기 때문이다. '짜증'은 동반자를 잃을지도 모른다는 두려움에 의해 대부분 억압되었지만 때때로 일부가 폭발하듯 터져 나오기도 했다. 강박적 의존 경향의 또 다른 결과는 그녀가 동반자와 공유하지 않는다면 무엇도 즐길 수 없었다는 것이다. 이러한 경향의 가장 일

반적인 결과는 그녀의 인간관계가 되려 그녀를 더욱 불안하고 수동
적으로 만들며 자기 경멸을 심어주는 역할을 하게 된다는 것이다.

앞서 나온 강박적인 겸손과 이 경향의 상호 관계는 이중성을 띠
었다. 한편에서 강박적인 겸손함은 동반자에 대한 욕구를 설명해
주는 이유 중 하나였다. 그녀는 자신의 소망을 스스로 처리할 수 없
었기 때문에 그것을 떠맡아줄 다른 사람이 있어야 했다. 스스로 자
신을 방어할 수 없었기 때문에 그녀를 지켜줄 다른 사람을 필요로
했다. 자신의 가치를 알아볼 수 없었기 때문에 그녀의 가치를 확인
해줄 다른 사람이 필요했다. 다른 한편에서는 강박적인 겸손과 동
반자에 대한 지나친 기대가 서로 첨예하게 충돌했다. 무의식적인
충돌 때문에 그녀는 이루지 못한 기대에 실망할 때마다 상황을 왜
곡해야 했다. 그런 상황에서 자신이 참을 수 없을 정도로 가혹하게
학대를 받는 희생자라고 느꼈고, 자연히 비참하고 적대적인 기분이
들었다. 대부분의 적대감은 동반자가 떠날 것에 대한 두려움 때문
에 억압되어야 했지만 적대감의 존재 자체가 관계를 훼손했고 그녀
가 품었던 기대를 앙심에 찬 요구로 바꾸어 놓았다. 그 결과로 야기
된 혼란이 그녀가 피로를 느끼고 생산적인 일을 억제하는 것에 큰
영향을 미친 것으로 판명되었다.

이 시기의 분석 작업을 통해 그녀는 기생적인 무력감을 극복하
고 스스로 나서서 더 많은 활동을 할 수 있게 되었다. 피로감은 더
는 지속되지 않았고 어쩌다가 나타났다. 아직 강한 저항에 부딪히
기는 했지만 글도 쓸 수 있게 되었다. 사람들과의 관계는 더욱 친밀

해졌는데 여전히 자발적인 것과 거리가 멀기는 했다. 그녀 자신은 아직도 매우 소심하다고 느꼈지만 다른 사람들은 그녀가 도도하다는 인상을 받았다. 그녀에게 일어난 전반적인 변화는 꿈으로 표현되었다. 꿈속에서는 친구와 함께 차를 타고 낯선 나라를 여행했고, 자신도 운전면허 시험을 볼 수 있겠다는 생각이 들었다. 그녀는 이미 운전면허증이 있었고 운전도 친구만큼 능숙하게 했다. 그 꿈은 그녀에게도 자신만의 권리가 있고 자신을 무력한 부속물처럼 느낄 필요가 없다는 사실을 분명히 깨닫게 되는 통찰을 상징했다.

세 번째이자 마지막 분석 작업에서는 억압된 야망 추구를 다루었다. 클레어는 광적인 야망에 사로잡힌 시기가 있었다. 이 시기는 초등학교Grammar School 후반부터 대학 2학년까지 지속되었고, 그 후 사라지는 듯했다. 오직 추론으로만 여전히 야망이 숨어서 작동한다는 결론을 내릴 수 있었다. 그녀는 어떤 식으로든 인정받으면 고양되었고 지나치게 기뻐했다. 또한 실패에 대한 두려움이 있었고, 독립적으로 일하려고 시도할 때마다 불안감이 뒤따랐다. 이런 사실들은 그녀의 야망이 작동한다는 것을 암시해주었다.

세 번째 경향은 다른 두 경향에 비해 구조가 더 복잡했다. 앞서 나온 경향들과는 대조적으로 이 경향은 적극적으로 삶을 지배하고 적대적인 힘에 맞서 싸우도록 시도하게 했다. 이것은 야망을 추구하는 경향이 지속되게 만드는 첫 번째 요소였다. 그녀는 자신의 야망에 긍정적인 힘이 있다고 느꼈고 그것을 되찾을 수 있기를 거듭 소망했다. 야망을 부추기는 두 번째 요소는 잃어버린 자존감을 다시 세워야 할 필요성이었고, 세 번째 요소는 복수심이었다. 성공은 그녀를 모욕한 모든 사람에 대한 승리를, 실패는 불명예스러운 패배를 의미했다. 야망의 특성을 이해하려면 그녀의 과거로 거슬러 올라가 야망이 거쳐온 연속적인 변화를 찾아내야 했다.

이 경향과 연관되는 투지는 상당히 이른 나이에 나타났는데 아닌 게 아니라 다른 두 가지 경향이 발전한 시기보다도 더 일렀다. 분석 기간에 그녀는 반대와 저항, 공격적인 요구, 온갖 나쁜 짓에 대한 초기 기억을 떠올렸다. 우리가 이미 알고 있는 것처럼 클레어는 양지陽地를 차지하기 위한 싸움에서 졌다. 그녀에게 불리할 가능성이 너무 컸기 때문이다. 그리고 일련의 불행한 경험을 겪은 뒤 그녀가 열한 살쯤 되었을 때 이 투지는 학교에서 맹렬한 야망의 형태로 다시 나타났다. 그러나 이번에는 억압된 적대감으로 가득 차 있었다. 부당한 대우를 받고 존엄성을 짓밟히면서 쌓여간 복수심을 흡수한 투지였다. 이제 이 투지는 앞서 언급된 두 요소를 획득했다. 정상을 차지함으로써 내려앉은 자신감을 회복할 것이고, 다른 사람들을 이김으로써 자신이 입은 상처에 대해 복수할 것이다.

초등학교 시절의 야망에는 강박적이고 파괴적인 요소들이 있었지만 실질적으로는 훌륭한 성취를 통해 다른 사람들을 능가하려는 노력이 뒤따랐기에 이후에 발전된 강박적 경향보다는 현실에 가까웠다. 고등학교 시절에도 그녀는 확실하게 1등 자리를 지켰다. 하지만 경쟁이 더 극심해지는 대학에서는 1등이 되기 위해 더 많이 노력하는 대신 갑작스럽게 야망을 완전히 포기해버렸다. 그녀가 더 노력할 용기를 낼 수 없었던 주된 이유는 세 가지였다. 첫째, 강박적인 겸손함 때문에 자신의 지적 능력을 끊임없이 의심하는 마음과 싸워야 했다. 둘째, 비판적인 능력이 억압되면서 지적 능력을 마음껏 발휘하는 데 실질적인 장애가 있었다. 셋째, 다른 사람들을 능가하려는 욕구가 너무 강박적인 나머지 실패의 위험을 무릅쓸 수 없었다.

그러나 드러나 보이는 야망을 버렸다고 해서 다른 사람들을 이기고 싶은 충동이 줄어들지는 않았다. 그녀는 절충안을 찾아야 했다. 이는 학교에서 보였던 솔직한 야망과는 대조적으로 기만적인 성질을 띠는 해결책이었는데 어떤 노력도 하지 않고 다른 사람들을 이겨 승리를 거두겠다는 것이었다. 그녀는 불가능한 위업을 달성하기 위해 세 가지 방법으로 노력했다. 모두 철저하게 무의식적으로 진행되었다.

첫 번째 방법은 그녀가 인생에서 얻은 행운을 모두 다른 사람들에 대한 승리로 인식하는 것이었다. 여기에는 소풍 가는 날에 날씨가 좋은 것을 의식적으로 승리로 기억하는 것부터 어떤 '적'敵이 병에 걸리거나 죽는 것을 무의식적으로 승리로 인식하는 것까지 다양하게 포함되었다. 반대로 불운은 단순히 운이 나쁜 것이 아니라 수치스러운 패배로 느꼈다. 이러한 태도는 그녀가 통제할 수 없는 요소들에 의존한다는 뜻이기에, 삶에 대한 두려움을 증폭하는 역할을 했다.

두 번째 방법은 승리에 대한 욕구를 애정 관계로 전환하는 것이었다. 남편이나 연인을 만드는 것은 승리였고, 혼자 있는 것은 수치스러운 패배였다.

세 번째 방법은 남편이나 애인이 환상 속의 위대한 남자처럼 그녀가 아무것도 하지 않아도 남자의 성공을 대신 누릴 기회가 마음껏 주어져서 그녀를 대단한 사람으로 만들어야 한다는 요구였다. 이러한 태도는 사적인 관계에서 해결할 수 없는 갈등을 만들었고, '동반자'에 대한 욕구를 상당히 강하게 만들었다. 그 남자가 이 모든 중요한 기능들을 떠맡아야 했기 때문이다.

이러한 경향이 불러온 결과는 삶 전반, 업무에 대한 태도, 다른 사람들과 그녀 자신에 대한 태도에 미친 영향을 인식함으로써 해결해나갔다. 이 검토를 통해 얻은 가장 두드러지는 결과는 업무에 대한 억제가 줄어들었다는 것이다.

다음으로 우리는 이 경향이 다른 두 경향과 맺는 상호 관계를 다루었다. 이러한 신경증적 경향들 사이에는 한편으로는 양립할 수 없는 갈등이 있었고, 다른 한편으로는 상호 강화되는 작용이 있었다. 그녀가 신경증적 구조에 단단히 얽혀 있다는 것을 보여주는 증거였다. 낮은 자리로 가려는 강박 충동과 타인을 이기려는 강박 충동, 탁월해지려는 야망과 기생적인 의존성 사이에 갈등이 존재했다. 두 가지 욕구는 필연적으로 충돌하며, 불안을 불러일으키거나 서로를 마비시켰다. 마비 여파가 업무에 대한 억제를 유발하고, 피로를 발생시키는 가장 심각한 원인 중 하나로 입증되었다. 그러나 그에 못지 않게 중요한 것은 이러한 경향들이 서로를 강화하는 방식이었다. 겸손하고 자신을 낮은 자리에 두는 것은 승리에 대한 욕구를 감추는 역할도 했기 때문에 더욱 필요하게 되었다. 이미 언급했듯이 동반자는 승리에 대한 욕구를 기만적인 방식으로 충족시켜야 했기에 더욱 없어서는 안 되는 존재가 되었다. 게다가 자신이 가진 감정적, 정신적 능력에 못 미치게 살려는 욕구와 동반자에게 의존하려는 욕구로 인하여 느끼게 되는 굴욕감은 계속해서 새로운 복수심을 불러일으켰고, 점점 더 승리에 대한 욕구를 영속시키고 강화했다.

분석 작업은 작용하고 있는 악순환의 고리를 차근차근 끊어 나가면서 이루어졌다. 그녀의 강박적인 겸손함이 이미 어느 정도 자기주장으로 대체되는 진전進展이 이루어졌고, 자동으로 승리에 대한 욕구도 감소시켰기 때문에 큰 도움이 되었다. 마찬가지로 그녀를 더 강하게 만들고 많은 굴욕감을 제거함으로써 의존성 문제를 부분적으로 해결하자 승리 욕구가 완화되었다. 그리하여 마침내 그녀에게 깊은 충격을 주었던 복수심 문제에 접근했을 때 그녀는 강해진 내면의 힘을 가지고 처음보다 줄어든 문제를 해결할 수 있었다. 처음부터 복수심 문제와 맞붙을 수는 없었다. 우선 문제 자체를 이해하지 못했을 것이고, 두 번째로는 그녀가 견딜 수 없었을 것이기 때문이다.

마지막 이 시기에 했던 분석 때문에 전반적으로 억눌려 있던 기운이 자유롭게 풀려났다. 클레어는 훨씬 건전한 기반 위에서 잃어버린 야망을 되찾았다. 이제 야망은 덜 강박적이고 덜 파괴적이었다. 야망의 주안점은 성공에 관한 관심에서 주제에 관한 관심으로 바뀌었다. 두 번째 분석 시기 이후로 이미 진전을 보였던 인간관계에서는 거짓된 겸손과 방어적인 오만이 뒤섞이며 만들어 냈던 긴장감이 사라졌다.

앞에서 언급한 과도한 단순화의 위험을 충분히 고려하면서도 나는 경험을 바탕으로 이 보고서가 분석의 전형적인 과정, 좀 더 조심스럽게 말하자면 분석의 이상적인 과정을 보여준다고 믿는다. 클레어의 분석이 크게 세 부분으로 나뉜 것은 그저 우연일 뿐이다. 둘이나 다섯이 될 수도 있다. 그러나 각 부분에서 분석이 세 단계를 거쳤다는 점은 주목할 만하다. ① 신경증적 경향을 인식하는 단계, ② 어떻게 원인이 발현되고, 결과로 이어졌는지 발견하는 단계, ③ 다른 성격과의 상호 관계, 특히 다른 신경증적 경향과의 상호 관계를 발견하는 단계, 이렇게 세 단계가 각각의 신경증적 경향을 파악할 때 실행되어야 한다. 한 단계를 진행할 때마다 구조 일부가 분명해지다가 마침내 전체가 명백하게 드러난다. 항상 나열된 순서대로 단계가 이루어지는 것은 아니다. 더 정확히 말하면, 경향 자체가 제대로 인식되기 전부터 경향의 발현에 대해 어느 정도 이해하고 있어야 한다. 이는 8장에서 다룰 클레어의 자기 분석에서 잘 나타난다. 클레어는 병적인 의존성을 나타내는 중요한 암시들을 여러 차례 인지한 후에 자신이 의존적이라는 사실과 자신을 의존적인 관계로 몰아넣는 강력한 충동을 인식할 수 있었다.

각 단계가 지닌 특별한 가치는 치료에 도움이 된다. 신경증적 경향을 인식하는 첫 번째 단계는 성격 장애를 일으키는 원동력이 무엇인지 알아차리는 것이며, 이러한 인식 자체가 치료에 긍정적으로 작용한다. 이전까지 환자는 알 수 없는 힘에 휘둘리며 무력감을 느꼈다. 이러한 힘 중 하나라도 알아차리고 나면 전반적인 통찰을 얻을 수 있을 뿐만 아니라 당황스럽게 만들었던 무력감이 어느 정도 해소된다. 장애를 일으키는 구체적인 이유를 알게 되면, 장애에 대처할 만한 가능성이 있음을 깨닫게 된다. 이러한 변화는 간단한 예로 설명될 수 있다. 과일나무를 재배하려는 농부가 있다. 농부가 나무를 보살피며 아는 방법은 모두 시도해보는 등 애쓰는 데도 그의 나무는 잘 자라지 않는다. 시간이 지나면서 그는 낙담한다. 그러나 마침내 나무에 특별한 질병이 있다거나 토양에 특별한 성분이 필요하다는 사실을 발견한다. 그러면 나무 자체에는 아직 아무 변화가 없더라도 문제에 관한 전망이 바뀌면서 농부의 기분이 즉각 변화한다. 외부 상황에서 유일하게 달라진 점은 목표 지향적으로 행동할 가능성이 생겼다는 것이다.

때로는 단지 신경증적인 경향을 발견하는 것만으로도 신경증적인 불안을 치료하기에 충분하다. 예를 들어보자. 심각한 불안을 겪는 유능한 경영자가 있다. 항상 회사에 헌신적인 태도를 보였던 직원들이 그가 통제할 수 없는 이유로 바뀌었기 때문이다. 직원들은 의견 차이를 원만하게 해결하는 대신 공격적이고 불합리한 요구를 하기 시작했다. 그는 거의 모든 문제에서 수완이 뛰어난 사람이었지만 새로운 상황에 대해서는 해결할 능력이 전혀 없는 것처럼 느껴졌다. 분노와 절망이 극에 달하여 사업에서 손을 떼는 것을 고려할 정도였다. 이 경우에는 자신에게 의존하는 사람들이 그만큼 헌신하기를 원하는 강한 욕구가 있음을 밝혀내는 것만으로 충분히 상황을 해결할 수 있다.

그러나 대개 신경증적 경향을 인식하는 것만으로 급격한 변화를 일으키지 않는다. 우선 신경증적 경향을 발견하면서 생기는 '변화하려는 의지'는 미온적인 상태로, 단호하게 밀고나가는 힘이 부족하기 때문이다. 그리고 설령 이 의지가 확고한 소망이 된다고 하더라도, 아직 변화할 능력까지 갖추어진 것은 아니기 때문이다. 이 능력은 나중에서야 발달한다.

신경증적인 경향을 극복하려는 처음의 의지는 열정에 불타기도 하지만 그럼에도 믿을 만한 힘이 되지 못한다. 신경증적 경향에는 그 사람이 포기하고 싶지 않은 주관적인 가치도 포함되어 있기 때문이다. 특정한 강박적 욕구를 극복할 가능성이 생기면, 반대로 그것을 유지하고자 하는 힘이 동원된다. 다시 말해 신경증적 경향을 발견하면서 처음으로 해방 효과가 나타난 직후에 환자는 갈등에 직면하게 된다. 그는 변화를 원하기도 하고, 원하지 않기도 하는 것이다. 갈등은 보통 무의식적으로 유지된다. 자신이 이성과 자기 이익에 반하는 어떤 것을 고수하려 한다는 사실을 인정하고 싶어 하지 않기 때문이다.

어떤 이유로든 변하지 않겠다는 결심이 우세하다면, 발견이 낳은 해방 효과는 일시적인 안도감만 줄 뿐 곧이어 더 깊은 낙담이 뒤따른다. 농부의 비유로 돌아가 생각해보자. 그가 나무 재배에 필요한 치료법을 이용할 수 없다는 것을 알게 되거나 그렇게 믿는다면 그에게 일어난 기분 변화는 오래가지 못 할 것이다.

다행히도 이러한 부정적인 반응은 그리 자주 일어나지 않는다. 변화하려는 의지와 변화하지 않으려는 의지가 타협하는 경우가 더 많이 나타난다. 그럴 때 환자는 변화하겠다는 자신의 결심을 고수하지만 가능한 한 작은 변화만 꾀하려 한다. 그는 유년기에서 신경증적 경향의 기원을 밝혀내거나 단순히 변화를 위한 각오를 다지는 것으로 마칠 수 있기를 바란다. 혹은 신경증적 경향을 인식하기만 하면 하루아침에 모든 것이 바뀌리라는 착각에 빠질 수도 있다.

그러나 두 번째 단계에서 환자는 신경증적 경향의 영향을 파악해나가면서 그것이 자기 삶의 모든 면을 괴롭힐 만큼 불행한 결과를 낳았다는 것을 점점 더 깊이 깨닫는다. 예컨대 절대적인 독립에 대한 신경증적 욕구를 가진 사람이 있다고 가정해보자. 환자는 신경증적 경향을 인지하고 기원을 어느 정도 알게 된 후에 왜 안심하기 위해서 이런 방법을 택했는지, 그리고 그것이 일상생활에 어떻게 나타나는지를 이해하는 데 꽤 많은 시간을 보낼 것이다. 그는 물리적 환경에서 이러한 욕구를 느꼈을 때 자신이 어떠한 태도로 표현하는지 자세히 살펴봐야 한다. 즉 시야가 가로막히는 것을 끔찍이 싫어한다거나 줄 한가운데 앉을 때 불안감이 생기는 방식으로 욕구가 표현된다는 것을 알아야 한다. 그리고 옷차림에도 어떤 영향을 미치는지 알아야 한다. 거들과 신발, 넥타이 또는 무엇이든 조이는 듯한 압박감을 주는 것에 민감하게 반응하는 징후가 경향성을 증명해주기도 한다. 또한 업무에 어떤 영향을 미치는지도 인지해야 한다. 정해진 절차를 비롯해 의무, 기대, 제안, 시간, 상사 등 다양한 대상에 대한 반항으로 나타날 수 있다. 연애에 미치는 영향 역시 이해해야 한다. 어떤 유대관계도 받아들일 수 없거나 다른 사람에 관한 관심은 무엇이든 노예 상태를 의미한다고 느끼는 경우들을 관찰하면서 파악할 수 있다. 그렇게 강압을 느끼게 만들고, 경계심을 갖도록 강요하는 역할을 맡은 여러 요소에 대한 평가는 점차 확고해질 것이다. 환자가 독립에 대한 강한 소망을 품고 있다는 사실을 아는 것만으로는 턱없이 부족하다. 신경증적 경향이 포괄하는 위압적인 힘과 부정적인 특성을 모두 인식할 때만 비로소 변화에 대한 진지한 동기가 유발된다.

따라서 두 번째 단계에서는 불안을 일으키는 욕망을 정복하려는 의지를 강화하려고 할 것이고 이 태도가 치료에 도움이 된다. 환자는 변화에 대한 필요성을 완전히 인식하기 시작하고, 장애를 극복하려는 다소 불확실했던 의지가 진지하게 대처하려는 확고한 결심으로 변한다.

이 결심은 강력하고 가치 있는 힘을 이루어내며 변화를 일으키는 데 필수적이다. 그러나 제아무리 강력한 결심이라도 그것을 관철하지 못하면 소용이 없다. 결심을 이루어내는 능력은 신경증적 경향이 어떤 영향을 미쳤는지 하나둘 뚜렷하게 드러나면서 점차 커진다. 환자가 신경증적 경향을 파악해나가는 동안 단단히 뿌리내렸던 환상과 두려움, 취약성 및 억제는 차츰차츰 느슨해진다. 결과적으로 덜 불안해지고 덜 고립되고 덜 적대적인 태도를 보이게 되며 그에 따라 다른 사람과의 관계 및 자신과의 관계가 개선되고, 결국 신경증적 경향의 욕구가 줄어들면서, 대처 능력이 향상된다.

추가로 이러한 분석 단계는 더 근본적인 변화를 방해하는 요인들을 발견하기 위한 동기를 부여한다. 지금까지 동원된 힘은 특정한 경향의 동력을 약화하는 데 도움을 주었고, 그에 따라 특정한 개선을 가져왔다. 하지만 신경증적 경향 자체와 경향이 미치는 영향 대부분은 모순되는 욕구들을 비롯한 다른 욕구들도 밀접하게 관련되어 있을 것이 틀림없다. 따라서 특정한 경향을 중심으로 발달한 하부 구조만을 살핀다고 해서 어려움을 완전히 극복할 수 없다. 예를 들어 클레어는 신경증적 경향의 분석을 통해 강박적인 겸손함을 어느 정도 버리게 되었지만 경향 중 일부는 병적인 의존성과 얽혀 있었기에 당시에는 건드릴 수 없었다. 다른 추가적인 문제와 연관되어야만 다룰 수 있었기 때문이다.

세 번째 단계는 서로 다른 신경증적 경향들의 상호 관계를 인식하고 이해하여 가장 깊은 갈등을 파악할 수 있도록 이끌어준다. 그럼으로써 갈등을 해결하려는 시도를 이해하고, 어떻게 갈등을 해결하려는 시도가 더욱 깊이 얽혀드는 것을 의미하는지 이해한다. 환자는 이 단계에 도달하기 전 갈등을 구성하고 있는 요소에 대해 깊은 통찰을 얻었을 수도 있지만 여전히 그 요소들이 화해할 수 있다고 은밀히 믿고 있을 것이다. 예를 들어 독재자처럼 행동하려는 충동과 탁월한 지혜를 칭송을 받고 싶은 욕구의 본성을 깊이 깨달은 환자가 있다. 그는 이러한 경향을 변화시키려는 의지는 전혀 없이 단순히 독재하려는 충동을 이따금 인정하는 것으로 경향들을 조정하려고 시도했다. 그는 독재적인 경향을 인정하면 경향을 유지하는 동시에 자신이 보여준 통찰력을 인정받을 수 있으리라고 은근히 기대한 것이다. 그런가 하면 초인적인 평정심을 추구했지만 또한 보복하려는 충동에 휘둘렸던 사람도 있다. 그는 1년 중 대부분 기간에는 평정심을 유지하면서도, 일종의 휴식기에는 복수심에 한껏 취할 수 있다고 생각했다. 이런 해결책을 은밀히 고수하는 한 근본적인 변화는 절대 일어나지 않는다. 세 번째 단계가 진행됨에 따라 이러한 해결책의 임시변통적인 특성을 이해할 수 있게 된다.

세 번째 단계 역시 다양한 신경증적 경향들 사이에서 서로 강화하거나 충돌하는 악순환의 매듭을 푸는 것으로 치료에 도움을 준다. 따라서 이 단계에서는 이른바 증상이라고 하는 불안 발작을 비롯한 공포증, 우울증, 심한 강박증의 심각한 병리적 징후를 마침내 이해하게 된다.

심리치료에서 가장 중요한 것은 갈등을 알아보는 것이라는 말이 있다. 이 말은 곧 정말 중요한 것은 신경증적 취약성이나 경직성 또는 우월성을 추구하는 욕구라는 주장과 같다. 중요한 것은 전체 구조를 보는 것, 그 이상도 그 이하도 없다. 기존의 갈등은 분석 초기에 인식될 수 있다. 그러나 인식은 갈등의 요소들이 완전히 파악되고 그 강도가 줄어들 때까지 아무 소용이 없다. 이 작업이 완료되어야만 갈등 자체에 접근할 수 있게 된다.

이번 장과 앞 장에 제시된 정보의 실용적인 가치에 대해 질문하며 논의를 마무리하고자 한다. 그 정보들은 분석의 궤도를 벗어나지 않는 명확하고 상세한 방향을 보여주는가? 질문에 대해 답하자면, 아무리 지식이 많아도 그러한 기대는 충족시킬 수 없다. 정해진 길을 따라가기에는 개인별로 차이가 너무 크다는 것이 첫 번째 이유다. 설령 우리 사회에 존재하는 식별 가능한 신경증적 경향의 수가 한정되어 있다고 하더라도, 예를 들어 15개만 되더라도 그러한 경향들의 조합이 만들어 내는 경우의 수는 사실상 어마어마하다.

두 번째 이유는 우리가 분석을 통해 보는 것은 하나씩 깔끔하게 떨어져 있는 경향이 아니라 서로 뒤얽혀 있는 경향들의 총체이기 때문이다. 따라서 전체 그림을 이루는 구성 요소를 따로 떼어내기 위해서는 유연한 독창성이 필요하다.

세 번째 이유는 다양한 경향들이 만들어 내는 결과가 뚜렷하게 나타나지 않고 그 자체로 억눌려 있는 경우가 많아서 신경증적 경향을 인식하기가 상당히 어렵다는 데 있다.

마지막으로 분석은 공동 연구를 보여줄 뿐만 아니라 인간관계를 나타내는 작업이기 때문이다. 의견을 종합하고 추론을 도출하는 것은 물론, 관찰하고 이해하는 것에 관심이 많은 두 동료나 친구가 참여한 탐험 여행도 분석이라고 생각하는 것은 한 가지 면만을 보는 비유일 것이다. 분석에서는 분석가의 특이성과 장애는 말할 것도 없고 환자의 특이성과 장애도 매우 중요하다. 환자의 애정에 대한 욕구, 자존심, 취약성은 분석에서도 다른 상황에서와 마찬가지로 유효하게 나타난다. 게다가 분석은 그 자체로 환자가 발달시킨 안전 체계나 자존심을 위협하는 통찰에 대한 불안, 적대감 및 방어적인 태도를 필연적으로 불러온다. 이러한 모든 반응은 이해되기만 하면 도움이 되겠지만 그와는 상관없이 분석 과정을 더 복잡하고, 일반화하기 어렵게 만든다.

각각의 분석이 문제를 해결하기 위해 자체적인 순서를 만들어 내야 한다는 주장은 불안을 느끼는 사람들을 겁먹게 할 수 있다. 특히 자신이 항상 옳은 일을 하고 있다는 보장이 필요한 사람들은 더욱 위협으로 느낀다. 이런 성향의 사람들이 안심하려면 이러한 순서는 분석가가 영리하게 조작해 인위적으로 만드는 것이 아니라 저절로 발생한다는 점을 명심해야 한다.

문제들의 본질상 어떤 문제는 다른 문제가 해결된 후에야 접근이 쉬워진다. 다시 말해 누구든지 자신을 분석할 때는 스스로 모습을 드러내는 자료를 따라가기만 하면 대개 앞에서 설명한 단계를 밟는다. 물론 지금으로서는 대답할 수 없는 질문들을 건드리는 일도 가끔 일어날 것이다. 경험이 풍부한 분석가는 그러한 시점에 나온 특정한 주제가 환자의 이해 범위 밖에 있으므로 그대로 두는 편이 더 낫다는 것을 안다.

예를 들어 자신이 다른 사람보다 절대적으로 우월하다는 확신에 찬 환자가 있다고 가정해보자. 그가 다른 사람에게 받아들여지지 않는 것에 대한 두려움이 있다는 암시를 주는 자료를 떠올린다. 분석가는 거절에 대한 두려움을 다루기에는 너무 이른 시기임을 알고 있다. 환자는 우월한 존재인 자신이 그러한 두려움을 가질 수 있다는 것을 상상조차 할 수 없기 때문이다. 분석가 또한 시간이 지나고 돌이켜볼 때 비로소 특정 시점에는 문제에 접근할 수 없었다는 사실과 그 이유를 알게 되는 경우가 많다. 즉 분석가 역시 시행착오를 겪으며 앞으로 나아간다.

자기 분석에서는 오히려 조급하게 어떤 요인을 해결하려는 유혹이 적을 수도 있다. 자신이 아직 직면할 수 없는 문제는 직관적으로 회피하기 때문이다. 그러나 만약 얼마간 어떤 문제와 씨름한 후에도 해결책에 가까이 가지 못하고 있다는 사실을 알아차리게 된다면, 아직 그 문제를 다룰 준비가 되지 않은 것이므로 당분간은 내버려 두는 편이 낫다는 것을 기억하기 바란다. 상황이 이렇게 바뀐다고 해서 낙담할 필요는 없다. 너무 이른 시기에 분석작업에 착수했더라도 추가 작업에 중요한 단서를 제공하는 경우가 많기 때문이다. 그러나 강조할 필요도 없이, 저절로 나타나는 해결책이 받아들여지지 않는 데는 다른 이유가 있을 수 있다. 이때 너무 성급하게 시기가 맞지 않다고 추측해서는 안 된다.

내가 소개한 정보들은 불필요하게 낙담하는 일이 없도록 도움을 줄 것이다. 그뿐만 아니라 긍정적인 측면에서도 서로 관련 없는 관찰들로 남아 있을 수 있는 자료들의 특수성을 이해하고 통합하는 데 도움이 된다. 예를 들어 누군가에게 질문하는 것에 어려움을 느끼는 사람이 있다. 그는 차를 타고 여행하면서 길을 묻거나, 의사에게 병을 상담하는 것까지 무엇이든 묻기 어려워한다. 그리고 자신이 분석가를 만나는 일을 마치 반칙하여 쉬운 길로 들어선 듯 비열하고 수치스러운 일인 것처럼 감춘다. 자신의 모든 문제는 스스로 처리할 수 있어야 한다고 생각하기 때문이다. 누군가가 동정심을 보이거나 조언을 하면 짜증이 나고, 반드시 도움을 받아야 할 때는 굴욕감을 느낀다. 그는 이런 사실들을 스스로 알아차릴 수도 있다. 그리고 만약 신경증적인 경향에 대한 지식이 어느 정도 있다면, 이 모든 반응은 강박적인 자급자족을 원하는 경향에서 나온 것일 가능성이 있다고 생각할 것이다. 그러나 추측이 옳다는 보장은 없다. 그가 일반적으로 사람들에게 진절머리를 낸다는 전제는 그가 보이는 반응 중 일부를 설명할 수 있지만 때때로 자존심에 상처를 입었다고 느끼는 이유까지 설명하지 못 할 것이다. 어떤 추측이든 유효성에 대한 증거를 충분히 얻기 전까지 잠정적이고, 정해지지 않은 상태로 취급되어야 한다. 충분한 증거를 확보한 뒤에도 가정이 정말로 전체를 포괄하는지 아니면 부분적으로만 유효한지를 반복해서 확인해야 한다. 당연히 하나의 경향이 모든 것을 설명할 것을 기대해서는 안 되고, 반대되는 흐름이 있을 것임을 유념해야 한다. 유일하게 합리적으로 예상할 수 있는 것은 추정된 경향이 삶을 위압하는 힘 중 하나를 나타내므로 틀림없이 일관된 형태의 반응으로 모습을 드러내리라는 점이다.

신경증적인 경향을 인식한 후에도 그의 지식은 긍정적으로 도움을 줄 것이다. 신경증적 경향의 다양한 징후와 결과를 찾아내는 것이 치료에 중요하다는 점을 알고 있으면, 위압적인 힘이 발생한 이유를 밝히기 위해 정신없이 헤매는 대신 의도적으로 이러한 징후와 결과에 주의를 집중할 수 있다. 이유는 대부분 나중에야 이해된다. 그러한 지식은 특히 신경증적 경향을 추구하면서 어떤 대가를 어떤 대가를 치러 왔는지 점차 깨달아가는 방향으로 생각을 집중하는 데 도움이 될 것이다.

갈등과 관련해서는, 이질적인 태도들 사이에서 갈팡질팡하지 않도록 막아주는 데서 심리학적 지식의 실용적 가치를 찾을 수 있다. 예를 들어 클레어는 자신을 분석할 때 모든 책임을 다른 사람에게 돌리는 성향과 모든 책임을 자신에게 돌리는 성향 사이에서 상당한 시간을 허비했다. 그녀는 혼란스러워졌다. 모순된 두 태도 중에서 정말로 자신에게 있는 것은 무엇인지 아니면 적어도 우세한 태도는 무엇인지에 대한 의문을 해결하고 싶었기 때문이다. 실은 두 가지 모두 그녀가 가진 성향이었고, 모순된 신경증적 경향들에서 비롯된 것이었다. 자신을 탓하고 남을 비난하지 않으려는 태도는 강박적인 겸손에서 발생했다. 다른 사람에게 책임을 돌리는 태도는 우월감을 느끼려는 욕구에서 비롯되었다. 욕구는 그녀가 자신의 결점을 인정하는 것을 참을 수 없게 만들었다. 이 시점에서 그녀가 상반된 원천에서 상반된 경향들이 일어날 가능성을 생각했다면, 과정을 훨씬 더 일찍 파악했을 것이다.

지금까지 우리는 신경증의 구조를 간략하게 살펴보며 전체 구조의 그림을 차츰차츰 뚜렷하게 만들기 위해 무의식적인 힘들을 어떻게 다루어야 하는지 일반적인 방법에 대해 논의했다. 아직 그 힘들을 밝혀낼 구체적인 수단에 대해서는 언급하지 않았다. 다음에 이어지는 두 장에서는 환자의 성격을 완전히 이해하기까지 환자와 분석가가 해야 하는 작업에 대해 논의할 것이다.

# 4장

# 정신분석 과정에서
# 환자의 역할

분석을 할 때 환자가 마주해야 하는 것

자기 분석은 환자인 동시에 분석가가 되려는 시도이므로 분석 과정에서 참여자 각각의 과제를 논의하는 것이 바람직하다. 이 과정은 분석가가 한 일과 환자가 한 일의 합일 뿐만 아니라 사람과 사람의 관계라는 점을 명심해야 한다. 두 명이 연관되었다는 사실은 각자가 하는 일에 상당한 영향을 끼친다.

환자가 직면한 과제는 크게 세 가지다. 당연하게도 첫 번째 과제는 가능한 한 전적으로 솔직하게 자신을 표현하는 것이다. 두 번째는 자신의 무의식적인 힘과 그것이 삶에 미치는 영향을 인식하는 것이다. 그리고 세 번째는 자신과의 관계, 주변 세계와의 관계를 방해하는 태도를 바꿀 수 있는 능력을 개발하는 것이다.

첫 번째 과제인 완전한 자기표현은 자유로운 연상을 통해 이루어진다. 지금까지 심리학적 실험에만 사용되었던 자유 연상을 치료에 활용할 수 있다는 것은 프로이트의 독창적인 발견이었다. 자유롭게 연상한다는 것은 환자가 거리낌 없이 표현하고자 하는 노력을 의미한다. 사소하거나, 핵심에서 벗어나 있거나, 일관성이 없거나, 비이성적이거나, 무분별하거나, 서투르거나, 당황스럽거나, 굴욕적으로 보이더라도 마음속에 떠오르는 순서대로 모든 것을 표현하는 것이다. 여기서 '모든 것'은 글자 그대로 전부를 의미한다는 점을 덧붙여야 하겠다. 모든 것에는 덧없고 산만한 생각들뿐만 아니라 특정한 발상과 기억, 마지막 면담 이후 일어난 사건들, 삶의 어느 시기든 경험한 것에 관한 기억들, 자신과 타인에 관한 생각, 분석가 또는 분석하는 상황에서 느껴지는 것, 종교에 관한 믿음, 도덕, 정치, 예술, 소망, 미래에 대한 계획, 과거와 현재에 대한 환상, 그리고 당연히 꿈도 포함된다. 환자가 애정, 희망, 승리, 낙담, 안도, 의심, 분노를 비롯한 모든 감정과 산만하거나 구체적인 생각까지 모두 표현하는 것이 특히 중요하다. 물론 환자는 이런저런 이유로 특정한 것을 말하는 데 반감을 갖겠지만 오히려 구체적인 생각이나 감정을 억누르지 말고 이러한 반감까지도 표현해야 한다.

자유 연상은 솔직하고 거리낌이 없을 뿐만 아니라 분명한 방향성이 없다는 점에서 관습적인 사고방식이나 대화방식과 다르다. 우리는 문제를 토론하고, 주말 계획을 이야기하고, 고객에게 상품의 가치를 설명할 때 요점에서 동떨어지지 않기 위해 애를 쓴다. 마음을 거쳐 가는 다양한 흐름 중에서 상황에 적절한 요소들을 선택하고 표현하려고 한다. 심지어 가장 친한 친구들과 대화할 때마저 의식하지는 않더라도 무엇을 표현하고 무엇을 생략해야 하는지 선택한다. 그러나 자유 연상에서는 그것이 어디로 이어질 수 있는지에 관계없이 마음에 떠오르는 모든 것을 표현하려고 노력해야 한다.

인간의 여러 다른 시도와 마찬가지로 자유 연상은 건설적인 목적이나 방해의 용도로 사용될 수 있다. 환자가 분석가에게 자신을 드러내기로 확실하게 결심했다면 그의 연상은 암시적이며 의미가 있을 것이다. 만약 특정한 무의식적인 요인들에 직면하지 않도록 여러 신경증끼리 절박한 이해관계로 얽혀 있는 환자라면 연상은 비생산적일 것이다. 이러한 이해관계가 너무 지배적이어서 자유 연상의 좋은 의미가 무의미하게 바뀔 수도 있다. 그렇게 되면 결과적으로는 자유 연상의 진정한 목적을 단지 흉내만 낸, 한 무더기의 의미 없는 생각들만이 남는다. 그러므로 자유 연상의 가치는 전적으로 그것을 행하는 정신에 달려 있다. 최고의 솔직함과 성실함, 자신의 문제에 직면할 결단력, 그리고 다른 인간에게 자신을 개방할 의지가 있는 정신이라면, 자유 연상 과정은 의도한 목적에 부합할 수 있다.

일반적으로 자유 연상의 목적은 분석가와 환자 모두가 환자의 마음이 어떻게 작동하는지를 이해하고 더 나아가 환자의 성격 구조를 이해하는 것이다. 그러나 자유 연상을 통해 구체적인 문제들, 즉 불안 발작이나 갑작스러운 피로의 의미, 환상이나 꿈의 의미, 특정한 시점에 환자의 머릿속이 텅 비어버리는 이유, 갑자기 분석가에 대해 분노를 일으킨 이유, 어젯밤 식당에서 메스꺼움을 느꼈던 이유, 아내와 있을 때 발기부전이 되는 이유, 대화에서 말문이 막히는 이유 등을 밝힐 수 있다. 그리고 나면 환자는 특정 문제에 대해 생각할 때 자신에게 무슨 일이 일어나는지 알아보려고 한다.

예를 들어보자. 한 여성 환자가 소중한 것을 도둑맞아 괴로워하는 꿈을 꾸었다. 나는 그녀에게 꿈속의 특정한 부분과 관련하여 어떤 생각이 떠오르는지 물었다. 처음 등장한 연상은 2년 동안 생활용품을 훔친 가정부에 대한 기억이었다. 환자는 어렴풋이 가정부를 의심했었다. 그녀는 마침내 가정부의 범행이 밝혀지기 전 느꼈던 깊은 불안감을 기억했다. 두 번째 연상은 어린 시절, 아이들을 훔쳐 간다는 집시들을 두려워했던 기억이었다. 다음은 성자saint의 왕관에 박힌 보석을 도난당했다는 추리소설 같은 이야기였다. 그리고 그녀는 우연히 들은 것을 기억했는데 분석가들이 사기꾼이라는 취지의 말이었다. 마침내 그녀는 꿈속의 무언가가 분석가의 사무실을 떠올리게 한다는 생각이 들었다.

그 연상들은 여지없이 꿈이 분석 상황과 관련이 있다는 것을 나타냈다. 분석가들이 사기꾼이라는 말은 비용에 대한 우려를 암시했지만 이러한 해석은 오해의 소지가 있는 것으로 판명되었다. 그녀는 언제나 비용이 합리적이며 가치 있다고 여겼다. 그 꿈은 이전에 진행했던 분석에 대한 반응이었을까? 그녀는 분석가의 사무실을 떠나며 안도와 감사라는 뚜렷한 감정을 느꼈기 때문에 그럴 리가 없다고 생각했다. 이전 분석에서 핵심은 그녀가 나른하고 무기력했던 시기를 일종의 파괴적인 우울에 빠져 있던 시기로 인식했다는 것이다. 이 시기 그녀는 의기소침하지 않았기에 그녀를 비롯한 다른 사람들도 그런 상황일 거라고 알지 못했다. 그러나 실제로는 그녀 자신이 인정하는 것보다 더 고통받았고 더 취약했다. 그녀는 모든 것에 대처할 수 있을 만큼 강해야 했고, 이상적인 역할을 해야 한다고 느꼈기 때문에 종종 상처받은 감정을 억눌렀다. 그녀가 느낀 안도감은 평생 자신의 분수에 넘치는 생활을 해오다가 이제서야 처음으로 그런 허세가 필요하지 않다는 것을 이해한 사람이 느낀 안도감과 비슷했다. 그러나 이 안도감은 지속되지 않았다. 지난번 분석이 끝난 후 그녀는 꽤 짜증이 났고, 약하게 소화불량을 앓아서 잠을 이루지 못했던 것이 갑자기 떠올랐다.

나는 연상들을 세세히 검토하지는 않을 것이다. 여기서 가장 중요한 단서는 추리소설 같은 이야기였다는 것이 입증되었다. 내가 그녀의 왕관에서 보석을 훔쳤다는 것을 암시하는 연상이었다. 그녀가 자신을 비롯한 다른 사람들에게 강한 인상을 주고자 했던 노력은 확실히 부담스럽기도 했지만 몇 가지 중요한 기능을 수행하기도 했다. 그녀의 진정한 자존감은 흔들리고 있었고 그 노력은 그녀가 간절히 필요로 하던 자부심을 주었던 것이다. 또한 그녀가 가진 취약성과 원인이 되는 비합리적인 경향을 인정하는 것에 대항하는 가장 강력한 방어였다. 그녀가 수행하는 역할은 실제로 그녀에게 소중했다. 우리가 그 역할이 단순히 하나의 배역에 불과하다는 사실을 밝혀내자 그녀에게 위협으로 작용했고, 분노로 반응한 것이다.

자유 연상은 천문학적 계산이나 정치적 상황의 의미를 파악하기 위한 방법으로는 완전히 부적합하다. 이런 일에는 예리하고 간결한 추론이 필요하다. 그러나 우리가 아는 지식에 따르면, 자유 연상은 무의식적인 감정과 분투의 존재와 중요성 및 의미를 이해하는 데 적합한 유일한 방법이다.

자기 인식에서 자유 연상이 지닌 가치에 대해 한 마디 더 보태겠다. 자유 연상은 마법이 아니다. 이성적 통제가 풀리는 순간 우리가 내면에서 두려워하거나 경멸하는 모든 것이 드러나리라고 기대하는 것은 잘못된 일이다. 그러나 이런 식으로 나타나는 것들이 우리가 견딜 수 있는 정도를 넘어서지 않으리라는 점은 확신해도 좋다. 억압된 감정이나 욕구의 파생물만이 나타날 것이고, 꿈에서처럼 왜곡된 형태나 상징적인 표현으로 등장할 것이기 때문이다. 앞서 언급한 일련의 연상 중에서 성자는 환자의 무의식적인 열망이 표현된 것이다. 물론 예상치 못한 요소들이 이따금 극적인 방식으로 나타나겠지만 이러한 일은 같은 주제에 관한 분석을 이미 상당히 진행하여 그러한 요소들을 의식 표면 가까이까지 끌어올린 후에야 일어난다. 억압된 감정은 앞서 설명한 일련의 연상에서처럼 겉보기에는 오래된 기억의 형태로 나타날 수 있다. 연상에서 자신의 부풀려진 관념에 상처를 입힌 나를 향해 환자의 분노는 있는 그대로 나타나지 않았다. 단지 간접적으로 그녀는 내가 신성한 금기를 어기고 다른 사람들에게 소중한 가치를 강탈하는 저급한 범죄자 같았다고 말했다.

자유 연상은 기적을 일으키지 않는다. 하지만 엑스레이가 폐나 장의 보이지 않는 움직임을 보여주듯이 올바른 정신으로 행한다면 마음이 작동하는 방식을 보여준다. 다소 수수께끼 같은 언어로 일어나지만 말이다.

자유롭게 연상하는 것은 누구에게나 어렵다. 우리의 의사소통 습관이나 전통적인 관습과 반대될 뿐만 아니라 많은 어려움을 수반한다. 어려움은 환자마다 다르게 나타난다. 다양한 항목으로 어려움을 분류할 수 있지만 필연적으로 중복되는 부분도 있다.

먼저 연상 과정 전체에 두려움이나 억제를 불러일으키는 환자들이 있다. 모든 감정과 생각을 자유롭게 거쳐 가도록 허용하면 금기의 영역을 침범하기 때문이다. 자유 연상으로 촉발될 특정한 두려움들은 결국 기존의 신경증적 경향에 달려 있다. 몇 가지 예로 설명해보자.

어린 시절에 예측할 수 없는 생명의 위험으로 압도당한 경험이 있는 사람은 불안을 느끼며 무의식적으로 위험을 피하려고 한다. 그는 예지력을 최대한 발휘하면 삶을 통제할 수 있다는 거짓 믿음에 매달린다. 결과적으로 미리 효과를 그려볼 수 없다면 그게 무엇이든 그는 한 걸음도 떼지 않는다. 결코 방심해서는 안 된다는 것이 그의 철칙이다. 그런 사람에게 자유 연상이란 그 무엇보다도 무모한 일이다. 무엇이 나타날지, 어디로 이어질지 미리 알지 못한 채 모든 것이 나타나 버리는 것이 바로 자유 연상 과정이기 때문이다.

어디에도 얽매이지 않으며 가면을 써야만 안전하다고 느끼고, 사생활의 영역을 넘어서는 침범은 무엇이든 무의식적으로 막아내는 사람에게 자유 연상은 또 다른 어려움을 준다. 그런 사람은 상아탑ivory tower*에 살면서 근처에 침입하려는 시도에도 위협을 느낀다. 그에게 자유 연상은 고립 상태의 자기 영역에 대한 침입과 위협을 의미하기에 참을 수 없다.

도덕적 자율성이 부족하고 감히 스스로 판단을 내리지 못하는 사람도 있다. 그는 스스로 생각하고 느끼고 행동하는 것에 익숙하지 않지만 곤충이 상황을 감지하기 위해 촉수를 뻗는 것처럼 자신에게 요구하는 것을 파악하기 위해 무의식적으로 환경을 조사한다. 그가 한 생각을 다른 사람들이 인정해주면 좋거나 옳은 것이 되고, 승인 받지 못한 생각은 나쁘거나 틀린 것이 된다. 오직 반응하는 법만을 알고, 자신을 자발적으로 표현하는 방법은 모르기 때문에 막막함을 느낀다. 분석가가 기대하는 것은 무엇일까? 그저 끊임없이 말을 해야 할까? 분석가는 꿈에 관심이 있을까? 아니면 성생활에? 분석가와 사랑에 빠질 걸 기대하는 것일까? 분석가는 무엇을 인정하고, 무엇을 인정하지 않을까? 이 사람에게 솔직하고 자발적인 자기표현이라는 발상은 앞의 질문처럼 반신반의하며 불안에 떨게 하고, 인정받지 못 할 가능성에 노출될 수 있다는 위협을 준다.

마지막으로 자신의 갈등이 만들어 낸 덫에 걸린 사람이 있다. 그는 활력이 없고, 자신을 활동하는 사람으로 느낄 수 있는 능력을 상실했다. 그는 오직 외부에서 주도권을 쥐고 시작할 때만 이를 시

---

*    가장 아름답고 가장 소중한 것, 속세의 걱정거리·근심과 격리된 장소나 상황, 현실 도피적인 태도를 의미한다.

116

도해볼 수 있다. 그는 질문에 기꺼이 대답하려 하지만 자력에 맡겨두면 어찌할 바를 모른다. 따라서 그는 자유롭게 연상하는 것이 불가능하다. 자발적인 활동을 할 능력이 억제되어 있기 때문이다. 그리고 그가 가진 강박적인 욕망이 모든 일에서 성공하는 것이라면, 연상할 수 없는 무능함은 그에게 일종의 공황을 불러일으킨다. 그가 자신의 억제를 '실패'로 간주할 가능성이 크기 때문이다.

이러한 예는 몇몇 사람들에게 자유 연상 과정 전체가 어떻게 두려움이나 억제를 불러일으키는지 보여준다. 그러나 일반적으로 그 과정을 수행할 수 있는 사람들의 내면에도 건드리면 불안감을 불러일으키는 이런저런 영역이 있다. 전반적으로 자유롭게 연상을 수행할 수 있었던 클레어의 사례에서도, 분석 초기에는 삶에 대한 억압된 요구들에 접근하는 것은 무엇이든 그녀에게 불안감을 불러일으켰다.

또 다른 어려움은 모든 감정과 생각을 거리낌 없이 표현하면 당사자가 부끄러워하고, 알리기에 창피한 특성을 드러낼 수밖에 없다는 점이다. 신경증적 경향에 관한 장에서 언급했듯이 굴욕적이라고 생각하는 특성들은 상당히 다양하다. 자기만을 위한 물질적 이익을 추구하는 것을 자랑스러워하는 사람이 이상주의적 성향을 드러낸다면 당황하고 부끄러워할 것이다. 천사 같은 모습을 자랑스러워하는 사람은 이기심과 사려 깊지 못한 기색을 드러내기 부끄러워할 것이다. 그리고 무엇이든 가식이라는 게 들통나면 똑같은 굴욕감이 일어날 것이다.

환자가 생각과 감정을 표현하면서 겪는 어려움 중 많은 부분은 분석가와 관련이 있다. 자신의 방어를 위협하기 때문이든, 주도권을 너무 많이 잃었기 때문이든, 무슨 이유로든 연상을 자유로이 수행할 수 없는 사람은 자유 연상 과정에 대한 혐오감이나 실패에 대한 분개심을 분석가에게 전이시키며 무의식적으로 반항하고 방해하는 반응을 보일 가능성이 크다. 환자 자신의 발전과 행복이 걸린 문제라는 것은 사실상 잊어버린다. 그 과정이 분석가를 향한 적개심을 일으키지는 않더라도, 분석가의 태도에 대해서 어느 정도의 두려움을 가지는 것이 사실이다. 분석가가 이해해줄까? 분석가가 나를 비난할까? 분석가가 나를 얕보거나 나에게 등을 돌리지는 않을까? 분석가는 정말 내가 최대로 발전하는 데만 관심이 있는 것일까? 아니면 나를 자신의 틀에 끼워 맞추려는 것일까? 내가 분석가에 대해 개인적인 발언을 하면 상처받을까? 내가 분석가의 제안을 받아들이지 않으면 그는 인내심을 잃을까?

이렇게 무한한 염려와 다양한 걸림돌이 거리낌 없이 솔직해지는 것을 극도로 어렵게 만든다. 회피 전략이 필연적으로 발생한다. 환자는 특정 사건을 의도적으로 생략할 것이다. 환자는 분석 시간에 특정한 요인들을 절대 떠올리지 못 할 것이다. 감정은 너무 순간적이기 때문에 표현되지 않고 환자가 대수롭지 않게 여기는 세부 사항들은 생략될 것이다. 자유로운 생각의 흐름이 있어야 할 자리를 '알아내기'가 대신할 것이다. 환자는 계속해서 매일 일어나는 일들을 장황하게 설명할 것이다. 의식적으로든 무의식적으로든 환자가 이 요구 사항을 적당히 얼버무리기 위해 시도할 방법은 끝없이 많다.

생각나는 것을 모두 말하는 것은 단순한 과업처럼 들릴지 모르지만 현실적인 어려움이 너무 큰 탓에 대략적으로만 성취될 수 있다. 방해되는 걸림돌이 클수록, 환자는 더 비생산적이 된다. 하지만 자유 연상에 더 가까워질수록 환자는 자신과 분석가가 들여다보기 쉽게 더 투명해진다.

분석에서 환자가 맞닥뜨리는 두 번째 과제는 자신의 문제를 직시하는 것이다. 즉 지금까지 무의식적이었던 요소들을 인식함으로써 문제에 대한 통찰을 얻는다. 그러나 이것은 '인식'이라는 단어가 시사하는 것처럼 단순한 지적 과정에 그치지 않는다. 페렌치Ferenczi Sándor(헝가리의 정신분석학자로 프로이트와 오래 교류하다가 노선을 달리하였으며, 분석가와 환자의 공감을 중요시했다.-옮긴이)와 랑크Otto Rank(오스트리아의 정신분석가로 프로이트의 제자였지만 후에 학문적으로 결별하였으며 분석가는 환자에 따라 다른 접근법을 택해야 한다고 주장했다.-옮긴이) 이후로 분석에 관한 문헌에서 강조되었듯이 인식은 지적인 경험인 동시에 감정적인 경험이다. 속된 표현을 쓰자면 인식은 '뼛속 깊이까지' 자신에 대한 정보를 얻는 것이다.

강박적으로 겸손하거나 너그러운 사람이 실제로는 널리 사람들을 경멸하고 있다는 사실을 발견하는 것처럼 완전히 억압된 요소를 인식하는 통찰이 일어난다. 또 이미 의식하고 있던 어떤 욕망이 사실은 꿈에도 생각지 못한 수준, 강도, 특징을 지니고 있었다고 인식할 수도 있다. 예를 들어 누군가는 자신이 야심적이라는 것을 알 수도 있다. 하지만 그는 야망이 모든 걸 집어삼키는 듯한 열정으로, 자기의 삶 또한 결정짓고 다른 사람에게서 보복성 승리를 거두고자 하는 파괴적 요소가 포함되어 있다는 것은 한 번도 생각해본 적이 없을지도 모른다. 또는 통찰이 연관성 없어 보이는 특정 요인들과 밀접하게 연관되어 있음을 발견하는 것일 수 있다. 누군가는 인생에서 거둘 의미와 성취에 대해 어떤 거창한 기대가 있음을 스스로 깨달을 수도 있다. 그리고 자신이 우울한 전망을 품고 있으며, 가까운 시일 내에 일어날 재난에 굴복하게 되리라는 예감을 느끼고 있다는 것을 자각할 수도 있다.

그러나 그는 어느 한 가지 태도가 문제를 나타낸다거나 두 가지 태도가 서로 어떤 관련이 있지 않을지 의심해본 적은 없다. 이 경우 그의 통찰은 자신의 고유한 가치를 칭송을 받고 싶어 하는 욕구가 너무 완고한 탓에 그것을 실현하지 못하면 깊은 분노를 느끼고 삶 자체를 평가 절하해버리는 성향을 밝혀줄 것이다. 불가피하게 생활 수준을 낮추어야 하는 처지의 귀족처럼 그는 자신의 기대 수준에 못 미치는 것에 만족하느니 차라리 삶을 그만두는 편을 택한다. 따라서 그가 닥쳐올 재난에 집착하는 것은 실제로 죽고 싶어 하는 근본적인 소망을 나타내며 부분적으로는 그의 기대에 부응하지 못하는 삶을 향한 악의적인 몸짓이다.

환자에게 자신의 문제에 대한 통찰을 얻는 것이 무엇을 의미하는지 일반적인 것을 말하기는 불가능하다. 햇빛에 노출되는 것이 누군가에게 무엇을 의미하는지 말할 수 없는 것과 다르지 않다. 햇빛은 누군가를 죽일 수도 있고 생명을 구할 수도 있다. 피곤하게 만들거나 상쾌한 기분이 들게 할 수도 있으며, 햇빛의 세기와 사람의 상태에 따라 효과가 달라진다. 이와 마찬가지로 통찰은 극도로 고통스러울 수도 있고 즉각적인 안도감을 안겨줄 수도 있다. 여기서 우리는 앞서 분석의 여러 단계가 치료에 어떤 도움이 되는지 논의했던 것과 거의 비슷한 지점에 있지만 약간 다른 맥락에서 다시 요점을 짚어보는 것도 나쁘지 않을 듯하다.

통찰이 안도감을 줄 수 있는 이유에는 몇 가지가 있다. 가장 중요성이 낮은 사항부터 시작해보자. 지금까지 이해되지 않던 어떤 현상의 이유를 알게 되면서 만족스러운 지적 경험을 하는 경우가 많다. 삶의 어떤 상황에서든지 단순히 진실을 아는 것만으로도 위안이 되기 때문이다. 이런 생각은 현재의 특이한 태도를 설명할 때도 적용된다. 또한 자신의 발달이 시작됐을 무렵, 어떤 요인들이 영향을 미쳤는지 정확한 이해를 돕는 기억이라면, 지금까지 잊고 있던 어린 시절의 경험을 꺼내야 할 때도 이 생각이 적용된다.

더 중요한 것은 통찰이 지금껏 유지해 온 태도의 허울만 그럴듯한 모습을 드러나게 해서 그 사람이 자신의 진정한 감정을 볼 수 있게 도와준다는 사실이다. 그가 지금까지 억압되어 있던 분노와 짜증, 경멸, 두려움, 또는 그 무엇이든 자유롭게 표현할 수 있게 되었을 때 활발하고 생기있는 감정이 마비시키는 억제의 자리를 대체하고, 자신을 찾기 위한 발걸음을 내딛게 된다. 그런 발견이 일어날 때 무심코 나오는 웃음은 해방감을 나타낸다. 심지어 발견했다는 사실 자체를 선뜻 받아들이기가 어려울 때도 이 감정은 진실일 수 있다. 이를테면 자신이 평생을 '잘 빠져나가려고' 노력해왔다거나 다른 사람들을 다치게 하고 지배하려고 애써왔다는 사실을 인식하더라도 말이다. 통찰은 자기감정, 생동감, 활동을 증가시키는 일 외에 자신의 진짜 감정을 확인하면서 발생하는 긴장을 제거하기도 한다. 전에는 억압하는데 필요했던 에너지를 활동하는데 필요한 에너지로, 이용 가능한 힘을 증가시킬 수 있다.

마지막으로 억압이 해제되면 밀접하게 관련되어 있던 활동력이 해방되어 행동 방식도 자유롭게 열린다. 분투나 감정이 억압되는 한 그 사람은 막다른 골목에 몰린 처지다. 예를 들어 그가 타인에게 가진 적대감을 전혀 인식하지 못하고, 자신이 단지 사람들을 어색해하는 것으로 알고 있다면 그는 자신의 적대감에 대해 아무것도 할 수 없다. 그가 적대감의 이유를 이해하거나, 적대감이 정당화되는 때를 발견하거나, 적대감을 감소시키거나 제거할 가능성은 없다. 그러나 억압이 해제되고 그가 적대감을 있는 그대로 느낀다면 그때야 비로소 적대감을 잘 볼 수 있다. 그리고 적대감과 마찬가지로 제대로 인식하지 못했던, 내면에서 적대감을 만들어 낸 취약한 지점을 발견하기 위해 나아갈 수 있다. 따라서 통찰은 불안을 만드는 요인을 변화시킬 가능성을 열어주어 상당한 안도감을 선사할 것이다. 당장은 변화가 어렵더라도 그 고통에서 벗어날 수 있을 거라는 전망이 있다. 비록 처음에는 상처받거나 두려워하는 반응을 보일 수 있지만 그래도 전망은 유효하다. 클레어는 내면에서 자신에게 과도한 소망과 요구를 품고 있다는 사실을 알게 되었다. 처음에 이 통찰은 그녀에게 공포를 불러일으켰다. 그녀가 안전하다고 느끼도록 지탱해주는 기둥 중 하나인 강박적 겸손을 뒤흔들어 놓았기 때문이다. 하지만 극심한 불안이 가라앉자 통찰은 그녀에게 위안이 되었다. 통찰은 그녀의 손과 발을 묶었던 족쇄로부터 해방될 가능성을 보여줬기 때문이다.

그러나 통찰에 대한 첫 번째 반응은 안도보다는 고통일 수 있다. 앞 장에서 논의했듯이 통찰에 대한 부정적인 반응에는 크게 두 가지가 있다. 하나는 통찰을 오직 위협으로만 느끼는 것이고, 다른 하나는 낙담과 절망으로 반응하는 것이다. 두 가지는 달라 보이지만 본질을 따지면 정도의 차이만 있을 뿐이다. 당사자가 삶에 대한 특정한 요구를 포기할 수 없거나, 아직 포기할 수 없거나, 당연히 포기할 수 없다는 사실에 따라 반응이 정해진다. 물론 요구는 그 사람의 신경증적 경향에 좌우된다.

그리고 신경증적 경향의 강박적 특성 때문에 삶에 대한 요구는 몹시 완고하고 포기하기 어렵다. 예를 들어 권력에 대한 갈망에 사로잡힌 사람은 편안함과 쾌락, 여성, 친구, 그리고 대개 삶을 바람직하게 만드는 모든 것이 없어도 살 수 있지만 권력은 반드시 있어야 한다. 그가 이 요구를 포기하지 않기로 마음먹는 한 가치에 대해 어떤 의구심이 생기더라도 그저 그를 짜증스럽게 하거나 겁먹게 할 뿐이다. 이러한 공포 반응은 통찰이 특정한 노력의 실현 가능성을 반대하는 근거를 보여줄 때 발생한다. 그뿐만 아니라 통찰로 인해 다른 중요한 목표를 달성하거나 고통스러운 장애와 괴로움을 극복하는 데 그의 요구가 방해된다는 사실이 증명될 때도 발생한다. 다른 예를 들어보자. 고립되어 괴로워하고 다른 사람들을 대하는 게 어색하고 불편하고 힘이 들면서도 상아탑을 떠나는 걸 꺼리는 사람이 있다. 통찰은 상아탑이라는 목표를 버리지 않고는 덜 고립된 상태라는 다른 목표를 달성할 수 없음을 보여준다. 만약 그런다면, 그는 틀림없이 불안한 반응을 보일 것이다. 순수한 의지만으로도 삶을 장악할 수 있다는 강박적인 믿음을 포기하지 않는 한 믿음의 본질이 허구에 지나지 않음을 보여주는 모든 통찰로 인해 그는 불안감을 느낄 수밖에 없다. 그것은 마치 그가 딛고 선 땅이 발아래에서 떨어져 나가는 것처럼 느끼게 하기 때문이다.

통찰은 자유로워지고 싶다면 결국 근본적으로 내면의 무언가를 바꿔야 한다는 예감이 들게 하고 이에 당사자는 불안감을 느낀다. 그러나 바뀌어야 할 요소들은 깊이 뿌리박혀 있다. 그가 저 자신에게, 다른 사람들에게 대처하는 수단이기 때문에 그 요소들은 여전히 매우 중요하다. 따라서 그는 변화하기를 두려워하고, 통찰은 안도감이 아니라 공포를 낳는다.

그가 만약 해방하기 위해서는 변화가 필요하다는 의견에 동의하더라도 자신이 변화하는 건 불가능하다고 마음속 깊이 느끼고 있다면, 그는 두려움보다는 절망감으로 반응할 것이다. 그 사람의 의식에서 일어나는 분석가에 대한 깊은 분노는 이러한 감정이 드러나지 못하게 한다. 그는 아무것도 할 수 없는 상황에서 분석가가 자신을 통찰로 이끄는 것이 무의미하고, 잔인하다고 느낀다. 이러한 반응은 이해할 수 있다. 상처와 고난이 궁극적으로 우리가 긍정하는 어떤 목적에 도움이 되지 않는다면 누구도 굳이 견디려고 하지 않기 때문이다.

통찰에 대해 부정적으로 반응했다고 해도 그 문제에 관한 최종 결론이 되진 않는다. 사실 부정적 반응은 비교적 짧은 시간만 지속되고, 재빨리 안도감으로 변한다. 특정한 통찰에 대한 환자의 태도를 추가적인 정신분석 작업을 통해 바꿀 수 있는지 결정하는 요인들을 여기서 자세히 설명할 필요는 없다. 변화 가능한 범위에 있다는 말만으로도 충분하다.

그러나 우리 자신을 발견하면서 나오는 반응을 안도감이나 두려움 또는 절망감으로 분류했더라도 그에 대해 완전히 이해할 수 있는 건 아니다. 어떤 즉각적인 반응이 일어나더라도 통찰은 항상 기존 균형에 대한 도전을 의미한다. 강박적 욕구에 휘둘려 제 역할을 하지 못하는 사람이 있다. 그는 자신의 진정한 소망이란 비싼 대가를 치르며 특정한 목표를 추구해왔다. 그는 여러모로 억제되어 있다. 그는 여기저기 광범위한 영역에 걸쳐 취약하다. 불가피하게 억압된 공포, 적대감과 싸워야 하므로 활동 에너지는 약화된다. 그는 자신과 다른 사람들로부터 소외되어 있다. 그러나 그의 심리적 장치에 이러한 결함들이 있어도 내부에서 작용하는 힘은 여전히 각 요소와 다른 요소들이 유기적인 구조를 형성한다. 결과적으로 어떤 요소도 유기체 전체에 영향을 주지 않고는 바뀔 수 없다. 엄밀히 말하면 통찰은 따로따로 일어나지 않는다. 그는 자연히 이런저런 지점에서 멈추게 될 것이고, 그런 일은 자주 일어난다. 그는 성취한 결과에 만족할 수도 있고, 낙담할 수도 있고, 그 이상 나아가기를 적극적으로 거부할 수도 있다.

그러나 원칙적으로 이미 일어난 모든 통찰은 그 자체로는 아무리 사소해 보일지라도 다른 심리적 요소들과 상호 연관되어 있어서 새로운 문제를 열고 전체적인 평형을 뒤흔들 정도의 폭탄을 실어 나른다. 신경증적 체계가 점점 더 경직될수록 변형될 수 있는 부분이 적다. 통찰이 내면의 근본적인 부분에 더 가까이 다가갈수록 불안감은 더 커질 것이다. 나중에 자세히 설명하겠지만 '저항'은 궁극적으로 현상 유지에 대한 욕구에서 비롯된다.


환자를 기다리는 세 번째 과제는 최상의 발달을 방해하는 내면의 요인들을 바꾸어 놓는 것이다. 이는 공연, 창의적 작업, 협력, 성적 행위를 하는 능력을 얻거나 되찾는 것, 혹은 공포증이나 우울증 성향을 버리는 것처럼 행위나 행동의 큰 변화만을 의미하지는 않는다. 분석에 성공하면 이러한 변화는 저절로 일어난다. 눈에 잘 띄지 않는 성격 변화에서 비롯되기에 주요한 변화로 취급되지 않더라도 말이다. 이를테면 자기 강화와 자기 비하 사이에서 오락가락하는 대신 자신에게 더 현실적인 태도를 갖는 것, 무기력과 두려움 대신 활동성과 주장과 용기를 얻는 것, 목적 없이 표류하는 대신 계획을 세울 수 있게 되는 것, 과도한 기대와 과도한 비난 때문에 다른 사람들에게 매달리는 대신 자신 안의 무게 중심을 찾는 것, 광범위하게 방어적으로 적대감을 품는 대신 사람들에 대한 폭넓은 친근감과 이해를 얻는 것 같은 변화들이다. 이런 변화가 일어나면 공공연한 활동이나 증상 같은 외부적 변화도 그에 상응하는 수준으로 일어날 수밖에 없다.

성격에 많은 변화가 일어나도 특별히 문제가 생기지 않는다. 통찰이 진정한 감정적 경험이라면 통찰 그 자체도 하나의 변화가 될 수 있다. 예를 들어 지금까지 억압되어 온 적대감에 대해 통찰이 얻어진다면, 아무것도 변하지 않았다고 말할 것이다. 적대감은 여전히 존재하고, 그것에 대한 인식만 달라졌을 뿐이다. 이것은 기계적인 의미에서만 사실이다. 자신이 거드름을 피우고, 피곤하거나, 짜증이 많이 났다는 것만 알았던 사람이 억압을 통해 이러한 장애를 일으킨 구체적인 적대감을 인식한다면 엄청난 변화를 가져올 수 있다. 이미 논의된 바와 같이 그는 발견의 순간에 자신을 완전히 다른 사람처럼 느낄 수도 있다. 그가 인식을 곧바로 버리지 않는 한 그것은 다른 사람들과의 관계에 영향을 미칠 수밖에 없다. 그 인식은 자신에 대해 놀라움을 불러일으키고, 적대감의 의미를 조사하도록 동기를 부여하며, 알려지지 않은 무언가에 직면했을 때 느끼던 무력감을 없애고, 더 활기찬 생동감을 느끼게 할 것이다.

통찰의 간접적인 결과로 변화가 생기기도 한다. 불안을 느끼게 했던 근원의 크기가 줄어드는 순간 환자의 강박적 욕구도 줄어든다. 억압된 굴욕감이 드러나고 이해되는 순간 우정의 욕구에는 접근하지 않았더라도 폭넓은 친근감이 저절로 나타날 것이다. 실패에 대한 두려움이 인식되고 줄어들면, 그 사람은 자발적으로 더 활발해지고 지금까지 무의식적으로 피했던 위험을 감수하려고 한다.

지금까지는 통찰과 변화가 일치하는 것처럼 보였기에 두 과정을 굳이 별도의 과제로 제시할 필요가 없었다. 그러나 인생에서도 그렇듯이 분석 중에는 통찰에 굴하지 않고 변화에 필사적으로 맞서 싸우는 상황이 발생한다. 이러한 상황 중 일부는 이미 논의한 바 있지만 일반화하면 다음과 같다. 환자는 자신의 적절한 발달을 위해서는 에너지를 자유롭게 써야 하고 그러려면 삶에 대한 강박적인 요구를 포기하거나 수정해야 한다는 것을 인식한다. 이때 힘든 싸움이 시작된다. 환자는 자신이 가진 마지막 자원까지 사용하여 변화의 필요성이나 가능성에 대해 반증하려고 할 것이기 때문이다.

통찰과 변화가 꽤 뚜렷하게 나타나는 또 다른 상황은 분석에서 환자가 결정을 내려야 하는 갈등을 직면하면서다. 정신분석에서 드러나는 모든 갈등이 이런 성격을 띠는 것은 아니다. 예를 들어 다른 사람을 통제하려는 욕망과 다른 사람의 기대에 부응하려는 욕망 사이에서 모순이 인식될 때 두 성향 중 하나를 결정할 수 없다. 두 가지 욕망은 모두 분석되어야 한다. 환자가 자신과의 관계 및 타인과의 관계에서 더 나은 관계를 발견하면 두 성향은 모두 사라지거나 상당히 완화된다. 그러나 물질적 이익과 이상 사이에서 지금껏 무의식적이었던 갈등이 나타나는 거라면 문제가 달라진다. 그 문제는 다양한 방식으로 난처하게 만들 수 있다. 이상에 부정적인 태도를 의식하는 동안 이상이 억압되거나 이따금 이상이 의식에 침투할 경우 의식적으로 반박했을 수도 있다. 반대로 이상을 의식적으로 엄격하게 고수하는 동안 돈이나 명성 같은 물질적 이익에 대한 소망은 억압되었을 수도 있다. 아니면 이상을 냉소적으로 받아들이거나 진지하게 받아들이는 방식 사이를 오락가락했을 수도 있다.

그러나 그러한 갈등이 모습을 드러낼 때 알아보고 미치는 영향을 이해하는 것만으로는 충분하지 않다. 관련된 모든 문제를 철저히 규명한 뒤에 환자는 입장을 정해야 한다. 자신의 이상을 어느 정도까지 진지하게 받아들이고 싶은지, 물질적 이익에는 어느 정도 공간을 할애할 것인지 결단해야 한다. 이러한 지점, 환자는 통찰에서 태도 수정으로 나아가기를 주저할 수 있다.

그럼에도 환자가 직면한 세 가지 과제가 밀접하게 연관되어 있다는 것은 분명한 사실이다. 환자의 완전한 자기표현은 통찰로 나아가는 길을 열어주고, 통찰은 변화를 가져오거나 준비한다. 각 단계는 다른 단계에 영향을 미친다. 환자가 어떤 통찰을 얻기를 주저할수록 자유 연상은 더 지연된다. 그가 어떤 변화에 저항할수록 통찰에 맞서 싸울 것이다. 그러나 목표는 변화다. 자기 인식에 귀속되는 높은 가치는 통찰 자체만이 아니라 감정과 노력, 태도를 변경하고 수정하고 조절하기 위한 수단으로써의 통찰을 위한 것이다.

'변화'를 대하는 환자의 태도는 다양한 단계를 거친다. 흔히 환자는 치료를 시작하면서 마법 같은 치유법에 허가되지 않은 기대를 품는다. 환자가 굳이 무언가를 변화시키지 않아도 심지어 자신에게 적극적으로 몰두할 필요도 없이 모든 장애가 사라지기를 바란다는 뜻이다. 결과적으로 환자는 분석가에게 마치 마법의 힘이 그에게 있는 것처럼 맹목적으로 칭송하려 든다. 그러다가 자신의 바람이 이루어질 수 없다는 것을 깨닫고서는 이전에 보였던 '신뢰'를 완전히 거두어들이려 한다. 그는 분석가가 그저 자신과 같은 인간일 뿐인데 무슨 도움이 될 수 있겠냐고 주장한다. 더 중요한 것은 환자가 자신의 문제에 적극적으로 대처하는 일을 가망 없다고 느끼고, 이 절망감이 표면으로 떠오른다는 것이다. 적극적이고 자발적인 활동을 위해 에너지가 해방되어야만 비로소 그는 자신의 발전이 자신에게 달렸고, 분석가를 단지 도움을 주는 사람이라고 여길 수 있게 된다.

분석에서 환자가 직면하는 과제에는 어려움과 혜택이 가득하다. 자기 자신을 완전히 솔직하게 표현하기는 힘이 들지만 이건 축복이기도 하다. 통찰과 변화도 마찬가지다. 따라서 자신의 발전을 위해 도움을 받을 수 있는 여러 방법 중 하나인 분석에 의지하는 것은 쉬운 길을 택하는 것과는 거리가 멀다. 분석은 환자에게 상당한 결단력과 자기 수양, 적극적인 투쟁을 요구한다. 이런 면에서 볼 때 분석은 인생에서 성장을 도와주는 다른 상황들과 다를 바 없다. 가는 길에 놓인 고난을 마주하고 극복하면서 우리는 더 강해진다.

*Self - Analysis*

# 5장

# 정신분석 과정에서
# 분석가의 역할

### 분석가에게 어떤 도움을 받을 수 있을까?

분석가의 일반적인 임무는 환자가 자기 자신을 인식하도록 돕고, 환자 자신이 필요하다고 여기는 한에서 새로운 삶의 방향을 제시하는 것이다. 이러한 목표를 추구할 때 분석가가 하는 일에 대해 구체적인 인상을 전달하기 위해서, 분석가의 일을 범주별로 나누고 개별적으로 논의할 필요가 있다. 분석가의 일은 대략 관찰, 이해, 해석, 저항에 대한 도움과 일반적인 인간적 도움 등 다섯 가지 주요 부분으로 나눌 수 있다.

첫 번째, 분석가가 하는 관찰은 어느 정도 관찰력 있는 사람이 하는 것과 다르지 않다. 또 어느 정도는 특수한 성질을 띠기도 한다. 다른 사람들과 마찬가지로 분석가는 환자의 행동에서 초연함, 따뜻함, 경직성, 자발성, 반항, 순응, 의심, 확신, 독단성, 소심함, 무자비함, 민감성 같은 일반적인 속성을 관찰할 것이다. 그는 직접적인 노력 없이 환자의 말을 듣는 것만으로도 전반적인 정보를 많이 얻을 수 있다. 환자가 자신을 풀어놓을 수 있는가, 아니면 긴장되고 경직되어 있는가? 체계적이고 절제하며 말하는가, 아니면 두서없고 산만하게 말하는가? 추상적 일반론을 말하는가, 아니면 구체적인 세부 사항을 제시하는가? 그가 부수적인 정황을 자세히 말하는 가, 아니면 요점만 간결하게 말하는가? 자발적으로 말하는가, 아니면 분석가에게 주도권을 맡기는가? 상투적인가, 아니면 진정으로 생각하고 느끼는 것을 표현하는가?

분석가는 먼저 환자의 이야기를 통해 경험, 과거와 현재, 자신과의 관계 및 타인과의 관계, 계획, 소망, 두려움, 생각에 대해 구체적으로 관찰하고 배운다. 다음으로는 환자가 진료실에서 보이는 행동을 관찰하면서 배운다. 환자마다 진료비, 시간 협의, 침상에 눕기, 그리고 분석의 다른 객관적인 측면에 대해 다르게 반응하기 때문이다. 또 환자마다 자신이 분석되고 있다는 사실을 다르게 받아들인다. 어떤 환자는 분석을 흥미로운 지적 과정으로 여기지만 자신에게 정말로 필요하다는 의견에는 반박한다. 다른 환자는 분석을 굴욕적인 비밀로 취급한다. 그런가 하면 분석을 어떤 특권으로 자랑스럽게 여기는 환자도 있다. 게다가 환자들은 분석가에 대해서도 다양한 태도를 보인다. 인간관계에 수많은 개별적 차이가 존재하는 것과 마찬가지다. 마지막으로 환자들이 보이는 반응에는 미묘한 동요나 극심한 동요가 수없이 나타나는데 이 동요<sub>vacillation</sub> 자체가 흥미로운 사실을 드러낸다. 따라서 정보의 두 가지 원천, 즉 환자가 자신에 대해 전달하는 것과 환자의 실제 행동을 관찰하는 것은 여느 관계와 마찬가지로 서로를 보완한다. 우리가 어떤 사람의 내력과 현재 친구, 이성들, 사업, 정치를 대하는 방식에 관해 많이 알고 있더라도 그 사람을 직접 만나고 실제로 행동하는 것을 보면 그에 대한 그림을 훨씬 더 분명하고 완전하게 그릴 수 있는 것처럼 두 가지 원천은 필수적이고 똑같이 중요하다.

다른 관찰과 마찬가지로 분석가가 관찰할 때도 분석가가 가진 관심의 특성이 영향을 미친다. 사회복지사가 도움을 요청하는 의뢰인을 볼 때 주목하는 부분과 판매원이 고객을 대할 때 주의를 기울이는 부분은 다를 것이다. 예비 직원을 면접하는 고용주는 주도성, 적응성, 신뢰성의 문제에 초점을 맞추고, 교구민과 대화하는 목사는 도덕적 행동과 종교적 믿음의 문제에 더 관심을 가질 것이다. 하지만 분석가는 환자의 어느 한 부분에 관심을 집중하지 않는다. 동요를 보인 부분에만 집중하지도 않는다. 분석가는 반드시 성격 전체를 포괄해야 한다. 분석가는 성격의 전체 구조를 이해하고자 해야 하며, 부분들의 연관성과 그 정도를 바로 파악하지 못하기 때문에 최대한 많은 요소에 주의를 기울이고 흡수해야 한다.

분석가는 환자의 무의식적 동기를 인식하고 이해하려는 목적을 가지고 구체적으로 분석하며 관찰을 수행한다. 이것이 구체적 관찰과 일반적 관찰의 본질적인 차이다. 일반적 관찰에서도 드러나지 않는 밑바닥의 흐름을 감지할 수 있지만 인상은 다소 불확실하고 잘 표현되지 않은 채로 남는다. 또한 그러한 흐름이 관찰하는 사람 자신의 심리적 요인으로 결정되는지, 아니면 관찰된 사람의 심리적 요인으로 결정되는지 대개는 굳이 구분하지 않는다. 그러나 분석가의 구체적인 관찰은 분석 과정에 없어서는 안 될 부분이다. 환자의 자유 연상에서 드러난 무의식적인 힘에 관한 체계적인 연구는 구체적인 관찰을 통해 이루어진다. 분석가는 어느 한 요소를 성급히 선택하지 않고 모든 세부 사항에 고르게 관심을 기울이려고 노력하면서 환자의 자유 연상을 주의 깊게 경청한다.

분석가의 관찰 일부는 즉시 서로 들어맞을 것이다. 우리가 안개 낀 풍경 속에서 집이나 나무의 희미한 윤곽을 알아보듯이 분석가는 이런저런 일반적인 성격의 특징들을 어렵지 않게, 신속하게 인지한다. 그러나 분석가의 관찰 나머지 대부분은 겉보기에 연관성이 없는 항목들의 미로일 뿐이다. 그렇다면 분석가는 어떻게 환자를 이해할 수 있을까?

어떤 면에서는 분석가의 일이 추리소설 속 탐정의 일과 비교될 수도 있다. 그러나 짚고 넘어가야 할 것은 탐정은 범인을 찾고 싶어 하지만 분석가는 환자의 나쁜 점을 찾아내는 것이 아니라 나쁘기도 하고 선하기도 한 하나의 총체로 파악하려 애쓴다는 점이다. 또한 분석가는 의심이 가는 사람을 모두 상대하는 것이 아니라 한 사람 안에 있는 여러 동인動因을 다룬다. 나쁘다는 의심이 아닌 장애를 일으킨다는 의심을 받는 동인들이다. 분석가는 집중적이고 지능적으로 모든 세부 사항을 관찰하여 단서를 모으고, 여기저기서 가능한 연결고리를 확인하고, 잠정적인 그림을 구상한다. 그는 자신의 해결책을 쉽사리 확신하지 않지만 그것이 정말로 모든 요소를 포괄하는지 확인하기 위해 여러 차례 반복해서 시험한다. 추리소설에서는 탐정과 함께 일하는 사람들이 있다. 어떤 사람들은 겉으로는 함께 일하는 척하면서 몰래 탐정의 일을 방해한다. 또 숨고 싶어 하면서 위협을 느낄 때는 공격성을 띠는 사람들도 있다. 마찬가지로 분석에서 환자의 어느 한 부분은 협조한다. 환자의 협조는 분석의 필수 조건이다. 환자는 어떤 부분에서 분석가가 모든 일을 하기를 기대하고, 또 다른 부분에서는 숨기거나 분석가를 잘못된 곳으로 이끌기 위해 모든 에너지를 쓴다. 발각될 위협에 처하면 두려워하며 적대적으로 변한다.

앞장에서 설명했듯이 분석가는 주로 환자의 자유 연상을 통해 무의식적인 동기와 반응에 대해 이해한다. 환자는 보통 자신이 제시하는 것의 속뜻을 인식하지 못한다. 따라서 분석가는 일관성 있는 그림을 구성하기 위해 자신에게 제시된 수많은 모순적 요소 중에서 분명한 내용에 귀를 기울일 뿐만 아니라 환자가 진정으로 표현하고자 하는 것이 무엇인지 이해하려고 노력해야 한다. 분석가는 특별한 형태가 없는 것처럼 보이는 자료 더미를 관통하는 실마리를 잡으려 애쓴다. 알려지지 않은 자료가 너무 많으면 분석가는 실패하기도 한다. 맥락이 자명하게 드러날 때도 있다. 간단한 예를 통해 살펴보자.

한 환자가 분석가에게 밤잠을 잘 이루지 못하고, 전에 없이 우울하다고 말했다. 그의 비서가 독감에 걸린 바람에 사업 계획에 방해가 될 뿐 아니라 감염에 대한 두려움이 생겨 그를 심란하게 했다. 그런 다음 그는 유럽의 약소국에 행해진 끔찍하고 부당한 일을 이야기했다. 그다음으로는 약의 성분 정보를 명확하게 알려주지 않아 그를 짜증스럽게 했던 의사를 떠올렸다. 그러더니 코트 배달 약속을 지키지 않은 재단사를 생각해냈다.

여기서 주제는 곤란한 사건에서 짜증이 나는 것이다. 환자는 비서의 질병과 재단사의 신뢰할 수 없는 행동이 마치 그에게 가해진 공격인 것처럼 둘을 같은 선상에 놓는다. 여기서 환자가 한 불평은 자기중심적 본성을 드러낸다. 비서의 독감이 감염에 대한 두려움을 다시 불러일으켰다는 사실은 이 두려움을 극복하려고 노력하겠다는 생각으로 이어지지 않는다. 대신 그는 자신이 두려움을 일으키지 않도록 세상이 돌아가기를 기대한다. 세상은 그의 요구에 주의를 기울여야 한다. 이 지점에서 부당함이라는 주제가 나온다. 다른 사람들이 그의 기대에 관심을 두지 않는 것은 부당하다. 그가 감염을 두려워하기 때문에 그의 주변 어느 누구도 병에 걸리지 않아야 한다. 그가 겪는 어려움에 대한 책임은 다른 사람들에게 전가된다. 그는 무력하게 침략 받았던 유럽의 작은 나라들과 마찬가지로 그러한 영향에 대항할 힘이 없다. 사실 그는 자신의 기대라는 마수에 걸려 무력한 것이다. 의사에 관한 연상도 이러한 맥락에서 특별한 의미를 얻는다. 그 연상 역시 충족되지 못한 기대를 의미하며, 자신의 문제에 명확한 해결책을 주지 않고, 여기저기 더듬거리며 환자의 협조적인 활동을 기대하는 분석가를 향한 불만을 가리킨다.

간단한 예를 하나 더 살펴보자. 어떤 젊은 여성이 쇼핑할 때 가슴이 두근거렸다고 말했다. 그녀는 심장이 약하긴 했지만 몇 시간 동안 춤을 추고도 탈이 나지 않는데, 어째서 쇼핑이 심장에 영향을 주는지 이유를 알 수 없었다. 심장이 두근거릴 만한 어떤 심리적인 이유도 알 수 없었다. 그녀는 언니의 생일 선물을 샀다. 기쁜 마음으로 아름다운 블라우스를 고르며 언니가 얼마나 그 선물을 좋아하고 감탄할지를 기대하니 즐거웠다. 사실 그녀는 주머니에 있던 마지막 한 푼까지 털어 선물을 샀다. 빚을 일부 갚았고, 나머지는 몇 달 뒤에 갚기로 약속했기 때문에 돈이 부족한 상태였는데도 이렇게 말하며 자화자찬하는 기색이 역력했다. 블라우스는 너무 아름다워서 그녀가 직접 입고 싶을 정도였다. 그러더니 확실히 화제를 돌려서 언니에 대한 여러 가지 불만을 터트렸다. 그녀는 언니가 자신에게 어떻게 간섭했는지, 얼마나 말도 안 되는 질책을 했는지를 심하게 불평했다. 이런 불만에는 자매를 환자보다 상당히 열등해 보이도록 만드는 경멸적인 발언들이 섞여 있었다.

즉석에서 떠오른 일련의 감정들은 첫눈에 보아도 언니에 대한 상반된 감정을 나타낸다. 언니의 사랑을 얻고자 하는 소망이 있는 한편 원망도 있다. 쇼핑할 때 이런 갈등이 불거졌다. 사랑을 얻으려는 쪽은 선물을 구입하는 방법으로 자기를 분명히 드러냈다. 당분간 원망은 억제되어야 했고, 그만큼 더 크게 소리칠 필요가 있었는데 이는 심장이 두근거리는 결과로 나타났다. 모순된 감정의 충돌이 항상 불안을 불러오지는 않을 것이다. 보통 양립할 수 없는 감정 중 하나가 억압되거나 둘 다 타협되는 해결책에 동참한다. 연상이 보여주듯이 여기서는 갈등의 어떤 측면도 완전히 억압되지 않았다. 대신 사랑과 원망이 둘 다 의식 차원의 시소 위에 놓여 있었다. 한 감정이 올라가면, 의식하는 가운데 다른 감정이 내려갔다.

면밀한 조사를 통해 연상에 대한 많은 세부 사항들이 드러났다. 첫 번째 연상이 이어지면서 노골적으로 드러났던 자화자찬이란 주제는 두 번째 연상에서 암시적으로 다시 나타난다. 언니에 대한 경멸적인 발언은 확산된 적개심을 표출하는 한편으로 환자 자신의 평판이 언니의 평판보다 나아 보이게 하는 역할을 한다. 비록 의도적이지는 않았지만 자신의 관대함과 희생적인 사랑을 언니의 나쁜 행동에 끊임없이 비교한다는 점에서 자신을 언니보다 우위에 놓으려는 경향이 연상 곳곳에서 드러난다. 자화자찬과 언니와의 경쟁이 밀접하게 관련되어 언니보다 우월해야 한다는 욕구가 자화자찬을 발달시키고 유지하는 데 필수적 요소였을 가능성을 시사한다.

이러한 가정은 매장에서 발생한 갈등에 대해 또 다른 관점을 제시한다. 값비싼 블라우스를 사고 싶은 충동은 갈등을 해소하려는 영웅적인 결단을 나타낸다. 그뿐 아니라 한편으로는 언니의 칭찬을 얻고 다른 한편으로는 더 많이 사랑하고, 희생하고, 용서하는 모습을 보임으로써 언니에 대한 자신의 우월성을 확립하려는 소망도 나타낸다. 그런가 하면 언니에게 자신이 가지고 있던 것보다 더 아름다운 블라우스를 선물함으로써 실제로 그녀 자신을 '우월한' 위치에 놓았다. 이 점의 중요성을 이해하기 위해 누가 더 옷을 잘 입었나 하는 문제가 경쟁자 간의 싸움에서 중요했다는 사실을 언급할 필요가 있다. 예컨대 환자는 종종 언니 옷을 무단으로 입곤 했다.

이러한 사례는 분석을 비교적 간단한 과정으로 이해할 수 있지만, 어떤 관찰도 간과되어서는 안 된다는 점을 분명히 보여주고 있다. 환자가 마음속에 떠오르는 모든 것을 거리낌 없이 표현해야 하는 것처럼 분석가는 모든 세부 사항을 잠재적으로 의미 있는 것으로 생각해야 한다. 연관성이 없어 보이는 어떤 발언도 즉각 버려서는 안 되며, 모든 관찰을 예외 없이 진지하게 받아들여야 한다.

더구나 분석가는 환자의 특정한 감정이나 생각이 왜 하필이면 지금 떠오르는지 끊임없이 자문해야 한다. 그것은 특정한 맥락에서 무엇을 의미하는가? 예를 들어 분석가에게 우호적인 감정을 가졌다면 첫 번째 맥락에서는 도움과 이해에 대한 진정한 감사를 나타낼 수 있다. 두 번째 맥락에서는 앞선 분석 시간에 새로운 문제에 대처하느라 야기된 불안감이 환자의 애정 욕구를 증가시켰음을 암시할 수 있다. 세 번째 맥락에서는 분석가의 육체와 영혼을 소유하려는 욕구의 표현일 수 있다. 환자는 이때 새로 발견된 갈등이 '사랑'으로 해결되기를 바라기 때문이다.

앞 장의 예시에서 분석가는 강도나 사기꾼으로 비유되었다. 환자가 분석가를 항상 불만스러워하기 때문이 아니라 이전 분석 시간에 환자의 자존심이 상했다는 구체적인 이유 때문이었다. 유럽 국가들에 행해진 불의不義에 대한 연상도 다른 맥락에서는 또 다르게 의미할 것이다. 예를 들어 억압 받는 사람들에 대한 공감을 뜻할 수도 있다. 비서가 병이 난 걸 환자가 짜증스럽게 여기는 것과 다른 연상들이 맞물린 경우에만 비로소 환자 자신의 기대감이 충족되지 않아 부당하게 느낀 것임을 드러낸다. 앞서 있었던 연상과 뒤에 일어난 연상들, 이전 경험과의 정확한 연관성을 조사하지 못하면 잘못된 해석으로 이어질 수 있을 뿐만 아니라 분석가가 특정 사건에 대한 환자의 반응을 배울 수 있는 기회를 빼앗길 수 있다.

　연관성을 드러내는 어떤 연상들이 반드시 길게 이어지는 것이어야 할 필요는 없다. 때로는 단 두 번의 연속된 발언이 이해의 길을 열어주기도 하는데, 다만 두 번째 발언이 고심 끝에 나온 말이아니라 즉흥적으로 나온 말이어야 한다. 예를 들어 한 환자가 피로와 불안감을 느끼며 분석 작업을 시작했다. 그의 첫 번째 연상들은 비생산적이었다. 그는 전날 밤에 술을 마시고 있었다. 나는 그에게 숙취가 있는지 물었고, 그는 아니라고 했다.

　지난 분석 시간은 혹시 모를 실패에 대한 공포로 그가 책임지는 것을 두려워한다는 사실을 밝혀냈기 때문에 매우 생산적이었다. 그래서 나는 그에게 지난번의 승리에 안주하고 싶은지 물었다. 이 질문에 그는 어머니에게 이끌려 박물관에 다녔던 일과 지루하고 짜증스러웠던 기분에 대한 기억을 떠올렸다. 단 한 개의 연상이었지만 그것은 흥미로운 사실을 드러냈다. 연상은 한편으로 승리에 안주한다는 나의 발언에 대한 응답이었다. 그를 이 문제에서 저 문제로 몰아붙이는 나는 환자에게 어머니만큼이나 나쁜 사람이었다(이러한 반응은 이 환자의 특징이었다. 문제를 해결하기 위한 주도권이 억제되었음에도 강요와 비슷하면 무엇이든 과민하게 반응했기 때문이다). 자신이 나를 짜증스럽게 여기고 있고, 앞으로 나아가기를 극도로 꺼리고 있다는 사실을 자각하자 그는 다른 감정을 자유롭게 느끼고 표현하게되었다. 핵심은 정신분석이 박물관에 끌려다닌 상황보다 더 나쁘다는 것이었다. 정신분석은 실패를 연거푸 보기 위해 끌려가는 것을 뜻하기 때문이었다. 이 연상을 하며 그는 저 자신도 모르게 이전 시간으로 다시 돌아감으로써 실패에 대한 과민성을 드러냈다. 이는 이전의 발견을 정교하게 만든다는 뜻이었다. 환자의 성격에서 그가 원활하고 효율적으로 기능하지 못하게 방해하는 요소라면 무엇이든 그에게 '실패'를 의미한다는 것을 보여주었기 때문이다. 이로써 그는 정신분석에 대한 자신의 기본적인 저항 중 하나를 드러냈다.

같은 환자가 다른 날에 또 우울한 기분으로 찾아왔다. 그는 전날 밤 친구를 만나 스위스의 피츠 팔뤼Piz Palü 산에 오른 이야기를 들었다. 친구의 이야기를 듣고 그가 스위스에 있을 때 그 산에 오르지 못했던 기억이 났다. 며칠 동안 시간을 마음대로 쓸 수 있었음에도 산에 안개가 끼는 바람에 가지 못해 몹시 화가 났던 것이다. 밤에 예전의 분노가 다시 치밀어 오르는 것을 느꼈다. 그는 몇 시간 동안 깨어 있으면서 어떻게 하면 지금이라도 자신의 소망을 이룰 수 있을지, 어떻게 하면 전쟁과 돈과 시간이라는 장애물을 극복할 수 있을지 계획을 발전시켰다. 잠든 후에도 그의 정신은 길을 가로막는 장애물들과 싸웠고, 우울한 채로 깨어났다. 그리고 분석 도중에 전혀 상관없는 그림이 떠올랐다. 중서부 마을의 교외 지역을 그린 그림이었다. 그림은 그가 생각하는 칙칙함과 황량함의 전형적인 모습이었다. 정신적 이미지는 그 순간에 대한 그의 감정을 표현했다.

과연 어떤 연관성이 있었을까? 피츠 팔뤼를 오를 수 없다면 그의 삶은 황량하다는 뜻이었을까? 그가 스위스에 있을 때 등산을 결심한 것은 사실이지만 특별한 소망이 좌절된 것과의 연관성을 설명해줄 수는 없었다. 그는 등산에 열정적인 사람이 아니었다. 수년 전의 기억이었고, 그는 그 일을 잊어버렸다. 그를 괴롭히는 것은 피츠 팔뤼가 아님이 분명해졌다. 마음이 진정되자 그 산을 오르고 싶다는 생각조차 들지 않는다는 것을 깨달았다. 스위스의 경험이 되살아난 것은 훨씬 더 신랄한 무언가를 의미했다. 그것은 그가 무엇을 성취하겠다는 마음을 먹으면 반드시 할 수 있어야 한다는 허황한 믿음을 흔들어 놓았다. 그에게 극복할 수 없는 장애는 곧 의지가 좌절되는 것을 뜻했다. 산속의 안개처럼 그가 통제할 수 있는 일이 아니라도 예외는 없었다. 중서부 마을의 황량한 교외에 관한 연상은 그가 '의지'가 가진 순수한 힘에 엄청난 의미를 부여하고 믿었다는 걸 보여주었다. 이 믿음을 버려야 한다면 삶을 살 가치가 없다는 뜻이었다.

환자가 제시한 자료에서 주제가 반복되거나 순서가 반복된다면 이해하는 데 특히 도움이 된다. 환자가 지능이 우월하거나 더 합리적이거나 전반적으로 뛰어난 사람임을 암시하는 증거와 함께 연상이 끝난다면 분석가는 이러한 자질을 가지고 있다는 믿음이 환자에게 가장 중요한 정서적 가치라는 점을 깨닫게 될 것이다. 기회만 되면 분석이 자신에게 어떤 해를 끼쳤는지 증명하려는 환자와 기회만 되면 자신이 호전되었다는 것을 강조하려는 환자를 두고 분석가는 각각 다른 가설에 도달한다. 전자의 경우, 장애에 대한 설명이 부당한 대우를 받거나 몸을 다치거나 또는 희생당한 일에 대해 반복적으로 언급한 것과 일치한다면 분석가는 삶의 대부분을 이러한 방식으로 경험하는 이유를 설명해줄 환자 내면의 요인들과 그에 따른 태도가 가져온 결과를 관찰하기 시작할 것이다. 반복되는 주제로 인해 특정한 전형적인 반응이 드러나기 때문에 환자의 경험이 정형화된 형태를 따르는 이유를 이해할 수 있는 실마리를 제공한다. 이를테면 열정적으로 사업을 시작했다가 이내 그만두곤 하거나 친구나 연인에게 매번 비슷한 실망을 겪는 이유를 설명할 수 있다.

분석가는 환자의 모순을 통해서도 귀중한 단서를 발견할 것이다. 모순은 환자의 성격 구조에 존재하는 만큼 나타나게 되어 있다. 받은 자극 이상의 과장된 폭력이나 감사, 수치심, 의혹의 반응들도 마찬가지다. 이러한 감정 과잉은 항상 숨겨진 문제를 나타내고, 분석가는 자극이 환자에게 어떤 정서적 의미를 지녔는지 찾게 된다.

꿈과 공상도 환자를 이해하기 위한 수단으로 매우 중요하다. 무의식의 감정과 노력을 비교적 직접적으로 표현하기 때문에 또 다른 길을 열 수 있다. 이는 꿈과 공상이 아니었다면 거의 보이지 않았을 길이다. 어떤 꿈들은 상당히 투명하지만 대체로는 자유 연상의 도움을 받아야만 이해할 수 있는 수수께끼 같은 언어로 이야기한다.

협력하던 환자가 방어적인 전략으로 전환하는 지점은 환자를 이해하기 유용한 또 하나의 수단이 된다. 분석가는 이러한 저항의 원인을 점진적으로 발견해가면서 환자의 특이성에 대한 이해도가 높아진다. 환자가 답을 피하거나 싸운다는 사실은 때때로 쉽게 알 수 있다. 그렇게 하는 직접적인 이유도 분명하게 알 수 있다. 그러나 차단의 존재를 감지하려면 빈틈없는 관찰이 필요할 때가 더 많고, 그 이유를 이해하기 위해서는 환자의 자유 연상에서 도움을 받아야 한다. 분석가가 저항을 이해하는 데 성공하면 환자가 상처를 입거나 겁을 먹는 정확한 요인과 그 요인들이 생성하는 반응의 특성에 대한 지식을 늘릴 수 있다.

이와 비슷하게 환자가 생략하는 주제나 건드리면 재빨리 도망치는 주제도 이해에 도움이 된다. 예를 들어 다른 경우에는 지나치게 까다롭고 비판적인 환자가 분석가에 대해서는 어떤 비판적인 생각조차 표현하기를 꺼린다면 분석가는 중요한 단서를 얻을 수 있다. 이와 같은 종류의 다른 예로는 환자가 전날 자신을 화나게 했던 특정한 사건을 말하지 못하는 일을 들 수 있다.

이 모든 단서는 분석가가 환자의 삶, 과거와 현재, 그리고 환자의 성격에서 작용하는 힘에 대해 차츰차츰 일관된 그림을 완성하도록 도와준다. 그뿐만 아니라 환자와 분석가의 관계, 환자와 분석 상황과의 관계에서 작동하는 요인들을 이해하는 데도 도움이 된다. 이 관계를 가능한 한 정확하게 이해하는 것은 몇 가지 이유에서 중요하다. 첫 번째로, 예컨대 분석가에 대한 숨겨진 분노가 발견되지 않고 남아 있다면, 분석은 완전히 차단될 것이다. 환자가 자신을 드러내 보여야 하는 사람에 대해 분한 마음을 풀지 못하고 품고 있으면, 아무리 하고 싶다고 해도 자유롭게 자발적으로 자신을 표현할 수 없다. 두 번째로, 환자가 타인에 대해 느끼고 반응하는 방식이 분석가를 대할 때라고 다를 수 없다. 환자는 자신이 다른 관계에서 보이는 것과 똑같은 비합리적인 감정적 요인, 노력과 반응을 분석에서도 무의식적으로 내보인다. 따라서 이러한 요인들을 취합한 포괄적 연구는 분석가가 환자가 일반적인 인간관계에서 겪는 장애를 이해할 수 있게 해준다. 앞서 살펴본 바와 같이 신경증 전체를 볼 때 이러한 장애들은 결정적인 사안이 된다.

환자의 성격 구조를 점진적으로 이해하는 데 도움이 되는 단서는 사실상 무한하다. 그러나 분석가가 정확한 추론뿐만 아니라 직관적으로 단서를 활용한다는 점도 놓쳐서는 안 된다. 다시 말해서 분석가는 자신이 어떻게 잠정적인 가정에 도달했는지 항상 정확하게 설명할 수는 없다. 예를 들면 나는 분석 과정에서 나 자신의 자유 연상을 통해 이해에 이르기도 했다. 환자의 이야기를 듣다 보면 환자가 오래전 내게 말해준 어떤 사건, 심지어 현재 상황과 어떤 관계가 있는지 곧장 알 수 없는 사건이 머릿속에 떠오를 수도 있다. 혹은 다른 환자에 대한 발견을 떠올릴 수도 있다. 나는 그러한 연상을 절대로 버려서는 안 된다는 것을 배웠다. 그리고 그 연상들을 진지하게 검토하다 보면 유용할 수 있다는 것이 여러 차례 입증되었다.

분석가는 가능한 연관성이나 특정한 맥락에서 작동할 수 있는 무의식적 요인에 대해 인식했을 때 환자에게 자신의 해석을 말할 것이다. 물론 환자에게 이를 알리는 것이 적절하다고 판단한 경우에 한해서다. 우리는 정신분석학적 기법에 대한 담론을 다루는 것이 아니고, 해석을 시의적절하게 제시하는 기술은 자기 분석과 무관하다. 여기서는 분석가가 환자가 견딜 수 있고 활용할 수 있으리라고 판단하면, 환자에게 해석을 제공한다고 언급하는 것으로도 충분하다.

해석은 가능성 있는 의미를 제안하는 작업이다. 해석이 가진 성질상 어느 정도 일시적일 수 있고 해석에 대한 환자의 반응은 다양하게 나타난다. 근본적으로 옳은 해석은 정곡을 찔러서 추가적인 의미를 보여줄 연상을 자극할 수 있다. 아니면 환자가 해석을 시험해보면서 점차 수정해 나갈 수도 있다. 부분적으로만 옳은 해석이라도 환자가 협력한다면 새로운 생각의 흐름을 불러올 수 있다. 그러나 해석은 불안이나 방어적인 반응을 일으킬 수도 있다. 앞장에서 논의했던 통찰에 대한 환자의 반응이 이것과 관련 있다. 어떤 반응이 나오든지, 그것을 이해하고 거기에서 배움을 얻는 것이 분석가의 임무다.

정신분석의 본질은 환자의 어려움을 이해하는 데 전념한다는 것이고, 환자와 분석가 양쪽의 협동 작업이다. 이미 봤듯이 환자는 분석가에게 자신을 열어 보이려 애쓰고, 분석가는 환자를 이해하려고 노력하면서 관찰한다. 그리고 적절한 경우라면 분석가는 환자에게 자신의 해석을 전달한다. 그런 다음 분석가는 가능한 의미를 제안하고, 환자와 함께 제안의 유효성을 확인해본다. 예를 들어 해석이 현재 맥락에만 적합한지 아니면 일반적으로 중요한지, 그리고 단서를 달아야 하는지, 특정 조건에서만 유효한지를 알아보려고 한다. 그러한 협력 정신이 압도적인 한 분석가는 환자를 이해하고 자신의 발견을 환자에게 전달하기가 비교적 수월하다.

진정한 어려움은 전문 용어로 '저항'이 환자에게 발달할 때 발생한다. 그렇게 되면 환자는 가지각색의 방법으로 협력하기를 거부한다. 분석 시간에 늦거나 예약을 잊고, 며칠 또는 몇 주를 빠지고 싶어 한다. 공동 작업에 흥미를 잃고 주로 분석가의 사랑과 우정을 원한다. 연상은 피상적이고 비생산적이며 회피적으로 변한다. 분석가의 제안을 검토하는 것이 아니라 제안에 대해 분노하며 공격당하고 상처를 받고 굴욕당하고 오해받았다고 느낀다. 환자는 절망과 허무를 고집하고, 도움을 주려는 모든 시도를 거절할지도 모른다. 근본적으로 이러한 교착 상태에 이른 이유는 환자가 특정한 통찰을 받아들일 수 없기 때문이다. 통찰은 고통스럽고 두려우며 환자가 소중히 여기고 포기할 수 없는 착각의 영역을 점점 줄어들게 만든다. 환자는 자신이 고통스러운 통찰을 물리치려 한다는 것을 알지 못하더라도 어떤 방법으로든 그것들을 쫓아버린다. 환자는 자신이 오해받았거나 굴욕당했거나 아니면 분석이 소용없는 일이라는 것만을 알 뿐이다. 혹은 그렇게 안다고 생각한다.

이 시점까지 분석가는 대체로 환자를 따라간다. 물론 가능한 실마리를 제안하거나 해석으로 새로운 관점을 제시하고, 질문을 제기하거나 의구심을 표현할 때마다 어느 정도 암시되는 지침이 있다. 그러나 대부분은 환자에게 주도권이 있다. 저항이 발달하면 해석 작업과 암묵적 지침만으로는 부족해진다. 이때는 분석가가 확실히 주도권을 잡아야 한다. 이 시기에 분석가의 임무는 먼저 저항을 있는 그대로 인식하는 것이고, 두 번째는 환자가 그것을 인식하도록 돕는 것이다. 그리고 분석가는 환자가 현재 방어적인 전투에 참전하고 있음을 깨닫도록 도와야 한다. 그뿐만 아니라 환자가 도움을 주든 주지 않든, 환자가 무엇을 회피하고 있는지 알아내야 한다. 분석가는 이전 분석을 돌이켜보고 저항이 시작된 분석 회차에 앞서 무엇이 환자에게 영향을 미쳤는지 찾아봐야 한다.

이 일은 쉬울 때도 있지만 극도로 어려울 수도 있다. 저항의 시작점이 눈에 띄지 않을지도 모른다. 분석가가 환자의 취약점을 아직 인식하지 못했을 수도 있다. 그러나 분석가가 저항의 존재를 인식하고 환자에게 저항이 작동하고 있다는 것을 확신시킬 수 있다면, 환자와의 공동 작업을 통해 저항의 근원을 발견할 수 있다. 이 발견을 통해 즉각적으로 얻을 수 있는 이득은 추가 작업으로 나아가는 길이 뚫린다는 것이다. 또한 저항의 근원을 이해하면 분석가는 환자가 은폐하고자 하는 요인들에 대한 중요한 정보를 제공받을 수 있다.

환자가 지대한 영향을 미치는 통찰에 이르렀을 때 특히 분석가의 적극적인 안내가 필요할 수 있다. 가령 환자가 신경증적 경향을 확인하고 그 속에서 주된 질서의 동인을 인식하는 데 성공하면 분석가의 인도가 필요해진다. 이전에 발견한 많은 것들이 서로 맞아떨어지고, 추가적인 영향이 명백해지는 수확의 시기가 될 수도 있다. 그러나 3장에서 살펴본 이유로 인해 환자가 저항을 발달시키면서 최소한의 선에서 상황을 모면하려고 드는 일이 더 자주 일어난다. 환자는 여러 가지 방법을 사용하여 저항할 수 있다. 반사적으로 바로 손에 잡히는 설명을 찾아서 표현하거나 아니면 다소 교묘한 방식으로 그 발견의 중요성을 폄하할 수 있다. 또는 순전히 의지로만 신경증적 경향을 통제하기 위해 행실을 고치겠다고 결심할 수도 있는데 이는 지옥으로 가는 길을 닦는 것이나 마찬가지다. 마지막으로 환자는 신경증적 경향이 자신을 장악하고 있는 이유에 대해 의문을 제기할 수 있다. 그는 어린 시절을 파헤쳐 기껏해야 신경증적 경향의 기원을 이해하는 데 도움이 되는 자료를 내밀 것이다. 그러나 자신에게서 발견된 신경증적 경향이 실제 삶에 어떤 의미인지 깨닫기를 거부하며 도피 수단으로써 과거에 몰입하는 것이다.

중요한 통찰로부터 가능한 한 빨리 벗어나려는 노력은 이해할 만하다. 자신이 허깨비를 좇는 일에 온 힘을 쏟았다는 사실을 직시하기가 어렵기 때문이다. 더 중요한 것은 그러한 통찰로 인해 그는 급격한 변화의 필요성에 직면하게 된다. 환자가 자신의 전체 균형을 교란하는 변화를 외면하는 것은 당연하다. 하지만 이렇게 성급하게 물러나 버림으로써 통찰이 충분히 '스며들어' 이해되지 못하도록 막고, 자신에게 이익이 될 수 있는 것을 스스로 빼앗는 셈이 된다는 점은 변하지 않는다. 여기서 분석가는 주도권을 쥐고, 환자가 택하려는 후퇴 전략을 드러내 보여주는 한편 신경증적 경향이 환자의 삶에 미치는 모든 영향을 매우 상세하게 살펴보도록 격려하면서 환자를 도울 수 있다. 앞서 언급했듯이 신경증적 경향은 그 범위, 강도, 영향에 정면으로 철저하게 맞설 때만 대항할 수 있다. 환자가 자신이 상반되는 충동의 갈등에 휘말렸다는 사실에 대해 분명하게 인식하기를 무의식적으로 회피할 때 역시 분석가의 적극적인 인도가 필요할 수 있다. 여기서도 현상 유지를 하려는 환자의 성향이 모든 진전을 막을 수 있다. 환자의 연상은 갈등의 이편과 저편을 오락가락하는 헛걸음만을 보여줄지도 모른다. 그는 연민을 불러일으켜 다른 사람들이 자신을 돕도록 강요하려는 욕구에 대해 말하다가 어떤 도움도 받아들이지 못하는 자신의 자존심에 대해 말할지도 모른다. 분석가가 갈등의 한 측면에 대해 언급하는 즉시 환자는 다른 측면으로 이동할 것이다. 이 무의식적인 전략은 알아채기 어려울 수도 있다. 환자가 전략을 추구하면서 쓸만한 자료를 여기저기에서 가져올 수 있기 때문이다. 그렇더라도 회피 전략을 알아채고 환자가 존재하는 갈등을 분명히 인식하는 방향으로 활동할 수 있도록 유도하는 것이 분석가의 임무다.

또한 분석 후반 단계의 저항을 처리하는 과정에서도 분석가가 주도권을 잡아야 하는 경우가 있다. 분석가는 많은 작업을 하고 통찰도 많이 얻었음에도 환자에게 아무런 변화도 일어나지 않는다는 사실을 깨닫고 충격을 받을지도 모른다. 그러한 경우 분석가는 해석자의 역할을 버리고, 환자가 통찰과 변화의 어긋남을 대면하도록 공개적으로 나서야 한다. 이때 분석가는 어떤 통찰도 자신에게 절대 손대지 못하게 만드는 환자의 무의식적인 의구심에 대해 의문을 제기할 수 있을 것이다.

분석가는 환자를 위해 자신의 지식을 쏟아낸다. 따라서 지금까지의 작업은 지적인 성격을 띤다. 그러나 분석가가 가진 특정한 능력에 기반하여 그가 줄 수 있는 범위 넘어까지 도움이 확장된다. 이때 분석가는 자신이 전문적인 기술 이상을 제공한다는 사실을 자각하지 못할 수도 있다.

첫째로, 분석가는 존재만으로도 환자에게 자신이 사람들을 대하는 행동을 의식할 독특한 기회를 준다. 분석가가 아닌 다른 사람들과의 관계에서 환자는 주로 상대방의 특이성, 상대방의 불의, 상대방의 이기심, 상대방의 반항, 상대방의 불공평함, 상대방의 신뢰할 수 없는 행위, 상대방의 적대감에 생각을 집중시킬 가능성이 크다. 설령 환자가 자신의 반응을 의식하더라도 그것은 다른 사람들에게 자극받은 것으로 치부하려고 한다. 그러나 분석에서는 이러한 개인적 문제가 거의 존재하지 않는다. 분석가는 이미 분석을 받은 바 있고, 계속해서 분석가 자신을 분석하고 있을 뿐만 아니라 분석가의 삶이 환자의 삶과 얽혀 있지 않기 때문이다. 이러한 분리는 환자의 특이성을 모호하게 만드는 보통 때의 주변 환경으로부터 격리시킨다.

둘째로 분석가는 환자에게 우호적인 관심을 가지고 일반적인 범위에서 말하는 인간적 도움을 상당히 많이 준다. 인간적 도움의 일부는 지적 도움과 불가분의 관계에 있다. 따라서 분석가가 환자를 이해하고자 한다는 단순한 사실은 그가 환자를 진지하게 대한다는 것을 의미한다. 즉 이해하려는 것 자체로 중요한 정서적 지지를 받는다. 환자가 새롭게 나타난 두려움과 의심에 시달릴 때, 환자 자신의 약점이 드러나고 자존심이 공격당하고 착각이 허물어 질 때 더욱 중요한 역할을 한다. 대부분의 환자가 스스로를 진지하게 받아들이기에는 자신에게서 너무 멀리 소외되어 있기 때문이다. 이 진술은 믿을 수 없는 것처럼 들릴지도 모른다. 대부분의 신경증 환자들은 자신의 고유한 잠재력이나 고유한 욕구에 관해서 자신의 중요성을 과도하게 느끼기 때문이다. 하지만 자신을 대단히 중요한 존재로 생각하는 것과 자신을 진지하게 생각하는 것은 근본적으로 다르다. 전자의 태도는 부풀려진 자아상에서 비롯된다. 후자는 진정한 자아와 자아의 발전을 나타낸다. 신경증 환자는 종종 자신에게 진지함이 부족한 것을 '이기적이지 않음'으로, 자신에 대해 많은 생각을 하는 것은 우스꽝스럽거나 주제넘다는 주장으로 합리화하곤 한다. 자신에 대한 이러한 근본적인 무관심은 자기 분석의 큰 어려움 중 하나다. 반대로 전문가 분석은 분석가의 태도를 통해 환자가 자신과 우호적인 관계를 맺을 용기를 얻는다는 큰 장점이 있다.

인간적 관심은 환자가 새로 나타난 불안감에 사로잡혀 있을 때 특히 가치가 있다. 이러한 상황에서 분석가가 환자를 직접적으로 안심시키는 일은 드물 것이다. 그러나 불안이 구체적인 문제로 다루어지고, 결국 해결될 수 있다는 사실은 해석의 내용과는 상관없이 알지 못하는 것에 대한 두려움을 덜어준다. 마찬가지로 환자가 낙담하고 힘든 싸움을 포기하려 들 때 분석가는 단순히 해석하는 데 머무르지 않고 더 많은 일을 한다. 이러한 움직임을 갈등의 결과로 이해하려는 분석가의 시도 자체가 환자에게 어떤 토닥임이나 격려의 말 백 마디보다 더 큰 힘이 된다.

자존심을 쌓아 올린 가공의 토대가 흔들리면서 환자가 자신을 의심하기 시작할 때도 있다. 자신에 대한 해로운 착각이 없어지는 것은 좋은 일이다. 하지만 신경증은 예외 없이 건실한 자신감을 크게 손상시킨다는 것을 잊어서는 안 된다. 우월함에 대한 허구적 관념이 자신감을 대신한다. 하지만 힘든 싸움의 한가운데에 있는 환자는 그 둘을 구별하지 못한다. 환자에게 부풀려진 관념을 무너뜨리는 것은 자신에 대한 믿음의 파괴를 의미한다. 그는 자신이 믿었던 만큼 성자 같지도, 사랑스럽지도, 강인하지도, 독립적이지도 않다는 것을 깨닫고, 영광을 잃어버린 자신을 받아들이지 못한다. 그 시점에서 환자는 비록 자신조차 자기에 대한 믿음을 잃었지만 자신에 대한 믿음을 잃지 않는 사람이 필요하다.

좀 더 일반적인 관점에서 분석가가 환자에게 주는 인간적 도움은 감정적인 지원과 격려, 환자의 행복에 관한 관심처럼 친구 사이에 주는 도움과 비슷하다. 환자는 이때 처음으로 인간에 대한 이해 가능성을 경험할 수도 있다. 처음으로 타인이 그를 단순히 심술궂고, 의심스럽고, 냉소적이고, 까다롭고, 허세를 부리는 사람이 아닌, 신경증적 경향을 분명히 인정해주는 가운데 치열하게 노력하고 맞서 싸우는 인간으로서 여전히 좋아하고 존중해준 것일 수도 있다. 그리고 분석가가 믿을 만한 친구임이 입증되었다면, 좋은 경험은 환자가 다른 사람에 대한 믿음을 회복하는 데에도 도움이 될 수 있다.

우리의 관심은 자기 분석의 가능성에 있으므로 분석가가 기능하는 범위를 검토하고 혼자 분석 작업을 하는 환자가 어느 정도까지 이러한 기능을 대신할 수 있는지 보는 것이 좋겠다.

훈련된 제삼자의 관찰이 나 스스로 자신을 관찰한 것보다 더 정확할 것이라는 데는 의심의 여지가 없다. 특히 나 자신에 대해서는 전혀 공정하지 않기 때문에 더욱 정확하지 않다. 이러한 단점이 있기는 하지만 이미 논의된 바와 같이 어떤 제삼자보다도 나 자신과 가장 친숙한 것은 바로 나다. 정신분석 치료에서 얻은 경험은 환자들이 자신의 문제를 이해하는 데에 전념한다면 예리한 자기 관찰 능력을 개발할 수 있다는 것을 매우 확실히 보여줬다.

자기 분석에서 이해와 해석은 단일 과정이다. 숙련된 정비사가 자동차의 문제점을 더 빨리 알아내듯이 혼자 분석을 수행하는 사람보다는 경험을 바탕에 둔 전문가가 관찰에서 의미 있는 것과 중요한 것을 더 빨리 파악할 것이다. 대체로 전문가의 이해가 더 완전하며 이해의 완성도가 클 것이다. 전문가가 더 많은 함축적 의미를 파악하고 이미 해결된 요소와의 상호 관계도 더 쉽게 인식할 것이기 때문이다. 비록 매일매일 심리적 문제를 다루면서 얻은 경험을 대체할 수는 없지만 환자에게는 심리학적 지식이 자기 분석에 어느 정도 도움이 될 수 있다.

8장에서 살펴볼 사례처럼 환자가 자신이 한 관찰의 의미를 파악하는 것이 가능하다는 데에는 의심의 여지가 없다. 진행이 더디고 정확성도 덜하겠지만 전문적인 분석에서 진행 속도를 좌우하는 것

역시 분석가의 이해 능력이 아니라 통찰을 받아들이는 환자의 능력이란 점을 잊지 말아야 한다. 여기서 프로이트가 이제 막 환자들과 분석 작업을 시작한 젊은 분석가들에게 해준 위로의 말을 기억하자. 그는 분석가들이 연상을 평가하는 능력에 대해 너무 걱정하지 않아도 된다고 짚어주었다. 분석에서 진정으로 어려운 문제는 지적인 이해가 아니라 환자의 저항에 대처하는 것이다. 나는 이것이 자기 분석에도 적용된다고 믿는다.

우리는 자기 자신의 저항을 극복할 수 있을까? 질문에 대한 답에 따라 자기 분석의 실현 가능성이 달라진다. 그렇더라도 자력갱생自力更生과 비교하는 것은 부적절해 보인다. 자기 안에 앞으로 나아가고 싶어 하는 한 부분이 있다는 것은 변함없는 사실이기 때문이다. 물론 그 일을 해낼 수 있을지는 저항의 강도와 그것을 극복하려는 동기의 강도에 달려 있다. 그러나 중요한 문제는 할 수 있느냐는 것이 아니라 어느 정도까지 할 수 있느냐는 것이다. 여기에 대해서는 이번 장에서 답하지 않을 것이다.

분석가는 단순히 해석해주는 목소리가 아니라는 것 또한 변함없는 사실이다. 분석가도 한 인간이고, 분석가와 환자의 인간관계는 치료 과정의 중요한 요소다. 이 관계에서 두 가지 측면을 언급했다. 첫째는 환자가 분석가와 함께 자기 행동을 관찰하면서 다른 사람들을 대하는 자신의 전형적인 행동이 무엇인지 연구할 수 있는 독특하고 구체적인 기회를 누린다는 것이다. 환자가 관습적인 관계에서 자신을 관찰하는 방법을 배우는 것이 (자기 분석에서) 이런 측면의 장점을 대신할 수 있다. 분석가와의 작업에서 환자가 보여주는 기대와 소망, 두려움, 취약성, 억제는 친구나 연인, 아내, 자녀, 고용주, 동료 또는 고용인과의 관계에서 환자가 보여주는 것들과 본질적으로 다르지 않다. 만약 환자가 이 모든 관계에서 자신의 특이성이 개입하는 방식을 인식하는 데 진지하게 몰두한다면, 그가 사회적 존재라는 사실만으로도 충분한 자기 정밀 조사 기회가 주어질 것이다.

물론 환자가 이러한 정보의 원천을 충분히 활용할지는 또 다른 문제이다. 그가 다른 사람들과의 긴장에서 자신이 책임질 몫을 판단하려고 할 때는 매우 고된 과제에 직면하게 될 것이다. 전문적인 분석 상황에서 분석가의 개인적 문제는 무시될 수 있고, 따라서 환자는 자신이 초래하는 어려움을 더 쉽게 확인할 수 있다. 평범한 인간관계에서는 다른 사람들도 저마다 고유의 특이성으로 가득 차 있다. 이런 상황에서는 환자가 아무리 자신을 객관적으로 관찰한다고 해도 거기서 발생하는 어려움이나 마찰을 다른 사람들의 탓으로 돌리려 할 수 있다. 그리고 자신을 무고한 희생자로 여기거나 기껏해야 자신은 다른 사람들의 불합리성에 대해 당연한 반응을 보이는 것일 뿐이라고 생각할 수 있다. 그런 경우 환자는 표나게 굴면서 다른 사람들을 공공연히 비난하지는 않을 것이다. 그는 겉보기에는 이성적인 방식으로 자신이 성급하고, 불만스러워하고, 불성실하고, 심지어 부당했다는 것을 인정할지도 모르지만 은밀하게는 그러한 태도를 다른 사람들의 무례에 대한 정당하고 적절한 대응이었다고 생각한다.

자신의 약점을 직면하는 것이 참기 어렵다거나 다른 사람들 때문에 접하게 된 불안의 요인들이 심각할수록 환자 자신이 관여한 몫을 인식하고, 얻을 수 있는 이익을 스스로 박탈할 위험이 커진다. 그리고 정반대로 다른 사람들의 체면을 세워주고 자신을 나쁘게 말하며 과장하려는 성향이라고 해도 앞선 경우와 정확히 같은 성격을 띠는 위험이 따른다.

환자가 다른 사람들과의 관계에서보다 분석가와의 관계를 이어가는 중에 자신의 특이성을 쉽게 알아볼 수 있는 또 다른 요인이 있다. 불안한 성격의 특성들, 즉 소심함과 의존성, 오만함, 복수심, 사소한 상처에도 움츠러들고 얼어붙어 버리는 성향은 언제나 환자가 얻을 수 있는 최선의 자기 이익을 저버린다. 그러한 특성들은 다른 사람들과의 관계를 불만족스럽게 여길 뿐 아니라 환자 자신까지 불만족스럽게 여기도록 만들기 때문이다. 그러나 다른 사람들과의 일반적인 관계에서는 이런 사실이 종종 흐릿해진다. 그는 의존적으로 지내고, 앙갚음하고, 다른 사람들을 이기면 무언가를 얻을 것이라고 느낀다. 따라서 자신이 무엇을 하고 있는지 알아보려는 의지가 덜하다. 같은 특성이 분석에서 나타나면 환자의 이익에 반한다는 사실이 상당히 노골적으로 드러나기 때문에 그 특성들의 해로운 성격을 보지 않을 수 없고, 자연스럽게 그 부분에 대해 눈감고 싶어 하는 환자의 충동이 상당히 줄어든다.

타인에 대한 자신의 행동을 연구하는 데 수반되는 정서적 어려움을 극복하기 쉽지 않기는 하지만 결코 불가능한 것은 아니다. 8

장에 나올 자기 분석의 예에서 볼 수 있듯이 클레어는 연인과의 관계를 자세히 검토하여 자신의 '병적인 의존성'이라는 복잡한 문제를 분석하였다. 그녀는 분석에 성공했지만 앞에서 언급했던 두 가지 어려움 때문에 애를 먹었다. 클레어 연인의 성격 장애는 결코 그녀의 장애보다 덜하지는 않았다. 게다가 그녀가 가진 신경증적인 기대와 두려움의 관점에서 자신의 '사랑'이 사실은 의존하려는 욕구라는 점을 인정하지 않는 것이 매우 중요했다.

분석가와 환자 관계의 또 다른 측면은 분석가가 환자에게 명시적이거나 암시적으로 인간적인 도움을 준다는 것이다. 분석가가 주는 다른 지원은 어느 정도 대체할 수 있는 데 반해 인간적 도움은 그 정의상 자기 분석에는 존재하지 않는다. 스스로 분석을 수행하는 사람이 운 좋게 자신의 발견에 관해 이야기할 이해심 있는 친구가 있거나 이따금 분석가와 함께 확인해볼 수 있다면, 자기 분석이 덜 외롭게 느껴질 것이다. 그러나 어떠한 방편도 다른 인격체와 긴밀히 협력하여 자신의 문제를 해결해나가는, 눈에 보이지 않는 것의 가치를 온전히 대체할 수는 없다. 이러한 인간적인 도움의 부재가 자기 분석을 더 어렵게 만드는 요인 중 하나다.

# Self-Analysis

# 6장

# 수시 자기 분석

일상생활에 부딪히는 불편한 마음 해결하기

간간이 자신을 분석해보는 일은 비교적 쉽고, 가끔은 즉각적인 결과를 낳을 때도 있다. 성실한 사람이라면 누구나 자신이 느끼거나 행동하는 방식 뒤에 숨겨진 진짜 동기를 설명해보고자 애쓴다. 이때 하는 일이 본질상으로는 자신을 분석하는 것이다. 오히려 정신분석에 대해 잘 알지 못하더라도, 유난히 매력적이거나 부유한 여성과 사랑에 빠진 남성은 허영심이나 돈이 자신의 감정에 한몫하는 것은 아닌지 스스로 의구심을 가질 수 있다. 논쟁에서 자신이 옳다고 믿는 판단을 무시하고 아내나 동료들에게 굴복한 남자는 그 쟁점이 상대적으로 하찮다고 믿어서 양보했는지 아니면 뒤따를 싸움이 두려워서 양보했는지 속으로 의문을 제기할 수 있다. 나는 사람들이 항상 이런 식으로 자신을 점검해왔으리라고 생각한다. 다양한 형식의 정신분석을 전적으로 거부하려 드는 많은 사람이 이렇게 자신을 검토한다.

수시 자기 분석의 주요 영역은 신경증적 성격 구조가 담당하는 복잡하고 곤란한 문제가 아니라 의식에 분명히 자리하고 있는 총체적 증상이다. 즉 호기심을 자극하거나 고통스러운 특성 때문에 즉각적인 관심이 요구되는 구체적이고 극심한 장애를 주로 다룬다. 따라서 이 장에서는 기능성 두통과 급성 불안 발작, 연설하기가 두려운 어느 변호사의 이야기, 급성 기능성 위장 장애와 관련된 예를 다룬다. 깜짝 놀라게 하는 꿈을 꾸거나 약속을 잊는다거나, 택시 운전사의 사소한 부정행위 등에 지나치게 짜증이 난다면 자신을 이해하려는 소망, 더 정확히 말하면 그 특정한 효과에 대한 원인을 찾으려는 소망을 끄집어내야 한다.

후자의 구별은 너무 세밀하게 따지는 것처럼 보일 수 있지만 실제로 그것은 그때그때 문제를 해결하려고 고심하는 것과 자신에 대한 체계적인 분석의 중요한 차이를 나타낸다. 수시 자기 분석의 목표는 구체적인 장애를 유발하는 요인들을 인식하고 제거하는 것이다. 물론 더 광범위한 동기, 즉 삶 전반에 대처할 태세를 더 잘 갖추려는 소망이 여기서도 작용할 수 있다. 하지만 그러한 동기가 어떤 역할을 한다고 해도, 그것은 특정한 두려움이나 두통 또는 다른 불편함으로 말미암은 장애를 덜 겪기를 바라는 소망에 국한된다. 이는 자신의 역량을 최대한 발달시키고자 하는 더 깊고 긍정적인 욕망과는 대조적이다.

예시에서 알아볼 테지만 검사가 필요하다고 판단하는 장애는 급성일 수도 있고 장기간 지속되는 것일 수도 있다. 장애들은 주로 실질적으로 해결하기 어려운 상황에서 비롯되었거나 만성 신경증의 발현일 수도 있다. 이 증상이 쉬운 방법으로 접근해도 물러서는지 아니면 좀 더 강도 높은 작업으로 해결될지를 좌우하는 요인들에 대해서는 후에 논의하겠다.

체계적 자기 분석을 위한 전제조건에 비하면 수시 자기 분석을 위한 전제조건은 적당한 수준이다. 약간의 심리학적 지식으로 충분하고, 이 역시 학문적 지식일 필요는 없으며 평소 경험에서 얻을 수 있는 것이다. 유일하게 필수적인 조건은 무의식적인 요소들이 성격 전체를 혼란에 빠뜨릴 만큼 강력할 수도 있다고 기꺼이 믿는 마음이다. 이를 부정적으로 말하면, 장애에 대하여 바로 손에 잡히는 설명에 너무 쉽게 만족하지 않아야 한다는 것이다. 예를 들어 택시 운전사에게 속은 일로 지나치게 화가 난 사람이, 속기를 좋아하는 사람은 아무도 없다고 자신에게 말하는 것으로 만족해서는 안 된다. 급성 우울증을 앓고 있는 사람은 세상이 돌아가는 걸 바탕으로 자신의 상태를 설명하는 것에 회의적인 태도를 보여야 한다. 습관적으로 약속을 잊어버리는 것을 너무 바빠서 기억하지 못한다는 말로 설명하려 해서는 안 된다.

두통, 배탈, 피로와 같이 심리적인 성격이 아닌 게 분명한 증상들을 무시하기는 더 쉽다. 그러한 장애에 대해서는 똑같이 극단적이고 한쪽으로 치우쳐 있지만 서로 반대되는 두 가지 태도를 관찰할 수 있다. 하나는 심리적 요인이 개입될 가능성은 고려조차 하지 않고 기계적으로 두통은 날씨에서, 피로는 과로에서, 복통은 상한 음식이나 위궤양에서 원인을 찾는 것이다. 이런 태도는 순전히 무지함에서 비롯된 것일 수도 있지만 자신에게 어떤 불균형이나 결함이 있다는 생각을 견디지 못하는 사람들에게 특징적으로 나타나는 신경증적 경향이기도 하다. 이와 반대되는 극단에는 모든 장애를 심리적인 원인에서 비롯된 것으로 확신하는 사람들이 있다. 그런 사람에게는 정신없이 바쁜 일이 많아서 피곤해지거나 극심한 전염에 노출되어 감기에 걸릴 가능성은 전혀 안중에 없다. 어떤 외부 요인이 자신에게 영향을 미칠 수 있다는 생각을 용납할 수 없기 때문이다. 만약 어떤 장애가 닥친다면 자신이 초래한 것이며, 어떤 증상이 심리적 원인에서 비롯되었다면 제거하는 것도 자신의 힘에 달려있다고 생각한다.

두 가지 태도가 모두 강박적이라는 것은 말할 필요도 없다. 가장 건설적인 태도는 두 태도 사이의 어딘가에 있다. 우리가 진정으로 세계 정세를 우려할 수도 있다. 그러나 그러한 우려는 우리를 우울증으로 몰아넣을 것이 아니라 행동으로 이끌어야 한다. 과로나 수면 부족으로 피곤할 수 있고, 눈에 문제가 있거나 뇌종양 때문에 두통이 있을 수 있다. 타당한 의학적 이유가 있는지 철저히 검토하기 전에는 어떠한 신체적 증상도 심리적 요인의 탓으로 돌려서는 안 된다. 중요한 점은 타당한 원인을 충분히 고려하면서 감정적인 부분도 잘 살펴야 한다는 것이다. 설령 독감이라면 적절한 의학적 치료를 한 뒤에는 혹시 감염에 대한 저항력을 낮추거나 회복을 지연시키는 무의식적인 심리적 요인이 존재했는지 의심해보는 것이 도움이 될 수 있다.

일반적인 고려 사항을 염두에 둔다면 다음의 사례들로 수시 자기 분석과 관련된 문제들이 충분히 설명될 수 있으리라 믿는다.

166

존은 온화한 성품의 사업가로 5년 동안 행복한 결혼 생활을 해 왔다. 그는 광범위한 억제와 '열등감'에 시달렸고, 최근 몇 년 동안 신체에서 아무런 원인을 찾을 수 없는 간헐적인 두통을 앓았다. 그는 분석을 받지 않았지만 정신분석적인 사고방식에 꽤 익숙했다. 나중에 그는 다소 복잡한 성격의 신경증을 분석하기 위해 나에게 왔다. 스스로 분석적 사고를 경험해본 덕분에 정신분석 치료의 가치를 확신하고 있었다.

그는 뜻하지 않은 일로 자신의 두통을 분석하기 시작했다. 아내와 친구, 이 둘과 함께 뮤지컬 코미디를 보러 갔는데 공연이 진행되는 동안 두통이 발생했다. 극장에 가기 전까지는 상태가 좋았기 때문에 갑작스러운 두통은 수상한 느낌을 주었다. 처음에 그는 다소 짜증을 내면서 공연이 형편없어서 그날 저녁 시간 낭비를 하게 된 탓에 두통이 생겼다고 생각했다. 하지만 형편없는 공연 때문에 두통이 생기지 않는다는 사실을 결국 깨달았다. 돌이켜 생각해보니 공연도 그리 나쁘지 않았다. 하지만 물론 그가 선호했을 버나드 쇼 George Bernard Shaw의 연극에 비할 바는 아니었다. 그런데 이 '선호했을'이라는 말이 그의 마음에 뚜렷이 남았다. 여기서 그는 화가 불끈 치미는 것을 느꼈고 연관성을 보았다. 어떤 연극을 볼지 의논할 때 그의 의견은 받아들여지지 않았던 것이다. 대단한 의논도 아니었다. 그는 자신이 너그러운 사람이 되어야 한다고 느꼈고, 어차피 중요한 문제가 아니라고 생각했다. 하지만 그 문제는 분명 그에게 중요했다. 그는 강요당한 것에 대해 깊이 화가 나 있었다. 그러한 인식이 생기자 두통은 사라졌다. 그는 또한 이런 식으로 두통이 생긴 것이 이번이 처음이 아님을 깨달았다. 예를 들어 참석하기 싫었지만 설득당해서 간 브리지 카드놀이 모임에서도 그랬다.

그는 억압된 분노와 두통에서 이러한 연관성을 발견하고 깜짝 놀랐지만 그 이상 생각하지는 않았다. 그러나 며칠 후, 다시 머리가 깨질 듯한 두통을 느끼며 일찍 잠에서 깼다. 그는 전날 밤 그가 속한 단체의 직원회의에 참석했고, 회의가 끝난 뒤에는 함께 술을 마셨다. 처음에는 두통의 원인을 술을 너무 많이 마신 탓으로 돌렸다. 몸을 돌려 다시 잠들려고 했지만 그럴 수가 없었다. 얼굴 주위를 윙윙거리며 맴도는 파리가 그를 짜증스럽게 했다. 거의 눈치채기 어려웠던 짜증이 순식간에 격렬한 분노로 치달았다. 그때 그에게 어떤 꿈 혹은 꿈의 한 조각이 떠올랐다. 꿈에서 압지(잉크가 번지지 않게 누르는 종이) 한 장으로 빈대 두 마리를 눌렀다. 종이에는 구멍이 많았다. 구멍들은 종이 전체에 걸쳐 나 있었고 규칙적인 무늬를 이루었다는 것이 기억났다.

이것은 그가 어린 시절, 모양을 잘라내려고 접었던 얇은 종이를 생각나게 했다. 그 아름다움에 흠뻑 빠져 있었던 그는 어머니가 감탄할 것을 기대하며 종이를 내보였지만 어머니는 형식적인 관심만 기울일 뿐이었다. 또 압지는 직원회의를 떠오르게 했다. 그는 회의가 지루해서 종이에 낙서를 끄적였다. 단순히 낙서를 끄적인 것이 아니라 의장과 그의 적수를 작은 캐리커처로 그렸다. '적수'라는 말이 그에게 남았다. 의식적으로 그 사람을 적수로 생각한 적은 없기 때문이다. 결의안을 표결에 부쳐야 했을 때 그는 결의안에 막연한 불안감을 느꼈다. 그러나 반대할 명확한 이유는 보이지 않았다. 따라서 그가 제기한 이의는 적절하지 않았다. 설득력이 약했고 아무런 인상도 주지 못했다. 이제야 그는 그들이 자신을 속였다는 사실을 깨달았다. 결의안을 수락하는 것은 그가 지루한 일을 많이 맡게 된다는 뜻이었기 때문이다. 그들이 너무 영리하게 군 나머지 그런 사실이 눈에 띄지 않았다. 이 지점에서 그는 문득 빈대들의 의미를 알아차리고 웃음을 터뜨렸다. 의장과 적수는 빈대만큼이나 혐오스러운 흡혈귀들이었다. 또한 그는 이러한 착취자들을 두려워하는 만큼이나 빈대를 두려워했다. 그래도 꿈에서나마 복수를 해서인지 두통이 다시 사라졌다. 그 후 세 차례에 걸쳐 그는 두통이 시작되자마자 숨겨진 분노를 찾아보았고, 그 분노를 발견하면 두통이 없어졌다. 그리고 두통은 완전히 사라졌다.

이 경험을 검토해보면 얻은 결과에 비해서 들인 노력이 가볍다는 것에 충격을 받게 된다. 하지만 여느 곳과 마찬가지로 정신분석에서도 기적이 일어나는 일은 드물다. 증상이 쉽게 제거될 수 있는지는 전체 구조에서 증상이 어떤 기능을 하느냐에 달려 있다. 이 경우에서 두통은 두통 이상의 역할을 하지 않았다. 존이 두려워하거나 불쾌하게 여기는 일을 하지 못하도록 막거나, 다른 사람들이 그에게 피해를 주거나, 상처를 입었다는 것을 증명하는 수단으로 쓰이거나, 특별한 배려를 요구하는 근거로 쓰이거나 하는 등의 역할을 하지 않았다. 두통이나 다른 증상이 중요한 기능을 맡고 있다면,

치료는 더 깊은 곳까지 파고드는 오랜 분석 작업이 필요할 것이다. 그러면 증상들을 충족시키는 모든 욕구를 분석해야 할 것이고, 그 작업이 실질적으로 끝날 때까지 아마도 증상은 사라지지 않을 것이다. 존의 경우 두통은 그러한 역할을 맡지 않았으며 단순히 억압된 분노 때문에 긴장이 커지면서 생긴 결과일 것이다.

또 다른 사항을 고려해보면 존의 성취는 크기가 더 줄어든다. 두통을 없앤 것은 확실히 소득이었지만 내가 보기에 우리는 가시적이고 명백한 증상의 중요성을 과대평가하고, 상대적으로 잘 보이지 않는 심리적 장애의 중요성은 과소평가하려는 것 같다. 존의 경우에는 자신의 소망과 의견에서 멀어지고, 자기주장을 억제하는 심리적 장애가 나타났다. 이 장애들은 나중에 그의 삶과 발전에 매우 중요하다고 판명되지만 존의 분석을 통해서는 아무것도 바뀌지 않았다. 일어난 일이라고는 그가 치밀어 오르는 분노를 어느 정도 더 인식하게 되었고, 그의 증상이 사라졌다는 것뿐이다.

존이 우연히 분석하게 된 사건들에서는 그가 얻은 것보다 많은 통찰을 가져올 수 있었을 것이다. 따라서 뮤지컬 코미디를 관람하면서 나타난 분노에 대한 존의 분석에는 그가 손대지 못한 수많은 의문점이 있었다. 존과 아내, 둘의 관계를 진정으로 설명해주는 모습은 무엇이었을까? 존이 성격이 잘 맞는다고 자랑스러워했던 것은 오직 그가 고분고분하게 따랐기 때문이었을까? 아내는 위압적이었을까? 아니면 단지 존이 강요와 비슷한 무엇에든 과민하게 반응한 것일까? 그는 왜 화를 억눌렀을까? 애정에 대한 강박적인 욕구 때문에 그럴 수밖에 없었던 것일까? 그는 아내의 질책을 두려워했던 것일까? 그는 '사소한 일'로는 절대로 동요되지 않는 사람이라는 자아상을 유지해야만 했을까? 그는 자신의 소망을 위해 싸워야 하는 것을 두려워했을까? 마지막으로 그는 정말로 자신을 무시한 일로 다른 사람들에게만 화가 났을까? 아니면 순전히 나약함 때문에 굴복한 자신에게 무엇보다 먼저 화가 났을까?

직원회의에 뒤따른 분노의 분석도 추가적인 문제들을 열어주었을 수 있다. 왜 그는 자신의 이익이 위태로워졌을 때 더 경계하지 않았을까? 다시 한번 그는 자신의 이익을 위해 싸우기를 두려워했을까? 아니면 빈대를 짓눌러버리는 수준의 분노는 완전히 억누르는 편이 더 안전하다고 생각했을까? 또한 그가 지나치게 순종적이어서 자신을 착취당하게 만든 것일까? 아니면 실제로는 단지 합리적으로 협력해주기를 기대한 것뿐인데 이를 착취당했다고 느낀 것일까? 어머니의 감탄을 기대했던 기억에 나타난 다른 사람들에게 감동을 주고자 하는 그의 소망은 또 어떻게 된 것일까? 그가 동료들에게 깊은 인상을 주지 못한 것이 분노의 본질적인 요소였을까? 그리고 자기주장을 하지 못하고 내성적인 자신에 대해 어느 정도 화가 났을까? 이런 문제들은 어느 것도 다루어지지 않았다. 존은 다른 사람들에 대한 분노가 억눌리면서 발생한 영향을 발견하자, 그 문제를 그대로 내버려 두었다.

두 번째 사례는 내가 처음으로 자기 분석의 가능성을 고려하게 한 경험이다. 의사인 해리는 공황발작 문제로 모르핀과 코카인을 복용하다가 도저히 안 되겠어서 분석을 위해 나를 찾아왔다. 그는 또한 여러 차례의 노출 충동도 겪었다. 그가 심각한 신경증을 앓고 있다는 것은 의심의 여지가 없었다. 몇 달간의 치료 후에 그는 휴가를 떠났고, 이 기간에 스스로 불안 발작을 분석했다.

해리의 자기 분석도 존과 마찬가지로 우연히 시작되었다. 출발점은 실제 위험한 상황으로 유발된 심각한 불안 발작이었다. 해리는 여자친구와 함께 산을 오르고 있었다. 몹시 힘든 등반이었지만 앞이 잘 보이는 한 위험하지는 않았다. 그러나 눈보라가 일자 그들은 짙은 안개에 둘러싸여 위험해졌다. 그때 해리의 숨이 가빠지면서 심장이 두근거리더니 공황 상태에 빠졌고, 그는 결국 누워서 휴식을 취해야 했다. 그는 그 사건에 대해서는 생각하지 않고 막연히 발작을 피로와 위험한 상황 탓으로 돌렸다. 참고로 이 사례는 우리가 원하기만 하면 잘못된 설명에도 얼마나 쉽게 만족할 수 있는지를 보여준다. 해리는 신체적으로 강인했으며, 응급 상황에서 겁먹는 사람은 결코 아니었기 때문이다.

다음 날 그들은 가파른 암벽 사이로 난 좁은 길을 갔다. 여자친구가 앞서 나갔다. 해리는 다시 가슴이 쿵쿵 뛰기 시작하는 것을 느꼈다. 여자친구를 절벽 아래로 밀어버리고 싶다는 생각 혹은 충동에 사로잡혔다. 당연히 그는 그런 생각을 하는 자신에게 깜짝 놀랐다. 게다가 그는 그녀에게 무척 헌신적이었다. 처음에 그는 남자가 여자친구를 제거하기 위해 익사시키는 드라이저Theodore Dreiser의

『아메리카의 비극』을 떠올렸다. 해리는 전날의 발작을 떠올리며 당시 그가 느꼈던 유사한 충동을 가까스로 생각해냈다. 그것은 일시적인 충동이었고 그는 충동이 일어나는 순간 바로 그 마음을 억눌렀지만 발작 전에 짜증이 치솟았다. 그는 내몰았던 뜨거운 분노가 갑작스럽게 파도처럼 밀려든 것을 똑똑히 기억했다.

이것이 불안 발작의 의미였다. 한편으로는 갑작스러운 증오를 느끼고, 다른 한편으로는 여자친구에 대한 진정한 애정을 느끼는데 이둘 사이의 갈등에서 폭력의 충동이 나온 것이다. 그는 안도감을 느꼈고, 첫 번째 발작을 분석하고 두 번째 발작을 막은 것에 뿌듯함을 느꼈다.

이 단계를 비교했을 때 존과 달리 해리는 한 걸음 더 나아갔다. 해리는 자신이 사랑하는 여자를 향한 증오와 살인 충동을 알아채고 경각심을 느꼈기 때문이다. 그는 계속 걸으면서 왜 그녀를 죽이고 싶어 하는지 자문해보았다. 곧바로 전날 아침에 그들이 나누었던 이야기가 떠올랐다. 여자친구가 해리의 동료 한 명에 대해 사람들을 잘 다루고 파티를 멋지게 치렀다고 칭찬한 것이다. 그게 다였다. 그것이 이 정도로 큰 적개심을 불러일으켰을 리가 없었다. 하지만 그 생각을 할 때 그는 화가 치밀어 오르는 것을 느꼈다. 질투를

---

* 미국의 대표적 자연주의 작가인 시어도어 드라이저의 1925년 작품으로 실화에 기초해 자본주의와 아메리칸드림의 어두운 이면을 그렸다. 여기서 주인공 남자는 가난한 여자친구와 부잣집 딸 사이에서 고민하다가 임신한 여자친구를 익사시킬 결심으로 호수에 데려가지만 직접 실행하지는 못한다. 그러나 우연히 보트가 뒤집혀 여자친구가 물에 빠지자 구하지 않고 그대로 죽게 만든다.-옮긴이

느꼈던 것일까? 하지만 해리가 그녀를 잃을 위험은 없었다. 그렇지만 동료는 해리보다 키가 컸고 유대인이 아니었으며(해리는 이 두 가지 문제에 지나치게 예민했다), 말재주가 좋았다. 그의 생각이 이렇게 두서없이 이어지는 동안 그는 여자친구에 대한 분노를 잊고 동료와 자신을 비교하는 데 주의를 집중했다.

그때 어떤 장면이 떠올랐다. 네다섯 살이었을 무렵, 그는 나무에 오르려고 했지만 오를 수 없었다. 그의 형은 쉽게 나무에 올라갔고, 위에서 그를 놀렸다. 어머니가 그를 빼고 형만 칭찬하는 장면도 생생하게 되살아났다. 형은 항상 그보다 앞서나갔다. 어제 그를 화나게 했던 것도 이와 똑같은 것이 틀림없었다. 그는 아직도 자기 앞에서 누가 칭찬 받는 것을 참을 수 없었다. 이 통찰로 긴장이 풀린 그는 산에 쉽게 올랐고, 여자친구에게 다시 애정을 느꼈다.

첫 번째 예와 비교했을 때 두 번째 예는 더 많이 성취한 면도 있고, 더 적게 성취한 면도 있다. 존의 자기 분석은 훨씬 피상적이었지만 해리가 가지 않은 부분에서 한 단계를 더 나아갔다. 존은 한 가지 특정한 상황만을 해명한 것에 만족스러워하지 않았다. 그는 자신의 모든 두통이 억압된 분노에서 비롯되었을 가능성을 인식했다. 해리는 한 가지 상황에 대한 분석을 넘어서지 않았다. 그는 자신의 발견이 다른 불안 발작과 관련이 있는지 궁금해하지 않았다. 그런가 하면 해리가 도달한 통찰은 존의 통찰보다 훨씬 깊었다. 살인 충동을 인정한 것은 진정한 감정적 경험이었다. 해리는 자신이 가진 적대감의 이유에 대한 암시를 발견했고, 자신이 갈등에 휘말렸다는 사실을 깨달았다.

두 번째 사례에서 다루지 않은 질문은 놀라울 정도로 많다. 해리가 다른 남자를 칭찬하자 짜증이 났다는 것을 인정한다고 해도, 왜 그렇게 격한 반응이 나타난 것일까? 오직 그 칭찬에서 비롯된 적대감이라면, 왜 칭찬이 그에게 폭력을 불러일으킬 정도로 위협적일까? 지나치게 대단하고 지나치게 나약한 허영심에 사로잡혀 있을까? 만약 그렇다면, 그의 내면에 있는 결점이 무엇이었기에 그토록 은폐해야만 했을까? 형제와의 경쟁은 분명 중요한 역사적 요소였지만 설명이 되기에는 불충분했다. 갈등의 다른 면인 여자친구에 대한 그의 헌신의 본성에는 아예 손도 대지 않았다. 그는 칭찬받기 위해 그녀를 필요로 했을까? 그의 사랑에는 얼마나 많은 의존성이 포함되었을까? 그녀에 대한 적대감을 낳은 다른 원천이 있을까?

세 번째 예는 일종의 무대 공포증에 대한 분석과 관련된다. 빌은 건강하고, 강인하고, 지적이며, 성공한 변호사로 고소공포증 때문에 나를 찾아왔다. 그는 다리나 탑에서 떠밀리는 악몽을 반복해서 꾸었다. 극장 발코니석의 첫 번째 줄에 앉거나 높은 창문에서 내려다볼 때 현기증을 느꼈다. 또한 법정에 나가기 전이나 중요한 고객들을 만나기 전에는 공황 상태에 빠지기도 했다. 그는 어려운 환경에서 열심히 노력해서 얻은 좋은 지위를 유지할 수 없을까 봐 두려웠다. 이따금 자신이 허세를 부리고 있고, 조만간 그런 모습이 들통나리라는 느낌이 슬그머니 들곤 했다. 그는 자신이 동료들과 비교해도 손색없이 똑똑하다고 믿었기 때문에 이 두려움을 설명할 수 없었다. 그는 출중한 연사였고, 보통 자신의 논거로 다른 사람들을 설득할 수 있었다.

빌이 자신에 대해 솔직하게 이야기한 덕분에 우리는 몇 번의 내담에서 갈등의 윤곽을 확인할 수 있었다. 갈등의 한편에는 야망과 자기주장, 다른 사람들을 속이려는 욕망이 다른 한편에는 자신을 위해서는 아무것도 원하지 않는 쾌활하고 정직한 동료의 겉모습을 유지하려는 욕구가 있었다. 어느 쪽도 깊이 억압되지는 않았다. 그는 단지 이러한 분투의 힘과 모순된 본질을 깨닫지 못했을 뿐이다. 욕망이 또렷하게 드러나자 그는 자신이 실제로 허세를 부렸다는 것을 정확히 인식했다. 그는 자발적으로 의도치 않은 기만과 어지럼증 사이의 연관성을 도출해냈다. 그는 자신이 인생에서 높은 지위를 얻기를 갈망하지만 자신이 얼마나 야심적인지 감히 인정하려 하지 않는다는 것을 알게 되었다. 그는 다른 사람들이 이런 야심을 알아채면 등을 돌리고 자신을 밀어 넘어뜨릴까 봐 두려웠고, 따라서 돈과 위신에 큰 의미를 두지 않는 유쾌한 사람이라는 면모를 보여야 했다. 그렇지만 그는 기본적으로 정직한 사람이었기 때문에 자신의 허세를 어렴풋이나마 알고 있었고, 그것은 결국 그가 '들통나는 것'을 걱정하게 했다. 이 해명은 어지럼증을 제거하기에 충분했다. 어지럼증은 빌의 두려움을 신체적인 언어로 표현한 것이었기 때문이다.

그 후 그는 살던 곳을 떠나야 했다. 우리는 그가 공개 재판과 특정 고객들을 만나기 두려워하는 것에 대해서는 다루지 못했다. 나는 그에게 그의 '무대 공포증'이 증가하거나 감소하는 조건을 관찰해보라고 조언했다.

얼마 후 나는 이런 보고서를 받았다. 처음에 그는 자신이 맡은 사건이나 자신이 사용한 논거에 논쟁의 여지가 있을 때 두려움이 나타난다고 생각했다. 그는 자신이 완전히 틀린 것은 아니라고 분명히 느끼긴 했지만 이 방향으로의 탐색은 그리 멀리까지 이어지지 않았다. 그 후로 그는 불운을 겪었지만 두려움을 이해하려는 시도를 위해서는 나쁜 일들이 도리어 행운이었다는 것이 증명되었다. 그는 어려운 소송을 맡게 되었다. 아주 철저히 준비한 것은 아니었지만 법정에서 변론하는 것만 적당히 걱정했을 뿐이다. 판사가 크게 까다롭지 않다는 것을 알았기 때문이다. 그러다가 판사가 병이 났고, 엄격하고 고집스러운 판사가 대신 재판을 맡았다는 사실을 알게 되었다. 그는 두 번째 판사는 어쨌든 악랄하거나 교활하지는 않을 것이라는 점을 상기하며 스스로 위안 삼으려고 했지만 커지는 불안감은 줄어들지 않았다. 그때 그는 내가 해준 조언을 떠올렸고, 마음이 가는 대로 내버려 두려고 애썼다.

맨 먼저 자신이 머리부터 발끝까지 초콜릿 케이크를 바른 작은 소년의 모습을 한 이미지가 떠올랐다. 처음에는 이 모습에 당황했지만 곧 자신이 벌을 받아야 했는데도 그 모습이 너무 '귀여워서' 어머니가 웃음을 터뜨리는 바람에 그냥 넘어갈 수 있었던 것이 생각났다. '잘 빠져나가기'라는 주제는 계속 이어졌다. 그가 학교에서 제대로 준비가 되지 않았는데 잘 빠져나갔던 시절의 몇 가지 기억이 떠올랐다. 그러다가 그가 싫어했던 역사 선생님이 생각났다. 아직도 증오가 느껴졌다. 수업에서는 프랑스 혁명에 대한 주제로 글을 써야 했는데 선생님은 과제를 돌려주면서 그가 쓴 글이 고상한 문구로 가득 차 있지만 탄탄한 지식은 없다고 비판했다. 선생님이 그런 문구 하나를 인용했고, 다른 아이들은 큰 소리로 웃었다. 빌은 심한 굴욕을 느꼈다. 영어 선생님은 항상 그의 문체에 감탄했지만 역사 선생님에게는 그의 매력이 통하지 않는 듯했다. '그의 매력이 통하지 않는'이라는 표현이 그를 깜짝 놀라게 했다. 그는 '그의 문체가 통하지 않는'이라는 뜻을 생각했기 때문이다. '매력'이라는 단어가 자신의 본심을 표현해주었기 때문에 재미있어 할 수밖에 없었다. 아니나 다를까, 판사는 그의 매력이나 언어 능력이 통하지 않는 역사 선생님 같았다. 그게 전부였다. 그는 철저히 준비하는 대신 '잘 빠져나가기'라는 말로 자신의 매력과 재능에 의지하는 데 익숙했다. 그 결과 이 도구가 효과적이지 못할 상황을 상상할 때마다 패닉 상태에 빠진 것이다.

빌은 그의 신경증적인 경향에 깊이 얽매여 있지 않았던 덕분에 통찰의 실질적인 결과를 끌어낼 수 있었다. 시간을 들여 소송을 더 꼼꼼하게 준비하는 것이 바로 결과였다.

빌은 한 걸음 더 나아갔다. 그는 자신이 친구나 여성과 교제할 때도 매력을 많이 이용했다는 사실을 깨달았다. 간단히 말하면 그는 그들이 자신의 매력에 사로잡혀야 한다고 느꼈고, 어떤 관계에서도 마음을 다하지 않았다는 사실을 간과했다. 그는 또 다른 허세의 발견을 깨달음으로써 이 발견을 우리의 논의에 연관 지었다. 그리고 '정직하게 살아야 한다'는 깨달음으로 마무리 지었다.

겉보기로는 어쨌든 빌은 상당히 정직하게 살 수 있었다. 6년 전에 일어난 사건 이후로는 그의 두려움이 사실상 사라졌기 때문이다. 이 결과는 존이 두통을 극복했을 때 얻은 결과와 비슷해 보이지만 다르게 평가되어야 한다. 두통은 앞서 지적했듯이 주변적인 증상이었다. 그렇게 정의될 수 있는 이유는 두 가지다. 첫째로 두통은 자주 일어나지 않았고, 증상이 심각하지 않기 때문에 본질적으로 그의 삶을 방해하지 않았다. 둘째로 두통은 어떠한 부차적인 역할도 맡지 않았다. 존의 진짜 장애는 다음 분석에서 드러났듯이 다른 방향으로 전개되었다. 반면 빌의 두려움은 갈등의 결정적인 결과였다. 두려움이 그에게 장애를 주지는 않았지만 삶의 중요한 영역에서 활동을 방해했다. 존의 두통은 성격에 어떤 변화도 일으키지 않고 사라졌다. 유일한 변화라면 분노에 대한 자각이 조금 더 커졌다는 것이다. 빌의 두려움은 그가 자신의 성격에 존재하는 특정한 모순적인 경향들에서 근원을 인식했기 때문에, 더 중요하게는 그가 이러한 경향을 바꿀 수 있었기 때문에 사라졌다.

여기서도 존의 경우와 마찬가지로 들인 노력보다 결과가 더 큰 것처럼 보인다. 그러나 다시 한번 자세히 살펴보면 격차는 그리 크지 않다. 빌이 비교적 간단한 작업을 통해 장기적으로는 그의 경력을 위태롭게 할 만큼 심각한 장애를 없앴을 뿐만 아니라 자신에 대한 몇 가지 중요한 요소들도 인지할 수 있었던 것은 사실이다. 빌은 그가 다른 사람들과 자신에게 다소 기만적인 태도를 보였고, 스스로 인정한 것보다 훨씬 더 야심적이었으며, 건실한 노력보다는 재치와 매력을 통해 야심 찬 목표를 달성하는 경향이 있음을 확인했다. 그러나 성공을 평가할 때 빌은 존과 해리와는 달리 기본적으로 가벼운 신경증적 경향만을 가진, 정신적으로 건강한 사람이었다는 점을 잊어서는 안 된다. 그의 야망과 '잘 빠져나가려는' 욕구는 깊이 억압되지 않았고 강박적인 성격을 지니지 않았다. 그의 성격은 매우 조직적이어서 그것을 알아보자마자 상당한 정도로 수정할 수 있었다. 과학적으로 이해하려는 노력을 잠시 멈추고 빌의 곤경을 보면, 우리는 빌을 그저 삶을 너무 쉽게 살려고 애쓰다가, 그의 방식이 통하지 않는다는 것을 깨닫고 나서 더 잘 살아갈 수 있었던 사람으로 생각할 수 있다.

빌의 통찰은 몇몇 심한 두려움을 없애기에 충분했다. 하지만 이렇게 가장 성공적인 지름길 위에 있으면서도 많은 질문이 다루어지지 않았다. 다리에서 떠밀리는 악몽의 의미는 정확히 무엇일까? 빌은 꼭 혼자서 정상에 서야 했을까? 그는 어떤 경쟁도 용납할 수 없어서 다른 사람들을 밀치고 싶었던 것일까? 그래서 다른 사람들이 자신에게 똑같이 할까 봐 두려웠을까? 고소공포증은 단지 그가 얻은 지위를 잃는 것에 대한 두려움이었을까? 아니면 이런 종류의 공포증에서 대개 그렇듯이 스스로 세워 놓은 우월감의 높이에서 떨어지는 것에 대한 두려움이었을까? 게다가 그는 왜 자기 능력과 야망에 걸맞은 노력을 하지 않았을까? 이러한 게으름은 단지 그의 야망에 대한 억압에서 비롯된 것일까? 아니면 노력은 평범한 사람들만 하는 것이라 느껴, 그가 적절한 노력을 한다면 자신의 우월함을 훼손하는 것으로 여기기 때문일까? 다른 사람들과의 관계에서는 왜 그렇게 마음을 다하지 않았을까? 너무 자기 자신에게 몰두하고 있었거나, 아니면 다른 사람들을 너무 업신여긴 나머지 저절로 생기는 감정을 경험할 수 없었을까?

치료 관점에서 그러한 보충 질문을 모두 추구할 필요가 있을지 판단하는 건 또 다른 문제다. 빌의 경우에는 약간의 분석으로도 눈에 보이는 두려움을 제거하는 것을 넘어서는 광범위한 결과를 얻었을 가능성이 있다. 거기에서 선순환이라 할 만한 무언가가 시작되었을 수도 있다. 빌은 자신의 야망을 인정하고 더 많이 노력함으로써 실제로 야망을 이룰 수 있는 더 현실적이고 탄탄한 기반을 마련할 것이다. 그렇게 하여 안정감은 커지고, 취약성은 줄어들며, 허세의 필요성도 덜 느끼게 될 것이다. 겉치레를 포기하면 그는 제약을 덜 느끼고, 들통날까 봐 두려워하는 마음도 줄어들 것이다. 이 모든 요소가 다른 사람들과의 관계를 상당히 깊어지게 할 수 있고, 이렇게 개선된다면 그에게 안정감을 더해줄 것이다. 이러한 선순환은 설령 분석이 완벽하지 않았더라도 가동되었을 수 있다. 만약 분석이 다루어지지 않은 부분의 함축적 의미를 모두 찾아냈다면 거의 틀림없이 이런 효과가 있었을 것이다.

마지막 예는 진짜 신경증과는 거리가 멀고, 주로 실제 상황에서 현실적인 어려움으로 발생한 장애에 대한 분석과 관련된다. 톰은 훌륭한 임상의 밑에서 보조 역할을 했다. 톰은 자신이 맡은 일에 관심이 깊었고, 상사의 총애를 받았다. 둘은 진정한 우정을 키웠고, 종종 점심을 함께 먹었다. 한번은 같이 점심을 먹은 뒤에 톰이 가벼운 배탈을 앓았다. 그는 음식 탓으로 생각하고 더는 신경 쓰지 않았다. 그다음으로 점심 식사를 함께하고 난 뒤 톰은 구역질이 나고 어지러움을 느꼈다. 첫 번째보다 훨씬 더 심한 증상이었다. 위를 검사해도 병적인 원인은 발견되지 않았다. 그리고 세 번째로 다시 일어난 장애는 고통스러울 정도로 냄새에 민감해지는 것이었다. 세 번째 오찬이 끝난 뒤에야 그는 임상의와 식사할 때만 장애가 발생했다는 사실을 깨달았다.

사실 그는 상사에게 강요 받는 기분이 들었고, 가끔은 무슨 이야기를 해야 할지 모르겠다는 기분이 들기도 했다. 그는 이유를 알고 있었다. 톰이 하던 연구는 상사가 확신하는 것과 반대 방향으로 흘러가고 있었다. 최근 몇 주 동안 그는 자신의 발견을 더 강하게 확신하게 되었고, 상사와 이야기하고 싶었지만 어쩌다 보니 그럴 틈이 없었다. 자신이 미루고 있다는 것을 알았다. 나이 많은 임상의는 과학적인 문제에 꽤 완고하고, 의견의 차이를 좀처럼 참지 못한다는 것을 떠올렸다. 톰은 잘 이야기하면 다 해결될 것이라고 스스로 타이르면서 걱정거리를 밀어두었다. 그는 만약 배탈이 두려움과 관련되어 있다면, 자신의 두려움이 스스로 인정한 것보다 훨씬 더 클 것이라고 추론했다.

톰은 그렇게 배탈과 두려움이 관련되었다는 것을 알아챘고, 그에 대한 두 가지 증거도 가지고 있었다. 하나는 그가 이런 생각을 하다가 점심 식사 후에 느꼈던 것처럼 갑자기 몸이 안 좋아지기 시작했다는 것이고, 다른 하나는 그가 반응을 일으킨 원인을 갑자기 깨달았다는 것이다. 배탈이 처음 시작된 점심시간에 임상의는 톰의 전임자로 일하던 사람들의 배은망덕함에 대해 경멸적인 발언을 했다. 임상의는 자신에게 많은 것을 배우고 떠난 뒤에 과학적 문제에 대해서도 연락조차 하지 않는 이 젊은 연구원들에 대해 분노를 표했다. 당시에 톰은 임상의에 대한 동정만을 의식적으로 느꼈다. 임상의가 실제로 용납할 수 없는 것은 전임자가 독자적인 길을 갔다는 사실이라는 걸 알면서도 그것을 억눌렀다.

그래서 톰은 자신이 존재하는 위험에 눈감았다는 것을 알게 되었고, 또한 자신의 두려움의 정도를 인식하게 되었다. 그의 연구는 상사와의 좋은 관계에 현실적인 위험을 초래했고, 그 결과 경력까지 위태롭게 만들 수도 있었다. 상사가 그에게 등을 돌릴지도 모른다는 생각에 얼마간 공황 상태에 빠지는 것 같았고, 자신의 발견을 다시 한번 확인하는 것이 더 나을지, 아니면 잊어버리는 것이 더 나을지 궁리했다. 아주 잠깐 생각했지만 자신의 과학적 정직성과 경력이라는 요구 사이의 긴박한 갈등이라는 것을 단번에 알 수 있었다. 그는 두려움을 억누르고 위험에 처하면 눈을 감고 머리를 숨기는 타조 전략을 추구했다. 결정을 내려야 하는 상황을 피하는 목적의 전략이었다. 이런 통찰을 얻자 그는 자유로워지면서 안도감을 느꼈다. 그는 그것이 어려운 결정임을 알았지만 자신의 확신에 더 이로운 결정이 되리라는 것은 의심하지 않았다.

나는 이 이야기를 자기 분석의 예가 아니라 때때로 자신에게 솔직하지 않으려는 유혹이 얼마나 대단한지를 보여주는 예로 들게 되었다. 톰은 내 친구였고, 보기 드물게 균형이 잘 잡힌 사람이었다. 설령 그에게 두려움을 부인하려는 욕구와 같은 신경증적 경향이 숨어 있다고 해도, 그 경향이 그를 신경증 환자로 만들지는 않았다. 이와 반대로 그가 무의식적으로 결정을 회피했다는 사실이 더 깊은 신경증적 장애의 표현이라고 할 수도 있다. 하지만 건강한 사람과 신경증을 앓는 사람을 나누는 뚜렷한 경계선은 없다. 따라서 그 문제는 어디를 강조할지에 따라 달라지는 영역으로 남겨두고, 현실에서 톰을 건강한 사람으로 생각하는 것이 더 바람직해 보인다. 그러면 이 에피소드는 상황적 신경증, 즉 주로 특정한 상황의 어려움으로 발생하며 갈등을 의식적으로 직면하고 해결하지 않는 한 지속되는 신경증적 동요를 나타낼 수 있다.

지금까지 다룬 각 사례에서는 결과와 함께 그에 대한 비판적인 평가도 제시하였다. 그렇지만 사례들을 뭉뚱그려서 고려하면 수시 자기 분석의 잠재력에 대해 지나치게 낙관적인 인상을 줄 수도 있다. 그래서 통찰은 쉽게 얻어걸리고 소중한 무언가를 쉽게 알아볼 수 있는 것처럼 보일 수도 있다. 어느 정도는 성공이라 할 수 있는 네 개의 시도가 보다 적절한 그림을 전달하기 위해서는 정신적 장애의 의미를 파악하기까지 스무 번 이상 실패하고 검토하여 보완

되어야 한다. 신경증에 얽매여 무력감을 느끼는 사람은 기적에 대한 희망을 버리지 않는 경향이 있으므로 이렇게 신중하게 제한되어야 하는 것임을 분명하게 밝힐 필요가 있다. 심각한 신경증이나 신경증의 본질적인 영역은 수시 자기 분석으로는 치료할 수 없음을 분명히 이해해야 한다. 신경증적 성격은 게슈탈트 심리학자Gestalt Psychology들의 표현을 빌리자면, 장애 요인들의 단편적인 복합체가 아니라 각 부분이 서로 복잡하게 연관된 구조를 가진 것이기 때문이다. 수시 자기 분석을 통해 여기저기서 독립적인 연결고리를 파악하고, 두드러진 반응과 아주 가깝게 관련된 요소들을 이해하여, 주변적 증상을 제거하는 것은 가능하다. 그러나 본질적인 변화를 가져오려면 전체 구조를 분석해야 하고, 이를 위해서는 보다 체계적인 작업이 필요하다.

따라서 수시 분석은 본성상 포괄적인 자기 인식에는 거의 도움이 되지 않는다. 처음 세 가지 예에서 보듯이 통찰에 대한 추가적인 분석이 뒤따르지 않기 때문이다. 실제로 밝혀진 각각의 문제는 자연스럽게 새로운 문제를 내놓는다. 스스로 모습을 드러내는 이러한 단서를 파악하지 못하면 통찰은 고립된 채 남을 수밖에 없다.

치료 방법으로써 수시 자기 분석은 상황적 신경증에 매우 적합하다. 또한 가벼운 신경증에서도 매우 만족스러운 결과를 얻을 수 있다. 그러나 더 복잡한 신경증에서 수시 자기 분석은 무모한 모험에 지나지 않는다. 기껏해야 여기저기서 긴장을 해소해주거나 이런저런 불안의 의미를 무작위로 밝혀주는 것 이상의 기능을 할 수 없다.

# 7장

# 체계적인 자기 분석: 예비단계

## 계획적으로 나를 분석하는 방법

체계적인 자기 분석은 표면상으로는 단순히 더 빈번한 분석 작업이 필요하다는 점에서 수시 자기 분석과 구분될 수 있다. 체계적 자기 분석 역시 제거하고자 하는 특정한 어려움에서 출발한다. 하지만 수시 자기 분석과는 달리 하나의 개별적인 해결책에 만족하지 않고, 과정을 여러 차례 반복한다. 이렇게 설명하면 형식적으로는 옳지만 본질적인 차이는 놓치는 것이다. 정해진 조건이 충족되지 않는다면, 아무리 반복적으로 자기 분석을 수행한다고 해도 여전히 수시 자기 분석에 그치게 되기 때문이다.

분석을 더 자주 한다는 점은 체계적인 자기 분석에서 두드러지는 하나의 요소일 뿐이다. 더 중요한 것은 '연속성'이라는 특성이다. 즉 문제에 대한 후속 작업을 계속한다는 것이다. 수시 자기 분석에 이 부분이 빠져 있다는 점은 앞장에서 강조했다. 그러나 체계적인 자기 분석은 스스로 모습을 드러내는 단서를 그저 성실하게 찾아와서 정교하게 다듬는 것을 넘어서는 작업을 요구한다. 앞서 인용된 사례에서 사람들이 자신이 얻은 결과에 만족한 이유가 결코 수박 겉핥기식이거나 태만하기 때문이 아니다. 쉽게 닿을 수 있는 통찰 너머로 나아간다는 것은 필연적으로 '저항'에 부딪히고, 온갖 고통스러운 불확실성과 상처에 자신을 노출하며, 이렇게 반대하는 힘들고 고된 싸움을 시작하는 것을 의미한다. 그리고 이것은 수시 자기 분석과는 다른 마음가짐을 필요로 한다. 수시 자기 분석을 진행하는 동기는 어떤 두드러지는 장애의 압박과 그것을 해결하려는 소망이다. 체계적 자기 분석 역시 비슷한 압박 속에서 출발한다. 그러나 궁극적인 원동력은 자신과 맞붙겠다는 단호한 의지, 성장하고자 하는 소망과 이를 가로막는 것은 무엇이든 남김없이 손보겠다는 바람이다. 그것은 자신을 향해 무자비할 정도로 정직해지겠다는 다짐이다. 오직 정직의 정신이 지배하는 범위에서만 자신을 찾는 데 성공할 수 있다.

물론 정직해지려는 의지와 그렇게 될 수 있는 능력 사이에는 차이가 있다. 몇 번을 되풀이하더라도 완벽한 정직에 이르지 못할 것이다. 그러나 항상 스스로를 진솔하게 대한다면 분석이 필요하지 않으리라는 사실에서 약간의 위안을 얻을 수 있다. 게다가 한결같이 계속한다면, 정직해질 수 있는 능력은 점차 증가할 것이다. 각 장애물을 극복하면 자신 내면에 영토를 얻는 것과 같다. 더 큰 내면의 힘이 생겨 다음 장애물에 접근하도록 도와준다.

아무리 성실한 사람이라도 자신을 분석할 때는 어떻게 시작해야 할지 막막한 마음에, 일종의 인위적인 열정을 가지고 분석에 착수할 수도 있다. 예를 들어 지금부터 자신의 모든 꿈을 분석하겠다고 결심할 수도 있다. 프로이트에 따르면 꿈은 무의식에 닿는 가장 쉬운 방법이다. 여전히 변치 않는 사실이다. 그러나 주변의 모든 영토에 대한 지식을 완전하게 습득하지 못했다면 불행하게도 쉽게 잃어버리는 길이기도 하다. 자신의 내면에서 작용하는 요소들을 어느 정도도 이해하지 못한 채 꿈의 순간을 해석하려고 시도하는 것은 되든 안 되든 무계획적으로 하는 놀이에 가깝다. 그렇게 되면 설령 꿈 자체가 분명해 보이더라도 그 해석은 지능적인 어림짐작으로 전락할 수 있다.

단순한 꿈이라도 여러 가지 해석이 가능하다. 예를 들어 남편이 아내가 죽는 꿈을 꾼다면 꿈은 깊은 무의식의 적개심을 나타낼 수 있다. 다른 한편으로는 남편이 아내와 헤어지기를 원한다는 것을 의미할 수도 있다. 남편은 아내와 헤어질 수 없다고 느끼기 때문에 유일한 해결책으로 그녀의 죽음이 나타나는 것이다. 이 경우에 꿈은 증오의 표현이 아니다. 혹은 억압되어 있다가 꿈에서 일시적으로 표현된 분노가 일으킨 죽음의 소망일 수도 있다. 세 가지 해석을 통해 각각 다른 문제들이 열린다. 첫 번째 해석의 문제는 증오와 그 증오를 억압한 이유일 것이다. 두 번째 해석의 문제는 남편이 더 적절한 해결책을 찾지 못하는 이유일 것이다. 세 번째 해석의 문제는 도발이 이루어지는 현실의 상황일 것이다.

또 다른 예는 클레어가 친구 피터에 대한 의존을 해소하기 위해 노력했던 시기의 꿈이다. 그녀는 다른 남자가 자신에게 팔을 두르며 사랑한다고 말하는 꿈을 꾸었다. 그녀에게 그는 매력적으로 보였고, 그녀는 행복한 기분이 들었다. 피터는 방 안에서 창밖을 내다보고 있었다. 꿈은 클레어가 피터에게 돌아서서 다른 남자에게로 가는 것을 곧장 암시하는, 상반된 감정의 표현일 수도 있다. 아니면 피터가 이 남자처럼 감정을 보여주기를 바라는 마음을 표현했을 수도 있다. 또는 다른 애착에 의지하면 그녀의 병적인 의존성 문제가 해결될 것이란 믿음을 나타낼 수 있다. 이 경우에 꿈은 문제의 진정한 해결책을 회피하려는 시도가 될 것이다. 아니면 피터와 함께 남는 결정에 대한 선택권을 갖고 싶다는 소망일 수도 있다. 실제로 클레어는 피터에 대한 의존 때문에 선택할 기회를 얻지 못했다.

어느 정도 이해에 진전이 있는 상태라면, 꿈이 가정을 확인해줄 수도 있다. 꿈은 지식의 공백을 메울 수도 있고, 예기치 못한 새로운 단서를 열어 줄 수도 있다. 그러나 저항 때문에 그림이 흐려진다면 꿈은 문제를 명확히 밝혀주지 못할 것이다. 그런가 하면 인식되지 않은 태도와 꿈이 너무 복잡하게 얽혀 있어서 해석이 거의 불가능하고 혼란만 가중할 수도 있다.

하지만 이러한 경고 때문에 누구든 자신의 꿈을 분석하려는 시도를 단념해서는 안 된다. 예를 들어 존의 빈대 꿈은 그가 자신의 감정을 이해하는 데 확실한 도움이 되었다. 일방적으로 꿈에만 집중하고 똑같이 가치 있는 다른 관찰을 배제해서는 안 된다. 그것은 피해야 할 함정이다. 이와는 반대로 꿈을 배제하는 것에 대한 경고도 마찬가지로 무시해서는 안 된다. 우리에게는 꿈을 진지하게 받아들이지 않아야 하는 이유가 강력하게 작용할 때도 있다. 또 꿈에 나타난 너무 터무니없거나 과장된 표현이 꿈이 전하는 메시지를 외면하는 데 일조하기도 한다. 실제로 클레어의 자기 분석과 관련하여 다음 장에서 가장 먼저 소개될 꿈은 그녀와 연인과의 관계에서 발생한 심각한 혼란에 대해 충분히 뚜렷한 언어로 말하고 있었지만 그녀는 이를 가볍게 여겼다. 그녀에게는 함축된 의미를 따라 흔들리지 않을 확고한 이유가 있었기 때문이다. 이는 특별히 예외적인 상황이 아니다.

꿈은 중요한 정보의 원천이긴 하지만 여러 원천 중 하나일 뿐이다. 예시로 다루는 경우가 아니면 꿈의 해석에 대해서는 다시 논의하지 않을 것이다. 조금 돌아가더라도 여기에서 유념해두면 좋은 두 가지 원칙을 짚고 넘어가야겠다. 첫 번째 원칙, 꿈은 감정이나 의견에 대한 사실적이고 정적인 그림을 주는 것이 아니라 주로 경향을 표현한다는 것이다. 꿈이 깨어 있을 때보다 더 분명하게 우리의 진실한 감정을 보여줄 수 있는 것은 사실이다. 다른 부분에서 억압된 사랑, 증오, 의심 또는 슬픔을 꿈에서는 제약 없이 느낄 수 있다. 그러나 프로이트가 말했듯 꿈의 더 중요한 특징은 희망적인 사고에 의해 지배된다는 점이다. 그렇다고 해서 꿈이 반드시 의식적인 소망을 나타내거나 우리가 바람직하다고 생각하는 것을 직접적으로 상징한다는 뜻은 아니다. '희망적인 사고'는 명확한 내용을 제시하기보다 의도일 가능성이 크다. 즉 꿈은 우리의 노력과 욕구에 목소리를 내주고, 우리를 괴롭히는 그 순간의 갈등을 해결하려는 시도를 표현하곤 한다. 꿈은 사실의 진술이기보다는 감정적인 힘의 작용이 나타난 것이다. 모순되는 관계를 만드는 강력한 노력 두 가지가 충돌하면 '불안한 꿈'anxiety dream을 꿀 수도 있다.

　의식적으로 좋아하거나 존경하는 사람이 꿈에서는 반항적이거나 우스꽝스러운 존재로 나온다면, 꿈이 그 사람에 대한 우리의 숨겨진 의견을 드러낸다고 속단하기보다는 그 사람을 꺾으려는 우리의 욕구가 무엇인지 찾아야 한다. 어떤 환자가 꿈에서 자신을 수리하지 못할 폐허가 된 집으로 나타낸다면 분명 절망의 표현일 수도 있지만 그보다 이런 식으로 자신을 표현하여 그가 어떤 이익을 얻으려는지의 문제가 더 중요하다. 이러한 패배주의적 태도가 최악은 아니기에 괜찮다고 생각하는 것일까? 자신을 위해 더 일찍 무언가를 해야 했는데 지금은 너무 늦었다는 감정을 드러내는 앙심 섞인 비난의 표현일까?

　두 번째 원칙, 꿈은 그런 꿈을 꾸도록 만든 현실의 자극과 연결 짓기 전까지는 이해되지 않는다는 것이다. 가령 꿈에서 일반적인 경멸의 감정이나 보복하려는 충동을 인식하는 것만으로는 충분하지 않다. 꿈은 자극에 대한 반응이므로 그 반응을 일으킨 자극에 대해서 항상 의문을 가져야 한다. 만약 이 연관성을 찾을 수 있다면 우리에게 위협이나 모욕을 나타내는 경험의 정확한 유형과 그것이 불러오는 무의식적인 반응에 대해 많은 것을 배울 수 있다.

　자기 분석을 수행하는 또 다른 방법은 꿈에 일방적으로 집중하는 것보다는 덜 인위적이기는 하지만 말하자면 너무 건방지다. 자신을 정면으로 마주하게 만드는 동기는 대개 반복되는 우울증, 만성 피로, 기능이 저하된 만성 변비, 일반적인 수줍음, 불면증, 억제되어 평생을 과업에 집중력을 발휘하지 못하는 등 특정한 장애로 행복이나 효율성이 저해되고 있다는 인식에서 비롯된다. 그리고 이를 인식한 사람은 그런 장애에 정면 공격을 시도하고 기습 공격에 나설 가능성이 크다. 즉 성격 구조에 대해 아무것도 알지 못한 채 먼저 자신을 곤경에 빠뜨린 무의식적인 결정요인에 접근하려고 할 수 있다. 그리고 기껏해야 마음속에 몇 가지 합리적인 질문이 떠오르는 결과를 얻는 것이다. 예를 들어 일에 대한 억제로 집중력을 발휘하지 못하는 사람은 야심이 너무 큰 것은 아닌지, 하는 일에 정말 관심이 있는지, 혹시 일을 의무로 여기고 은근히 반항하는 것은 아닌지 자문해 볼 수 있다. 그는 이내 꼼짝 못 하게 될 것이고, 분석은 전혀 도움이 되지 않는다는 결론을 내릴 것이다. 여기서 오류는 그 사람으로 인해 생기는 것이지 정신분석을 탓할 수는 없다.

기습 공격은 심리적인 문제에 접근하는데 결코 좋은 방법이 아니며, 전혀 준비되지 않은 기습 공격은 어떤 목적을 위해서도 좋지 않다. 공격할 영토에 대한 사전 정찰을 무시한 채 행해지는 공격과 같다. 이런 일이 벌어지는 이유 중 하나는 심리적인 문제에 대한 무지가 여전히 너무 크고 너무 널리 퍼져 있기 때문이다. 이로 인해 누구나 그런 막다른 지름길로 가려고 시도할 수 있다.

여기 노력과 두려움, 방어, 착각이 무한히 복잡하게 교차하는 흐름을 가진 사람이 있다. 이 사람이 일에 집중하지 못하는 것은 이 모든 요소가 이룬 최종 결과다. 그리고 그는 간단하게 전등을 끄는 일처럼 직접 행동함으로써 그것을 근절시킬 수 있다고 믿는다. 이러한 기대는 어느 정도 희망적 예측에 기반을 두고 있다. 그는 자신을 방해하는 장애를 빨리 제거하고 싶어 한다. 그리고 두드러지는 장애를 제외하면 모든 것이 괜찮을 거라 생각하고 싶어 한다. 명백히 드러난 이 어려움이 기본적으로 자신과 타인의 관계에 문제가 있음을 보여주는 징후에 불과하다는 사실을 직면하고 싶어 하지 않는다.

그에게 장애를 제거하는 일은 분명 중요하다. 그러므로 장애에 무관심한 척하며 인위적으로, 생각에서 배제시켜서는 안 된다. 결국에는 탐구해야 할 영역으로 마음속에 간직해야 한다. 자기 자신을 잘 알아야 장애의 본질을 구체적으로 깨달을 수 있다. 그가 이렇게 지식을 쌓아나가는 동안 자신이 발견한 것이 속에 어떤 뜻을 포함하고 있는지 주의를 기울인다면 장애에 관련된 요소들을 차츰차츰 모아서 짜 맞추게 될 것이다.

그러나 장애가 동요하는 걸 관찰하면서 많은 것을 배울 수 있기 때문에 직접 연구할 수도 있다. 어떤 만성적인 장애든 늘 똑같은 정도로 강력하게 나타나지는 않는다. 장애의 지배력은 강화되거나 줄어든다. 처음에는 어떤 원인에 의해 강화되고 줄어드는지 조건을 알 수 없을 것이다. 심지어 근본적인 원인은 없다고 확신하고 그러한 동요가 애초부터 그 장애의 '본성'이라고 믿을 수도 있다. 대체로 이러한 믿음은 맞지 않는다. 주의 깊게 관찰한다면 상황을 더 좋게 혹은 더 나쁘게 만드는 데 일조하는 요인을 드문드문 알아볼 것이다. 일단 동요를 일으키는 요인의 특성을 눈치채게 되면 추가적인 관찰에서 알아보는 능력이 향상될 것이고 그에 따라 관련된 상황들이 점진적으로 나타나서 전체적인 그림을 얻게 될 것이다.

이러한 사항들을 고려하여 얻은 결과는 자신을 분석하려면 두드러지는 부분만을 조사해서는 안 된다는 지극히 평범한 진리를 말해준다. 당신은 자신과 아는 사이일 수도, 낯선 사이일 수도 있다. 당신은 지인이거나 이방인이라 느끼는 자신과 친해질 모든 기회를 잡아야 한다. 이것은 비유적인 표현이 아니다. 사람들은 대부분 자신에 대해 아는 것이 거의 없고, 어느 정도까지 무지하게 살아왔는지를 서서히 알게 되기 때문이다. 뉴욕을 알고 싶다면 엠파이어 스테이트 빌딩에서 보는 것만으로는 안 된다. 로어 이스트 사이드 Lower East Side로 가서 센트럴 파크를 거닐고, 배를 타고 맨해튼을 돌며, 5번가에서 버스를 타고, 또 훨씬 더 많은 것들을 해봐야 한다. 당신 자신과 친해질 기회는 자연스럽게 주어질 것이고 당신의 삶을 사는 '이 묘한 녀석'이 정말로 궁금하다면 기회를 알아볼 수 있을 것이다.

그러면 당신은 여기서는 뚜렷한 이유 없이 짜증을 내고, 저기서는 결정을 내리지 못하고, 여기서 본의 아니게 공격적이었고, 여기서 이해할 수 없는 이유로 식욕을 잃었다가, 저기서는 폭식을 했고, 여기서 편지에 답장할 수 없었고, 저기서 혼자 있다가 갑자기 주변 소음이 두려워졌고, 여기서 악몽을 꾸고, 저기서 상처받거나 굴욕감을 느꼈고, 여기서 급여 인상을 요구하거나 비판적인 의견을 말할 수 없었던 것을 보고 깜짝 놀라게 될 것이다. 모든 무수한 관찰은 바로 당신 자신이라는 낯선 땅으로 들어가는 수많은 입구를 나타낸다. 당신은 궁금해지기 시작한다. 여기서부터 모든 지혜가 시작된다. 그리고 자유 연상을 활용하여 이러한 감정적 혼란의 의미를 이해하려고 노력하게 될 것이다.

원재료는 관찰, 그리고 관찰이 불러일으키는 연상과 질문이다. 그러나 모든 분석이 그렇듯이 원재료를 처리하는 데는 시간이 걸린다. 전문적인 분석에서 정해진 시간은 매일 또는 이틀에 한 번씩으로 구분된다. 이런 방식은 대충대충하는 것처럼 보이지만 고유한 가치가 있다. 가벼운 신경증적 경향이 있는 환자들은 곤경에 처해 있고 어려움에 대해 말하고 싶을 때만 분석가를 만나도 괜찮다. 하지만 심각한 신경증에 시달리는 환자에게 정말로 원할 때만 오라고 조언한다면, 그는 아마도 분석을 계속하지 않을 강력한 주관적 이유, 즉 '저항'이 생길 때마다 상담을 거를 것이다. 이것은 환자가 실제로 가장 많은 도움이 필요하고, 가장 건설적인 일을 할 수 있을 때 분석을 멀리하리라는 것을 의미한다. 정기적인 분석이 중요한 또 다른 이유는 모든 체계적인 작업의 핵심인 '연속성'이 어느 정도 유지될 필요가 있기 때문이다.

물론 정기적인 분석이 필요한 두 가지 이유인 '저항의 까다로움'과 '연속성을 유지해야 하는 필요성'은 자기 분석에도 모두 적용된다. 하지만 자기 분석에서 규칙적인 시간을 준수하는 것이 목적에 도움이 될지는 의심스럽다. 전문적인 분석과 자기 분석의 차이를 축소해서는 안 된다. 누구나 자신과 한 약속을 지키기보다 분석가와의 약속을 지키는 편이 훨씬 쉽다고 생각한다. 분석가와 약속한 사람은 약속을 '지키는' 데 더 큰 관심을 두고 있다. 무례한 사람이 되고 싶지 않고, '저항' 때문에 분석을 멀리했다는 비난을 듣고 싶지 않기 때문이다. 그는 그 시간을 통해 얻을 수 있는 가치를 잃고 싶지 않고, 이용하지도 않았는데 시간을 예약했다는 이유로 비용을 지불하고 싶지 않다. 자기 분석을 할 때는 이러한 압박이 없다. 표면상으로든 실질적으로든 미루는 것이 허용되지 않는 수많은 일이 따로 정해둔 자기 분석 시간을 방해할 것이다.

정기적으로 자기 분석 시간을 정해두는 것은 내적인 이유 때문에도 실현 불가능하다. 이는 저항의 문제와는 사뭇 거리가 멀다. 어떤 사람은 저녁 식사가 시작되기 삼십 분 전에 남는 시간 동안 자기에 관해 생각하고 싶을 수 있다. 출근 전에 자기 분석을 하기로 정해두었다면 그 시간에는 또 귀찮은 일로 느껴져서 하기 싫을 수도 있다. 낮에는 시간을 낼 수 없지만 밤에 산책하거나 잠들기 전에 가장 도움이 되는 연상들이 떠오를 수도 있다.

그렇다고 해서 분석가와의 정기적인 약속에 장점만 있는 것은 아니다. 환자는 분석가와 대화하고 싶은 특별한 충동을 느끼거나 의지가 생기는 때에 맞춰 매번 분석가를 만날 수 없고, 자신을 표현하려는 열의가 사그라들었더라도 정해진 시간이 되면 분석가의 사무실에 나타나야 한다. 반대로 자기 분석에는 외부 여건상 제거되기 어려운 사항이 존재하지 않아서 적용할 필요가 없다.

자기 분석에 엄격한 규칙성을 적용하는 것을 반대하는 또 다른 이유는 이 과정이 '의무'가 되어서는 안 된다는 사실에 있다. '해야 하는 것'이라는 말에 담긴 의미는 자기 분석에서 가장 소중하고 필수적인 요소인 자발성을 빼앗을 것이다. 매일 하는 운동이 하기 싫을 때는 억지로 해도 큰 해가 되지 않지만 분석을 내켜 하지 않는 마음은 그를 서투르고 비생산적인 사람으로 만들 것이다. 다시 말하건대 이러한 위험은 전문적인 분석에도 존재하지만 분석가가 환자에게 쏟는 관심과 둘의 협업을 통해 극복할 수 있다. 규칙성을 지나치게 강조한 나머지 무기력해지면 이 문제는 쉽게 해결되지 않으며, 분석 전체가 흐지부지될 수도 있다.

따라서 분석에서 작업의 규칙성은 그 자체에 목적이 있는 것이 아니라 연속성을 유지하고, 저항을 물리친다는 두 가지 목적을 위한 수단이다. 환자가 항상 분석가 상담실에 나타난다고 해도 저항이 제거되지는 않는다. 그가 분석가를 방문하면 그에게 작용하는 요인을 분석가가 이해하는 데 도움이 될 뿐이다. 또한 그가 일관되게 시간을 엄수해도 한 문제에서 다른 문제로 뛰어넘어가지 않으리라고, 연결되지 않는 통찰을 얻지 않으리라고 보장하지 못한다. 작업 전반에 대한 연속성만을 보장할 뿐이다.

자기 분석에서 역시 두 가지 목적을 이루기 위한 요구 사항은 필수적이며, 그것들이 어떻게 의미 있게 이행될 수 있는지는 다음 장에서 논의할 것이다. 여기서는 연속성을 유지하고 저항을 물리치는 데 자신과의 엄격한 약속이 필요한 게 아니라는 점이 중요하다. 작업의 어떤 불규칙성 때문에 환자가 문제를 회피한다면, 그 문제는 환자의 발목을 잡을 것이다. 시간이 걸리더라도, 환자 자신이 그 문제를 해결하기 위해 뒤쫓아야겠다고 결심할 때까지 내버려 두는 편이 더 현명하다. 자기 분석은 매일 좋은 점수를 내라고 다그치는 교장 선생님이기보다는 의지할 수 있는 좋은 친구로 남아야 한다. 말할 필요도 없이, 강박적인 규칙성에 대한 경고가 분석을 안이하게 만든다는 의미는 아니다. 우정이 우리 삶에 의미 있는 요소가 되려면 우정을 잘 가꾸어야 하듯이 우리가 분석을 진지하게 받아들일 때만 분석 작업의 혜택을 얻을 수 있다.

마지막으로 누군가 자기 분석을 빠른 만병통치약보다는 자기 발전에 도움이 되는 진정한 수단으로 생각한다 해도 지금부터 죽는 날까지 이 작업을 꾸준히 해나가겠다고 결심하는 것은 아무 소용이 없다. 다음 장에 묘사되는 것처럼 어떤 문제에 대해 열심히 매달려 분석하는 시기가 있는가 하면, 자신에 대한 분석 작업이 뒤로 밀려나는 시기도 있을 것이다. 그는 여전히 이런저런 놀라운 반응을 관찰하고 그것을 이해하려고 노력할 것이고, 자기 인식의 과정을 지속해 나갈 테지만 분명 적극성은 줄어들 것이다. 그는 개인적인 일이나 단체 활동에 열중할 수 있고, 외부의 어려움에 맞서 싸울 수 있으며, 이런저런 인간관계를 구축하는 데 집중할 수 있다. 단순히 정신적인 문제에 덜 시달릴 수도 있다. 이런 시기에는 단순한 삶의 과정이 분석보다 더 중요하며, 그 나름대로 발달에 이바지한다.

자기 분석의 방법 역시 자유 연상 기법을 활용한다는 점에서 분석가의 작업과 다르지 않다. 이 절차는 4장에서 충분히 논의되었으며, 특히 자기 분석과 관련된 특정한 측면은 9장에서 추가로 거론할 것이다. 분석가와 함께 작업할 때 환자는 마음속에 떠오르는 것을 무엇이든 보고하는 반면 혼자 분석할 때는 단지 연상을 기록하는 것으로 시작한다. 연상을 머릿속으로만 생각할지 아니면 실제로 기록할지는 개인의 선호에 달렸다. 어떤 사람들은 글로 쓸 때 더 잘 집중하고, 또 어떤 사람들은 쓰는 것에 주의를 빼앗긴다고 생각한다. 8장에서 광범위하게 인용된 예시 중 몇몇 연상은 기록되었고, 일부는 단지 염두에 두었다가 나중에 기록되었다.

연상을 글로 적는 데는 여지없는 확실한 이점이 있다. 모든 연상을 짧은 쪽지나 중요 항목으로 적는다는 규칙을 세우면 생각이 쉽게 옆길로 새지 않을 것이다. 적어도 요점에서 벗어나는 것은 더 빨리 알아차릴 것이다. 종이에 모든 이야기를 적다 보면 무관하다고 여겨지는 생각이나 감정을 건너뛰려는 유혹도 줄어들 수 있다. 글쓰기의 가장 큰 장점은 나중에 기록을 다시 검토할 수 있다는 것이다. 첫눈에 보았을 때는 연상의 연관성이 지닌 중요한 의미를 놓치기 쉽지만 나중에 기록을 곰곰이 생각하다 보면 알아차릴 수 있다. 아직 정리되지 않은 발견이나 대답을 얻지 못한 질문들은 금방 잊어버리지만 다시 기록을 들추어보면 생각이 되살아날 수 있다. 또는 오래된 발견을 새로운 시각으로 볼 수도 있다. 아니면 자신이 눈에 띄는 진전을 이루지 못했고, 여전히 몇 달 전과 같은 자리에 있다는 사실을 발견할지도 모른다. 마지막 두 가지 경우는 설령 기록

과정 없이 어떤 발견에 이르렀다고 해도, 발견한 것과 그 발견으로 이어지는 주요 과정을 적어두는 것이 바람직하다는 것을 입증하는 근거들이다. 생각이 펜보다 빠르다는 사실은 글쓰기에서 주요한 어려움으로 작용한다. 이럴 때는 중요 내용만을 적는 것으로 해결할 수 있다.

분석 작업 대부분을 글쓰기로 수행한다면 일기와 비교될 수밖에 없는데 이를 자세하게 비교해보면 분석 작업의 특성을 살피는 데 도움이 될 것이다. 일기가 사실적인 사건에 대한 단순한 보고가 아니라 자신의 감정적 경험과 동기를 진실하게 기록하려는 의도를 가졌을 때 글쓰기와의 유사성이 자명하게 드러난다. 하지만 분명 차이점도 있다. 잘 쓰여진 일기는 의식적인 감정과 생각, 동기를 정직하게 기록한 것이다. 일기의 특성이 흥미로운 사실을 드러내는 것이라면, 이는 작성자 자신에게 알려지지 않은 경험이기보다는 외부 세계에 알려지지 않은 감정적인 경험을 나열했다는 것이다.

루소Jean-Jacques Rousseau가 『고백록』에서 자신의 마조히즘적 경험을 털어놓으며 정직성을 자랑했을 때 그는 자신이 알지 못하는 어떤 사실도 밝혀내지 못했다. 그는 단지 비밀로 간직하던 것을 알렸을 뿐이다. 설령 일기에 동기를 찾으려는 시도가 있었다고 해도 이런저런 느슨한 추측 이상의 큰 의미를 갖지 못한다. 일기를 쓸 때 대개 의식 수준 아래로 파고들려는 시도는 일어나지 않는다. 이를테면 컬버트슨Ely Culbertson은 『한 남자의 이상한 삶』The Strange Lives of One Man이라는 자서전에서 아내에게 짜증이 나고 변덕스러운 기분이 든다는 것을 솔직하게 말했지만 그 이유에 대해서는 아무런 단서도 주지 않았다. 일기나 자서전에 대해 비판하려는 게 아니다. 일기와 자서전은 나름대로 가치가 있지만 매체 본질상 자아를 탐구하는 것과는 다르다. 아무도 자신에 관한 이야기를 만들어 내면서 마음이 자유로운 연상으로 흘러가도록 할 수는 없다.

또 하나의 중요한 차이점이 있다. 일기는 종종 미래의 독자를 염두에 둔다. 독자는 일기를 쓴 사람일 수도 있고, 광범위로 분포된 사람들일 수도 있다. 후세를 의식한 곁눈질은 필연적으로 정직성이 지닌 순수한 가치를 훼손한다. 독자를 의식하면 의도적이든 아니든 작가는 어느 정도 수정을 하게 되어 있다. 특정한 요소들은 완전히 생략하고, 자신의 단점을 축소하거나 다른 사람들에게 책임을 돌리거나 다른 사람들이 드러나지 않도록 보호할 것이다. 자유 연상을 기록할 때도 마찬가지 일이 일어날 수 있다. 조금이라도 감탄하는 청중이나 독특한 가치를 가진 걸작을 창조하려는 생각에 기웃거린다면 같은 결과가 벌어질 것이다. 그렇게 되면 자유 연상의 가치를 훼손하는 온갖 죄악을 저지르게 될 것이다. 종이에 무엇을 적든 자기 인식이라는, 오직 한 가지 목적에 도움이 되어야 한다.

*Self - Analysis*

# 병적 의존성에 대한
# 체계적인 자기 분석

클레어의 이야기로 미리 하는 자기 분석

아무리 길게 설명하고, 주의 깊게 표현하더라도 자기 이해에 다다르는 과정과 그 과정에서 벌어지는 일들을 정확하게 전달할 수는 없다. 따라서 나는 이 과정을 자세히 논의하는 대신 자기 분석 사례를 폭넓게 보여주기로 했다. 이 사례는 한 여성이 한 남성에게 병적으로 의존하는 문제를 다룬다. 여러 가지 이유로 우리 사회에서 빈번하게 발생하고 있는 문제다.

여기서 묘사된 상황을 여성이 처해 있는 흔한 문제로 여겨도 충분히 흥미로울 것이다. 하지만 이 문제의 중요성은 여성적인 영역을 넘어선다. 타인에 대한 무의식적인 의존, 더 깊은 의미에서 부당한 의존은 모두가 잘 알고 있는 문제다. 우리 대부분은 삶의 어떤 시기에 타인에 대한 의존성의 이런저런 측면을 마주하게 된다. 클레어처럼 어린 시절에 그 존재를 인식했던 경우도 많다. 하지만 클레어가 분석을 시작했을 때와 마찬가지로 그 존재를 '사랑'이나 '의리'loyalty 같은 절묘한 말로 덧씌운다. 의존은 매우 빈번하게 발생한다. 우리가 가지고 있는 많은 문제를 편리하게 해결할 보장된 방법처럼 보이기 때문이다. 그러나 의존성은 우리가 성숙하고, 강하고,

독립적인 사람이 되는 데 중대한 걸림돌을 놓는다. 그리고 의존성이 약속한 행복은 대부분 허상에 가깝다. 자기 분석의 문제를 떠나서 자립과 좋은 대인 관계를 바람직한 목표로 여기는 사람에게는 의존성의 무의식적 영향을 파헤치는 것이 흥미롭고 유용한 일이 될 수 있다.

이 문제를 혼자 해결한 여성은 클레어다. 친절하게도 그녀는 자신의 분석 과정을 수록收錄할 수 있도록 허락해주었다. 클레어의 배경과 분석의 진척 상황에 관한 대체적인 줄거리는 앞에서 이미 제시했으므로 필수적인 정보를 다시 설명하지는 않겠다.

그녀의 사례를 선택한 주요 이유는 제시된 문제에 대해 본질적인 관심이 있어서도, 클레어 개인에 대한 지식이 많아서도 아니다. 이 분석이 탁월하거나 완성도가 뛰어나기 때문도 아니다. 그 모든 실수와 결함이 있었는데도 불구하고 어떻게 문제가 점진적으로 인식되고 해결되었는지를 이 사례에서 명확하게 볼 수 있기 때문이다. 심지어 실수와 결함을 토론할 수 있을 정도로 매우 명확하고, 무언가를 배울 수 있을 정도로 매우 전형적이다. 이 예시를 통해 설명되는 과정이 다른 신경증적 경향의 분석에서 진행되는 과정과 본질상으로 같다는 점을 새삼스럽게 강조할 필요도 없다.

클레어의 사례를 본래 형태대로 쓸 수는 없었다. 그녀는 대부분 표제어로 짧막하게 글을 써서 더 자세하게 설명할 필요가 있었다. 글의 간결성을 유지하기 위해 반복되는 부분은 생략하기도 했다. 내용 중에서 가장 잘 정리되어 있고, 의존성 문제와 직접적인 관련이 있는 부분만을 남겼고, 관계의 어려움을 해결하기 위한 이전의 분석적 노력을 작성한 부분은 넣지 않았다. 그 노력은 모두 막다른 골목에서 끝났다. 실패한 시도를 추적하는 것도 흥미로웠겠지만 굳이 지면을 늘리면서까지 얻을 수 있는 추가적인 요소가 충분하지는 않았을 것이다. 더불어 저항의 시기에 대해서도 짧게만 기록해 두었다. 다시 말해 설명에서 다루는 범위는 구체적인 분석 과정 중 중요한 부분에 한정된다.

분석의 각 측면은 개략적 설명에 이어서 논의될 것이다. 이 논의에는 특히 유념할 몇 가지 질문이 등장한다. 발견의 의미는 무엇인가? 클레어가 그 당시에 보지 못한 요소는 무엇인가? 그녀가 그것들을 보지 못한 이유는 무엇인가?


자기 분석을 위한 노력이 변변한 결과를 내지 못한 채 몇 달이 흘렀다. 어느 일요일 아침, 클레어는 자신이 편집하는 잡지에 기사를 보내겠다는 약속을 지키지 못한 작가에게 심한 성질을 내며 깨어났다. 그가 그녀를 곤경에 빠뜨린 것은 이번이 두 번째였다. 사람들이 그렇게 신뢰 가지 않는 행동을 하는 것은 참을 수 없었다.

얼마 지나지 않아 그녀는 상황에 비해 과도하게 화가 치밀어 올랐다는 것을 깨달았다. 아침 5시에 잠에서 깨어날 만큼 중요한 문제는 아니었는데 말이다. 클레어는 분노와 분노를 유발한 자극 사이의 불일치를 인식하는 것만으로도 감정이 일어난 진짜 이유를 알 수 있었다. 진짜 이유 역시 신뢰감 없는 행동과 연관된 것이었지만 그녀의 마음과 더 깊이 관련된 문제였다. 그녀의 친구 피터는 일 때문에 출장을 떠났으나 그가 약속한 말과 달리 주말까지 돌아오지 않고 있었다. 엄밀히 말하면 그는 확실하게 약속한 것은 아니었고 '아마도' 토요일까지 돌아올 것이라 말했다. 그녀는 피터를 생각하며 어떤 일도 확실히 하는 법이 없다고 중얼거렸다. 피터는 항상 클레어에게 희망을 품게 했다가, 실망을 안겨주었다. 그녀는 전날 밤에 느낀 피로를 과로 탓으로 돌렸지만 사실은 실망에 대한 반응이었을 것이다. 피터와 함께 저녁을 보내기를 기대하며 저녁 초대도 거절했건만 그는 나타나지 않았다. 대신 그녀는 영화를 보러 갔다. 피터가 날짜를 미리 정하는 것을 싫어했기 때문에 그녀는 어떤 약속도 할 수 없었다. 그 결과 그녀는 가능한 한 저녁 시간을 많이 비워두고, 피터가 과연 자신과 함께할지를 궁금해하며 항상 불안한 생각에 잠겨 있었다.

이 상황을 생각하는 동안 그녀는 두 가지 기억이 동시에 떠올랐다. 하나는 몇 년 전에 그녀의 친구 아일린이 말해주었던 사건이었다. 아일린은 한 남자와 열정적이지만 다소 불만족스러운 관계를 유지하던 중 폐렴을 심하게 앓게 되었다. 고열이 내리자 놀랍게도 그 남자에 대한 감정은 사라지고 말았다. 남자는 관계를 이어가려고 했지만 아일린에게는 아무런 의미가 없었다. 클레어의 또 다른 기억은 그녀가 청소년이었을 때 읽은 소설에 관한 것이었다. 그녀에게 깊은 인상을 준 한 장면과 관련이 있었다. 소설 속 여주인공의 첫 번째 남편은 전쟁에서 돌아왔을 때 아내가 자신의 귀환에 기뻐하기를 기대했다. 그러나 그 결혼은 갈등으로 이미 망가진 상태였다. 남편이 없는 동안 아내의 감정은 변했고, 그녀는 남편이 오기를 기다리지 않았다. 그녀에게 그는 낯선 사람이었다. 아내가 느낀 감정은 분노가 전부였다. 남편이 그녀를 원하기로 선택했다는 이유만으로 사랑받을 것을 기대하다니, 뻔뻔스러움에 화가 났다. 그녀와 그녀의 감정은 전혀 중요하지 않은 것 같았다. 클레어는 이 두 가지 연상이 자신이 피터에게서 벗어날 수 있기를 바라는 소망을 가리키고 있음을 인정할 수밖에 없었다. 순간적인 분노와 관련된 소망이었다. 하지만 그녀는 그를 너무 사랑했기 때문에 절대로 헤어지지 않을 거라 생각하며 다시 잠이 들었다.

클레어는 분노의 원인이 작가가 아닌 피터 때문이라고 정확하게 해석했고, 두 연상에 대한 해석도 옳았다. 그러나 정확성은 갖췄을지언정 해석의 깊이가 부족했다. 그녀가 피터에게 품고 있는 분노의 힘에 대해서는 아무런 감정이 없었다. 결과적으로 그녀는 이 폭발을 일시적인 불만으로만 간주했고, 그에게서 떨어지고 싶은 소망을 너무 가볍게 무시해버렸다. 돌이켜보면 그 당시 그녀는 피터에게 너무 의존적이어서 분노나 이별에 대한 소망을 감히 인정할 수 없었던 것이 분명하다. 하지만 그녀는 의존성에 대해서도 전혀 인식하지 못했다. 그녀는 분노를 쉽게 극복할 수 있었던 것이 피터에 대한 '사랑' 때문이라고 생각했다. 이것은 연상에서 일말의 오해 없는 언어로 아무리 말해준다고 해도, 당사자인 자신이 그 순간에 견딜 수 있는 것을 넘어서는 발견이라면 얻지 못한다는 사실을 보여주는 좋은 사례다.

　연상의 의미에 대한 클레어의 기본 저항은 왜 그녀가 연상이 암시하는 특정한 질문들을 언급하지 않았는지 설명해준다. 두 가지 연상 모두 일반적인 방식으로 헤어지고 싶은 소망을 함축하면서도, 매우 특별한 형태의 헤어짐을 나타냈다는 점이 의미심장하다. 두 경우 모두 남자는 여전히 여자를 원하지만 여자의 감정은 사라져버렸다. 나중에 보게 되겠지만 이것이 클레어가 상상할 수 있는 고통스러운 관계의 유일한 결말이었다.

　그녀는 피터에게 의지하고 있었기 때문에 스스로 피터를 떠나는 일은 상상조차 할 수 없었다. 그녀는 그에게 매달리면서도 마음 깊은 곳에서는 그가 그녀를 진정으로 원하지 않는다고 느꼈을 것이고, 그렇게 생각할 만한 이유가 충분히 있었다. 하지만 피터가 자신을 떠날 수도 있다고 생각하면 그녀는 공황 상태에 빠질 것이었다. 이 점에 대한 그녀의 불안감은 너무 깊어서 자신이 두려워한다는 사실만을 깨닫는 데도 상당한 시간이 걸렸다. 심지어 버려지는 것에 대한 두려움을 발견했을 때도 여전히 피터가 이별을 원한다는 사실을 눈감을 정도로 그 불안감이 대단했다. 여자가 스스로 남자를 거부하는 위치에 있었던 사건을 생각하면서 클레어는 자유로워지고 싶다는 소망뿐만 아니라 복수에 대한 욕망을 드러냈다. 두 가지 욕망은 모두 깊이 묻혀 있었고, 둘 다 인식되지 않은 속박을 가리키는 것이었다.

　그녀가 언급하지 않은 또 다른 질문은 피터에 대한 분노가 의식으로 들어오기까지 왜 하룻밤이나 걸렸고, 심지어 그때도 왜 먼저 작가에게 분노가 전이되면서 진정한 의미를 숨겼는가 하는 것이다. 그녀는 피터가 멀리 있는 것에 대한 실망감을 충분히 인식하고 있었기 때문에 분노를 억제한다는 점은 한층 더 두드러진다. 그러한 경우에 분노는 분명히 자연스러운 반응이었을 것이고, 누구에게 절대로 화를 내지 않는 것은 그녀의 성격에도 맞지 않았다. 분노를 유발한 진짜 원인에 대해 화를 내지 않고 사소한 문제에 대해 화를 내는 것이 그녀의 특징이었지만 어쨌든 그녀는 사람들에게 종종 화를 냈기 때문이다. 겉보기에는 일상적인 문제일 뿐이지만 이 문제를 제기함으로써 왜 피터와의 관계는 그 관계를 막는 어떤 장애도 의식하지 않으려 할 정도로 그렇게 불안정한지 이야기를 꺼내는 셈이다.

클레어는 의식에서 모든 문제를 떨쳐버린 뒤에 다시 잠들었고 꿈을 꾸었다. 그녀는 외국 어느 도시에 있었다. 사람들은 그녀가 이해하지 못하는 언어로 말했다. 그녀는 길을 잃었고, 길을 잃은 느낌이 매우 뚜렷하게 나타났으며 가진 돈은 모두 역에 맡긴 짐 속에 있었다. 그러더니 그녀는 박람회에 가 있었다. 어딘지 비현실적이었지만 그녀는 곧 도박용 가판대와 기괴한 쇼freak show를 알아보았다. 그녀는 회전목마를 타고 있었다. 회전목마가 점점 더 빠르게 돌아서 무서워졌지만 뛰어내릴 수가 없었다. 그러다가 파도를 타고 표류했다. 그녀는 포기와 불안이 뒤섞인 기분으로 잠에서 깨어났다.

꿈의 첫 부분은 그녀가 청소년기에 겪었던 일을 떠올리게 했다. 낯선 도시에 있었던 그녀는 호텔 이름을 잊어버리고 꿈에서처럼 길을 잃은 기분이 들었다. 전날 밤 영화를 보고 집에 돌아왔을 때도 마찬가지로 길을 잃은 기분을 느꼈던 기억이 되살아났다.

그녀는 도박용 가판대와 기괴한 쇼를 자신이 전에 피터를 생각하며 떠올린 것과 연관 지었다. 피터가 약속을 지키지 않는 것처럼 그런 장소들 역시 환상적인 약속을 하는 듯하지만 결국 사람들이 속는 곳이었다. 게다가 그녀는 이 기괴한 쇼가 피터에게 느끼는 자신의 분노를 표현해주는 것처럼 생각됐다. 피터는 괴물이었다.

꿈에서 그녀를 정말로 놀라게 한 것은 상실감의 깊이였다. 그러나 그녀는 즉시 이러한 분노와 상실감의 표현은 자신의 실망에 대한 과장된 반응일 뿐이며, 어쨌든 꿈은 괴상한 방식으로 감정을 표현한다고 스스로를 타이르면서 자신이 받은 인상에 대해 해명했다.

그 꿈이 클레어의 문제를 기괴하게 번역한 것은 사실이지만 그녀 감정의 강도를 과장한 것은 아니었다. 그리고 꿈이 심하게 과장되었더라도 단순히 그 점을 들어 내용을 무시하기에는 충분하지 않았다. 과장이 있다면 그 과장을 검토해야 한다. 과장을 만들어 내는 경향은 무엇일까? 그것은 실제로 과장이 아니라 그 의미와 강도를 인지할 수 없는 감정적 경험에 대한 적절한 반응이 아닐까? 그 경험은 정말 의식적인 수준과 무의식적인 수준에서 전혀 다른 것을 의미했을까?

이어지는 클레어의 발달로 미루어 볼 때 이 경우에는 마지막 질문이 적절한 것이었다. 클레어는 정말로 꿈과 이전의 연상들이 나타낸 것처럼 비참하고, 분노하고, 길을 잃은 기분을 느꼈다. 그러나 친밀한 애정 관계에 대한 생각을 바꾸지 않는 그녀에게 이 깨달음은 받아들여질 수 없었다. 같은 이유로 그녀는 꿈에서 가진 돈 전부를 역에 보관한 짐에 두고 온 부분을 무시했다. 이는 아마도 그녀가 피터에게 자신이 가진 모든 것을 투자했다는 감정의 응축된 표현이었을 것이다. 역은 피터를 상징하고, 또한 영구적이고 안전한 것을 함축하는 집과는 대조적으로 일시적이고 무관심한 것을 의미했다. 그리고 클레어는 불안으로 끝나는 꿈의 결말을 설명하지 않음으로써 꿈에 드러난 또 하나의 놀라운 감정적 요소를 무시했다. 더구나 그녀는 전체적으로 꿈을 이해하려는 시도를 전혀 하지 않았다.

그녀는 이런저런 요소에 대한 피상적인 설명으로 만족했고, 따라서 꿈을 통해 그녀가 이미 아는 것보다 많은 것을 배우지 못했다. 만약 그녀가 꿈을 더 깊숙이 탐구했다면 꿈의 주제를 다음과 같이 보았을 것이다. "나는 무력감과 상실감을 느낀다. 피터는 너무 실망스러운 사람이다. 내 삶은 회전목마와 같아서 뛰어내릴 수 없다. 표류하는 것 외에는 해결책이 없다. 하지만 표류하는 것은 위험하다."

우리는 감정과 무관한 생각은 쉽게 무시할 수 있지만 감정적인 경험은 쉽게 무시할 수 없다. 클레어는 자신의 분노와 상실감을 이해하는 데 명백히 실패했지만 상실감에 대한 감정적 경험은 그녀의 마음속에 남아 그 뒤에 시작한 분석의 경로를 따라가는 데 중요한 역할을 했을 가능성이 크다.

다음 분석 작업은 여전히 저항이라는 제목 아래에 남아 있었다. 다음 날 클레어가 자신의 연상을 검토하는 동안 꿈에 나온 '외국 도시'와 관련된 또 다른 기억이 떠올랐다. 외국 도시에 있을 때 그녀는 역으로 가는 길을 잃은 적이 있었다. 그 나라 말을 몰랐기 때문에 길을 물어볼 수 없었고, 결국 기차를 놓치고 말았다. 그녀는 이 사건을 떠올리면서 자신이 어리석게 행동했다는 생각이 들었다. 사전을 살 수도 있었고, 좋은 호텔에 들어가서 직원에게 물어볼 수도 있었을 것이다. 하지만 길을 묻기에 그녀는 너무 소심하고 무력했다. 그때 불현듯 이런 소심함이 피터에게 실망감을 표현할 때도 어느 정도 작용한다는 생각이 들었다. 주말까지 그가 돌아오기를 바라는 자신의 소망을 표현하는 대신 실제로 그녀는 그에게 교외에 있는 친구를 만나 쉬는 것이 좋겠다고 권한 것이다.

클레어는 자신이 가장 사랑했던 인형, 에밀리에 대한 어린 시절의 기억이 떠올랐다. 에밀리의 유일한 단점은 값싼 가발로 된 머리였는데, 클레어는 빗어 내리고 땋을 수 있는 진짜 모발로 만든 가발을 간절히 원했다. 그녀는 종종 장난감 가게 앞에 서서 진짜 모발로 된 머리카락을 가진 인형을 바라보았다. 어느 날 그녀는 어머니와 함께 장난감 가게에 들어갔다. 선물을 잘 사주시던 어머니는 그녀에게 진짜 모발로 만든 가발을 가지고 싶은지 물었다. 하지만 클레어는 거절했다. 그 가발은 비쌌고, 어머니가 가진 돈이 부족하다는 것을 알았기 때문이다. 그리고 그녀는 진짜 모발로 만든 가발을 한 번도 갖지 못했다. 그 기억은 지금 생각해도 눈물이 맺힐 정도였다.

그녀는 분석 치료를 받는 동안 소망 표현을 주저하는 문제를 다루었음에도 여전히 이를 극복하지 못했다는 것을 깨닫고 실망했지만 한편으로는 엄청난 안도감을 느꼈다. 아직 남아 있는 소심함이 지난 기간에 느낀 괴로움에 대한 해결책으로 보였기 때문이다. 그녀는 단지 피터에게 더 솔직해지고, 자신의 소망을 그에게 알려주기만 하면 되었다.

클레어의 해석은 일부만 정확한 분석이 어떻게 본질적인 요소를 놓치고 관련된 문제를 흐릴 수 있는지를 보여준다. 안도감을 느꼈다고 해서 발견한 해결책이 진짜라는 것을 증명하지는 못한다는 점도 보여준다. 여기서 클레어가 안도한 이유는 그녀가 가짜 해결책을 발견함으로써 일시적으로 중요한 문제를 회피하는 데 성공했기 때문이다. 만약 그녀가 무의식적으로 장애에서 벗어날 쉬운 방법을 찾지 않았다면, 그녀는 아마도 연상에 더 많은 관심을 기울였을 것이다.

그 기억은 그녀가 자기주장이 부족하다는 것을 보여주는 또 다른 예시로 끝나지 않았다. 막연하게라도 원망의 대상이 되지 않기 위해 어머니의 필요를 우선시해야 한다는 강박을 분명하게 가리키고 있었다. 이 경향은 현재 상황에도 적용되었다. 확실히 그녀는 자신의 소망을 너무 소심하게 표현했다. 하지만 이러한 억제는 소심함보다는 무의식적인 계획에서 비롯되었다. 내가 아는 바로 피터는 냉담한 사람이었고 자신에 대한 어떤 요구에도 지나칠 정도로 민감하게 반응했다. 그 당시 클레어는 이 사실을 제대로 알지는 못했지만 피터의 시간에 관련해서는 어떤 직접적인 소망도 표현하지 않고 충분히 억누를 정도로는 감지하고 있었다. 결혼 가능성에 대해 자주 생각했지만 언급하기를 꺼린 것도 같은 맥락이었다. 만약 그녀가 주말까지 돌아오라고 했다면 그는 응했을 테지만 화도 냈을 것이다. 그러나 클레어가 피터에게 가진 내면적 한계에 대한 깨달음 없이는 이 사실을 인식할 수 없을 것이고, 그래서 그녀에게는 여전히 불가능한 일이었다. 그녀는 그 문제에서 주로 자신의 몫을 보고, 극복할 자신이 있는 부분을 보려고 했다. 모든 책임을 자기 자신에게 떠넘기면서 어려운 관계를 유지하는 것이 클레어의 오래된 행동 방식이었다는 점을 기억해야 한다. 이것은 근본적으로 그녀가 어머니를 대하는 방식이었다.

클레어가 모든 괴로움을 자신의 소심함 탓으로 돌린 결과 그녀는 적어도 의식적으로는 피터에 대한 원한을 버렸고 그를 다시 만나기를 고대했다. 일은 다음 날 저녁에 일어났다. 새로운 실망이 그녀를 기다리고 있었다. 피터는 약속 시간에 늦었을 뿐만 아니라 피곤해보였고 그녀를 보면서도 기뻐하는 기색을 전혀 보이지 않았다. 따라서 그녀는 자의식이 강해졌다. 피터는 그녀가 차갑게 굳어지는 것을 재빨리 알아차렸고, 늘 하던 대로 그녀에게 주말에 집에 오지 않은 것에 대해 화가 났는지 물어보며 공세를 취했다. 그녀는 설득력 없는 이유를 가지고 부인했지만 피터가 더 압박하자 화났다는 것을 인정했다. 화내지 않으려고 애처롭게 노력한 것에 대해서는 그에게 말할 수 없었다. 그는 그녀가 유치하고 그녀 자신의 소망만을 생각한다고 꾸짖었다. 클레어는 비참했다.

조간신문에서 난파선에 관한 기사를 본 클레어는 꿈에서 파도를 타고 표류했던 부분이 다시 떠올랐다. 이 꿈 장면에 대해 생각해볼 시간이 났을 때 그녀는 네 가지 연상을 떠올렸다. 하나는 그녀가 난파선을 타고 바다를 표류하고 있는 환상이었다. 그녀가 물에 빠질 위기에 처하자 어떤 건장한 남자가 그녀를 팔로 감싸 안아 구해주었다. 그와 함께 있으니 소속감이 느껴지고 한없이 보호 받고 있는 기분이 들었다. 그는 항상 그녀를 품에 안고 절대 떠나지 않을 것이었다. 두 번째 연상도 이와 비슷한 분위기로 끝나는 소설에 관한 것이었다. 여러 남자를 만나며 처참한 경험을 한 여자가 마침내 자신이 사랑할 수 있고 의지할 수 있는 헌신적인 남자를 만났다는 이야기였다.

그때 클레어는 브루스와 친해졌을 무렵 꾸었던 꿈의 한 부분이 생각났다. 브루스는 그녀를 격려해주며 멘토가 되어주겠다고 암묵적으로 약속했던 나이 많은 작가였다. 그 꿈에서 그녀와 브루스는 손을 잡고 함께 걸었다. 그는 마치 영웅이나 반신반인 같았고, 그녀는 행복한 기분에 어쩔 줄 몰라 했다. 이 남자의 마음에 들었다는 것은 말로 표현할 수 없는 은혜와 축복과 같았다. 클레어는 이 꿈을 떠올리며 미소를 지었다. 그녀는 브루스의 총명함을 맹목적으로 과대평가했고, 나중에 가서야 그의 옹졸하고 엄격한 억제를 볼 수 있었기 때문이다.

이 기억은 그녀가 브루스를 짝사랑하던 시기보다 앞서 대학에 다닐 때 꽤 많은 역할을 했지만 거의 잊을 뻔했던 또 다른 환상을 떠올리게 했다. 아니 오히려 자주 꾸었던 백일몽이라고 할 수 있었다. 뛰어난 지성과 지혜, 명성과 부를 부여받은 위대한 남자의 모습을 둘러싼 환상이었다. 이 위대한 남자는 눈에 띄지 않는 그녀의 겉모습 아래에서 대단한 잠재력을 감지하고 그녀에게 접근했다. 그가 만약 행운을 준다면 그녀는 아름답고 위대한 것들을 성취할 수 있다는 것을 알았다. 그는 그녀의 발전에 모든 시간과 정력을 바쳤다. 그는 그녀에게 아름다운 옷과 매력적인 집을 주는 것으로만 그녀를 행복하게 만들지 않았다. 그녀는 그의 지도 아래서 위대한 작가가 되는 것뿐만 아니라 심신을 단련하기 위해 열심히 노력해야 했다. 그렇게 미운 오리 새끼가 아름다운 백조가 되었다. 그것은 개발될 소녀의 관점에서 만들어진 일종의 피그말리온Pygmalion*의 환상과 비슷했다. 그녀는 자신에게 전념하는 것 외에는 주인에게만 헌신해야 했다.

클레어는 처음에 일련의 연상을 두고 영원한 사랑에 대한 소망을 표현했다고 해석했다. 그녀는 모든 여자가 원하는 것이라고 설

---

\* 키프로스 섬의 예술가 피그말리온은 독신으로 살면서 현실의 여인을 외면하고 일생을 조각에 바쳤다. 그는 흰 상아로 실물 크기의 여인을 조각했는데 조각상이 바로 피그말리온의 이상형이었다. 피그말리온은 키프로스 섬의 수호신 아프로디테에게 조각상과 같은 여인을 아내로 맞게 해달라고 기도했고, 아프로디테는 소원을 들어주었다. 본문은 '피그말리온 효과'라는 심리학 용어를 설명하는 것이 아닌, 자신이 창작해 낸 조각을 사랑하여 실제로 결혼까지 한 피그말리온 이야기를 일컫는다.

명했다. 그러나 피터는 그녀에게 안정감과 영원한 사랑을 주지 않았기에 그즈음에는 소망이 더 강화되었다는 것을 깨달았다. 클레어는 실제로 연상을 하면서 깊은 내막을 건드렸지만 알아차리지 못했다. 그녀는 자신이 갈망하던 '사랑'의 특별한 속성을 나중에서야 볼 수 있었다. 그 외에 그녀의 해석에서 가장 중요한 부분은 피터가 그녀가 원하는 것을 주지 않았다는 진술이다. 그녀는 그 사실을 항상 알고 있었다는 듯이 아무렇지도 않게 진술했지만 사실 처음으로 관계에 대한 깊은 불만을 의식적으로 깨달은 것이었다.

이렇게 갑작스러운 깨달음이 앞서 수행했던 분석 작업의 결과가 맞는지 추론해보는 것이 합리적일 듯하다. 물론 최근에 일어난 두 가지 실망도 이 깨달음에 한몫하였다. 그러나 그와 비슷한 실망은 클레어가 통찰에 도달하지 않았을 때도 일어났다. 이 시점까지 수행된 작업에서 그녀가 의식적으로 모든 본질적인 요소를 놓쳤다는 사실이 이 추정을 쓸모없게 만들지는 않을 것이다. 이런 실패가 있었어도 두 가지 일이 일어났기 때문이다. 첫째, 그녀는 외국 도시 꿈을 꾸면서 길을 잃고 상실감을 느꼈고 이로 인해 강렬한 정서적 경험을 했다. 둘째, 그녀의 연상은 의식적인 해명으로 이어지지는 않았지만 핵심적 문제를 두고 그 중심을 향해 점점 좁아지는 원 안에서 움직였고, 대개 통찰에 가까워졌을 때만 나타나는 투명성 transparency을 보여주었다. 이 시기 클레어에게 나타난 생각과 감정이 여전히 의식 수준 아래에 머물러 있는데도, 특정한 요소들이 더 뚜렷하게 초점을 맞추는 데 도움이 되었는지 궁금할 수 있다. 여기에는 문제에 의식적으로 직면하는 것뿐만 아니라 목표를 향해 나아가는 모든 단계가 중요하다는 전제가 밑바탕 되어 있다.

이어지는 기간에 클레어는 언급했던 마지막 연상들을 검토하면서 더 많은 세부 사항을 알아챘다. 그녀는 마지막 연상 타래의 처음 두 가지 연상에서 남자가 구원자의 모습으로 나타났다는 점을 깨달았다. 한 남자는 익사할 뻔한 그녀를 구했다. 소설 속의 남자는 여자에게 학대와 잔혹 행위를 피할 자리를 제공했다. 브루스와 백일몽 속 위대한 남자는 그녀를 어떤 위험에서 구하지는 않았지만 보호하는 역할을 했다. 구원, 보호, 은신이 반복되는 주제를 관찰하면서 그녀는 자신이 '사랑'뿐만 아니라 보호도 갈망한다는 것을 깨달았다. 그녀는 또한 자신이 피터에게 기대했던 가치 중 하나가 곤경에 처했을 때 조언해주고 위로해주려는 의지와 그렇게 할 수 있는 능력임을 알았다. 이런 맥락에서 그녀가 오랫동안 알고 있었던 사실이 떠올랐다. 공격이나 압박을 받을 때 자신이 무방비 상태가 된다는 것이었다. 우리는 그녀가 두 번째 자리를 차지하려는 문제를 함께 논의했었다. 이제 그녀는 그것이 자신을 보호해줄 누군가에 대한 욕구를 만들어 냈다는 것을 깨달았다. 마침내 그녀는 삶이 힘겨워질 때마다 사랑이나 결혼에 대한 갈망이 급격히 커졌다는 것까지 깨달았다.

보호에 대한 욕구가 애정 생활의 본질적인 한 가지 요소임을 인식하게 되면서 클레어는 크게 한 걸음 더 나아갈 수 있었다. 해로워 보이지 않는 이 욕구가 포괄하는 요구의 범위와 역할이 한참 후에야 명확해졌다. 이에 관한 첫 번째 통찰은 같은 문제로 인해 진행된 마지막 통찰, 즉 그녀의 '개인적 종교'에 관한 통찰과 비교하면 흥미로울 것이다. 그 비교는 정신분석 작업에서 흔히 일어나는 일을 보여준다. 처음에 문제는 가장 기본적인 윤곽으로만 드러난다. 우리는 그것이 존재한다는 사실 이상의 것은 인식하지 못한다. 나중에서야 그 의미를 훨씬 더 깊이 이해하고 같은 문제로 돌아간다. 이에 대해 나중에 발견된 것은 새롭지 않고 처음부터 내내 알고 있었다는 감상을 남기는 건 적절하지 않을 것이다. 적어도 의식적으로는 알지 못했다. 하지만 그것이 나타날 길은 이미 마련되었던 것이다.

첫 통찰은 다소 피상적이긴 하지만 클레어의 의존성에 처음으로 타격을 주었다. 그러나 그녀는 보호의 욕구를 엿보면서도 아직 그 본질을 깨닫지 못했고, 따라서 그녀의 문제를 구성하는 본질적인 요소 중 하나라는 결론을 도출할 수 없었다. 그녀는 또한 위대한 남자의 백일몽에 나타난, 그녀가 사랑하는 남자에게 단순한 보호 이상의 훨씬 더 많은 기능을 수행하기를 기대하고 있다는 점을 가리키는 모든 자료를 무시했다.

다음으로 논의할 기록에는 6주 후의 날짜가 적혀 있다. 클레어가 그 몇 주 안에 작성한 기록에서 새로운 분석 자료를 제공한 것은 아니지만 관련성 있는 자기 관찰을 포함하고 있다. 이 관찰은 독립에 대한 그녀의 무능력과 닿아 있다. 그녀는 혼자 지내는 시기를 피하는 방식으로 삶을 조정해왔기 때문에 이전에는 이러한 억제에 대해 의식하지 못했다. 그녀는 이제 자신이 혼자 있을 때 안절부절못하거나 피곤해진다는 사실을 관찰할 수 있게 되었다. 그녀가 혼자가 아닐 때 즐길 수 있는 것들을 혼자 즐기려고 하면 의미가 없어져 버렸다. 비록 같은 종류의 일을 하더라도 집보다는 사무실에서, 다른 사람들이 주변에 있을 때 훨씬 더 능률이 올랐다.

이 기간에 그녀는 관찰 내용을 이해하려는 시도조차 하지 않았고 최근 발견에 대한 후속 작업을 하려는 노력도 전혀 하지 않았다. 발견의 중요성을 고려했을 때 그녀가 그것을 추가로 추적하지 않았다는 것은 확실히 놀라운 일이다. 그녀가 피터와의 관계를 자세히 조사하면서 보인 주저하는 태도와 관련해 본다면, 최근 발견으로 자신의 의존성을 깨닫는 데 한층 더 가까워졌다고 추정할 수 있다. 그 당시 그녀가 견딜 수 있는 수준보다 더 가까워지면서 분석적인 노력을 중단했다고 볼 수 있다.

그녀를 자극해 분석을 재개하도록 한 것은 피터와 함께했던 어느 날 저녁에 일어난 갑작스럽고 급격한 기분 전환이었다. 뜻밖에도 피터는 선물로 예쁜 스카프를 준비했고, 그녀는 매우 기뻐했다. 하지만 그녀는 갑자기 피곤함을 느꼈고 냉랭해졌다. 우울한 기분은 그녀가 여름을 보낼 계획을 이야기하면서부터 시작됐다. 그녀는 그 계획에 열성적이었지만 피터는 무기력했다. 그는 어쨌든 계획을 세우는 것을 좋아하지 않는다고 말하면서 자신의 반응에 대해 설명했다.

다음 날 아침 클레어는 꿈의 한 장면을 떠올렸다. 그녀는 큰 새가 날아가는 것을 보았다. 그 무엇보다 찬란한 색과 아름다운 몸짓을 가진 새였다. 새는 점점 작아지다가 마침내 사라졌고 그녀는 불안하고 추락하는 느낌과 함께 깨어났다. 아직 잠에서 완전히 깨지 않았을 때 그녀에게 '새가 날아갔다'라는 구절이 떠올랐다. 그녀는 곧바로 피터를 잃을 것에 대한 두려움이라는 것을 알았다. 나중에 떠오른 다음과 같은 연상들이 직관적인 해석을 확인시켜 주었다. '누군가 피터를 절대 정착하지 않는 새라고 불렀다' '피터는 잘생겼고 춤도 잘 춘다' '새가 가진 아름다움에는 어딘가 비현실적인 점이 있었다' '브루스에 대한 기억, 그녀는 브루스에게 피터가 갖지 않은 자질이 있다고 믿었다' '피터 역시 그녀가 미화한 것인지에 대한 궁금증' '주일 학교에서 부른 노래 중 예수의 날개 아래 주의 아이들을 보호해주기를 청하는 가사'.

따라서 피터를 잃는 것에 대한 두려움은 두 가지 방식으로 표현되었다. 첫 번째 생각은 새가 날아가는 것, 그녀를 날개 아래로 데려갔다가 떨어뜨린 새였다. 두 번째 생각은 노래뿐만 아니라 그녀가 잠에서 깨어나면서 느낀 추락하는 기분으로 암시되었다. 예수가 주의 아이들을 날개 아래로 데려간다는 상징에서는 '보호에 대한 욕구'라는 주제가 다시 시작된다. 이후의 전개를 고려해 볼 때 종교적인 상징이 등장하는 것은 결코 우연이 아닌 듯하다.

클레어는 자신이 피터를 미화했다는 암시를 철저히 규명하지 않았다. 하지만 그녀가 이 가능성을 보았다는 사실은 주목할 만하다. 그것은 얼마 후 그녀가 피터를 다시 잘 살펴보게 되는 길을 마련해줄 수도 있다.

그러나 그녀가 해석을 내리는 주제, 피터를 잃는 것에 대한 두려움은 꿈에서 도출할 수 있는 필연적인 결말로 인식되었을 뿐만 아니라 진실하며 중요한 것으로 깊이 느껴졌다. 지금까지 이해되지 않았던 여러 반응이 갑자기 투명하게 잘 들여다보이기 시작했다는 사실을 통해, 그것이 핵심적 요인에 대한 정서적 경험이자 지적 인식이라는 점이 명확하게 드러났다. 첫 번째로 그녀는 전날 밤에 자신이 실망한 이유가 단지 피터가 같이 보내는 휴가에 관해 이야기하기를 꺼렸기 때문이 아님을 알았다. 열정이 없는 피터의 태도에서 그가 그녀를 버릴 수도 있다는 두려움이 일었고, 이 두려움은 그녀에게 피로와 냉랭함을 불러왔으며 꿈을 자극하는 요인이 되었다. 그녀는 상처 받고, 실망하고, 짜증이 났던 온갖 경우들이 떠올랐다. 또 전날 그랬던 것처럼 그럴 만한 이유도 없이 피곤하고 우울해졌던 과거의 온갖 상황들이 떠올랐다. 클레어는 이 반응들이 다른 요인과의 연관성과 별개로 모두 하나의 근원에서 비롯되었음을 깨달았다. 피터가 늦으면, 피터가 전화하지 않으면, 피터가 클레어보다 다른 일에 몰두해 있으면, 피터가 피하면, 피터가 긴장하거나 짜증스러워하면, 피터가 성적으로 그녀에게 관심을 주지 않으면, 그녀를 버릴지도 모른다는 언제나 똑같은 두려움이 유발되었다. 그녀가 피터와 함께 있을 때 이따금 짜증이 폭발했던 것도 사소한 불화 때문이거나 그가 늘 비난하듯이 자신의 방식대로 하려는 욕구 때문이 아니라 똑같은 두려움에서 비롯되었다는 것을 이해했다. 영화에 대한 의견이 다르거나 피터를 기다려야 해서 짜증이 날 때 그리고 그와 비슷한 사소한 일들에 분노가 따랐던 것도 그를 잃을지 모른다는 두려움에서 나온 것이었다. 그리고 정반대로 그에게 뜻밖의 선물을 받았을 때는 지나치게 기뻐했다. 갑작스럽게 두려움에서 벗어났다는 안도감을 의미했기 때문이다.

마지막으로 그녀는 혼자일 때 느끼는 공허한 감정을 버려지는 것에 대한 두려움과 연결 짓기는 했지만 연관성을 이해할 수 있는 어떤 결정적인 지점에까지 도달한 것은 아니었다. 그녀가 혼자인 것을 두려워했기 때문에 버려지는 것에 대한 두려움도 컸던 것일까? 아니면 그녀에게 고독은 곧 버려진다는 것을 암시했던 것일까?

이 부분의 분석은 실제로 자신의 마음을 다 빼앗아 간 두려움이 무엇인지 전혀 알지 못할 수도 있다는 놀라운 사실을 똑똑히 보여준다. 클레어가 자신의 두려움을 인식하고, 그 두려움이 피터와의 관계에서 일으킨 장애를 확인했다는 것은 확실한 진전이었다. 이 통찰과 보호에 대한 욕구와 관련된 이전 통찰 사이에는 두 가지 연관성이 있다. 두 발견은 모두 관계가 얼마만큼 두려움으로 가득 차 있었는지를 보여준다. 더 구체적으로 말하면 버려지는 것에 대한 두려움은 부분적으로는 보호 받고자 하는 욕구의 결과였다. 만약 삶과 삶이 주는 위험에서 피터가 그녀 자신을 보호해주기를 기대했다면, 그녀는 그를 잃는 일을 감당할 수 없었다.

클레어는 아직도 버림 받는 것에 대한 두려움의 본질을 이해하지 못하고 있었다. 그녀는 자신이 깊은 사랑이라고 여겼던 게 실은 신경증적인 의존에 지나지 않는다는 것을 모르고 있었고, 따라서 두려움이 의존에 기초하고 있다는 것도 도저히 인식할 수 없었다. 이런 맥락에서 그녀가 혼자 있을 수 없는 자신의 무능력과 관련해 떠올린 엉성한 질문들은 뒤에서 볼 수 있듯이 그녀의 깨달음보다 더 적절했다. 하지만 이 문제에는 아직도 알려지지 않은 관련 요인들이 너무 많았기 때문에 문제 전체에 대한 그림이 여전히 모호했고, 따라서 클레어는 이 점에 관해서는 정확한 관찰조차 할 수 없었다.

스카프를 받았을 때 크게 기뻐했던 일에 관한 클레어의 분석은 어느 정도 정확했다. 기쁨에 넘친 그녀의 감정에서 한 가지 중요한 요소는 우호적인 행동이 그녀의 두려움을 잠시 누그러뜨렸다는 점이다. 그녀가 관련된 다른 요소들을 고려하지 않은 이유가 저항 때문이라고 보기는 어렵다. 그녀는 당시 자신이 다루고 있던 문제, 즉 버려지는 것에 대한 두려움과 관련된 특정한 측면만을 보았다.

클레어가 선물을 받고 크게 기뻐했던 일과 관련한 다른 요소들을 감지한 것은 약 일주일 후였다. 그녀는 보통 영화를 보면서 울지 않았지만 이 특별한 저녁에 비참한 상태에 있는 한 여자가 예상치 못한 도움과 호의를 받는 모습을 보자 눈에 눈물이 차올랐다. 그녀는 감상적이라며 자신을 비웃었지만 눈물은 멈추지 않았고 나중에 그녀의 행동에 관해 설명할 필요성을 느꼈다. 그녀는 우선 자신의 무의식적인 불행이 영화에 대한 울음으로 표현되었을 가능성을 생각했다. 물론 그녀는 불행한 이유도 찾았다. 그러나 이러한 생각의 흐름에 따른 연상은 어디로도 이어지지 않았다. 다음 날 아침이 되어서야 그녀는 갑자기 이 문제의 쟁점이 보였다. 그녀가 울음을 터뜨린 장면은 영화 속 여자가 가난했을 때가 아니라 상황이 예기치 않게 호전되었을 때였다. 그제야 자신이 간과했던 것, 즉 '그런 경우'에 항상 울었다는 사실을 깨달았다.

그렇게 하자 그녀의 연상들이 서로 맞아떨어졌다. 그녀는 어린 시절, 대모 요정이 신데렐라에게 예상치 못한 선물을 수북이 안겨주는 장면에서 항상 울었던 것을 기억했다. 그러자 스카프를 받았을 때의 기쁨이 그녀에게 다시 떠올랐다. 다음 기억은 그녀가 결혼 생활을 하던 중에 일어난 사건이었다. 그녀의 남편은 크리스마스나 생일에만 선물을 주는 사람이었다. 한번은 남편의 사업상 중요한 친구가 같은 지역에 있었고, 두 남자는 그녀가 드레스를 고르는 것을 돕기 위해 함께 양장점에 갔다. 그녀는 두 벌의 드레스 중에서 어떤 것을 골라야 할지 결정하지 못했다. 그러자 남편은 너그러운 몸짓을 하더니 두 벌 모두 사자고 제안했다. 비록 이런 행위가 전적으로 그녀 자신을 위해서가 아니라 사업 상대에게 좋은 인상을 주기 위해서라는 것을 알았지만 그와 상관없이 지나치게 기뻐했고 다른 무엇보다 이 드레스들을 특히 소중히 여겼다.

마침내 위대한 남자가 나오는 백일몽의 두 가지 측면이 그녀에게 떠올랐다. 하나는 매우 놀랍게도, 그녀가 위대한 남자의 눈에 들었던 장면이었다. 다른 하나는 그가 그녀에게 바친 온갖 선물이었다. 그녀는 선물에 얽힌 일들을 혼자서 아주 자세하게 상상했다. 그가 제안한 여행, 그가 선택한 호텔, 그가 집으로 가져온 옷과 고급 레스토랑 초대장까지 그녀는 아무것도 요구할 필요가 없었다.

그녀는 너무 강력한 증거를 마주한 범죄자처럼 상당히 당황스러운 기분이었다. 이것이 그녀가 생각한 '사랑'이었다! 그녀는 독신주의라고 밝힌 남자 친구가 여자의 사랑은 남자를 착취하기 위한 가림막에 불과하다고 말한 것을 기억했다. 또 사랑에 관한 이야기가 홍수처럼 넘쳐나는 것이 역겹다고 말하여 자신을 크게 놀라게 한 친구 수잔도 떠올랐다. 수잔은 사랑은 좋은 동반자 관계를 만들기 위해 각자 자신의 몫을 다하는 정직한 거래일 뿐이라고 덧붙였다. 클레어는 수잔이 감정의 존재와 가치를 부정하는 데 너무 열심인 게 냉소적이라 여겼고, 충격을 받았다. 하지만 자신은 유무형의 선물이 은쟁반에 담겨 내 앞에 놓일 거란 기대감으로 대부분이 이루어져 있는 무언가를 순진하게 '사랑'으로 착각했다는 것을 깨달았다. 그녀의 사랑은 실은 다른 사람에게 기생하는 것에 지나지 않았다.

이것은 확실히 전혀 예상치 못한 통찰이었다. 그녀는 놀라운 발견에 고통스러웠지만 곧 크게 안도감을 느꼈다. 애정 관계를 어렵게 만들었던 자신의 역할을 정말로 밝혀냈다고 생각했다.

클레어는 자신이 한 발견에 너무 압도되어 출발점이 된 사건, 즉 영화를 보며 울었던 일을 까맣게 잊고 있었다. 하지만 그녀는 다음 날 다시 그 사건으로 돌아갔다. 눈물은 가장 은밀하고 가장 열렬한 소망이 갑자기 이루어진다는 생각, 평생을 기다려왔고 감히 이루어지리라고 믿지 못했던 것이 이루어졌다는 생각에 벅차오르는 당혹감을 표현한 것이었다.

다음 2주 동안 클레어는 여러 방향에서 그녀의 통찰을 따라갔다. 최근에 떠오른 일련의 연상을 훑어보면서 그녀는 거의 모든 사건에서 예상치 못한 도움이나 선물에 강조점이 있다는 것을 깨달았다. 적어도 하나의 단서는 그녀가 백일몽에 대해 적은 마지막 진술, 즉 아무것도 요구할 필요가 없었다는 말에 있다고 느꼈다. 여기서 그녀는 이전 분석 작업을 통해 친숙해진 영토로 들어섰다. 예전에 그녀는 자신의 소망을 억누르는 경향이 있었고, 여전히 소망을 표현하는 것을 어느 정도 억제하고 있었기 때문에 그녀를 위해서 소망해줄 누군가가, 혹은 그녀의 은밀한 소망을 짐작하고 그녀가 아무것도 하지 않아도 대신해주는 누군가가 필요했다.

그녀가 추구한 또 다른 방향은 수용적이고 기생하는 태도의 이면과 관련이 있었다. 자신은 주는 것이 거의 없다는 사실을 깨달았다. 피터가 언제나 그녀의 어려움이나 이익에 관심을 주기를 기대했지만 정작 자신은 피터의 어려움이나 이익에 적극적으로 관여하지 않았다. 피터가 부드러운 태도로 다정하게 대해주기를 기대했지만 자신은 마음을 표현하지 않았다. 그녀는 응답했지만 주도권은 피터에게 남겨두었다.

다른 날, 그녀는 엄청난 기쁨에서 우울로 기분이 급변했던 저녁의 기록으로 다시 돌아갔다. 거기에서 피로와 관련이 있을지도 모르는 다른 요소의 가능성을 보았다. 그녀는 피로가 단지 불안에서만 야기된 것이 아니라 자신의 소망이 좌절된 데 대한 억압된 분노에서 비롯된 것은 아닐지 궁금했다. 만약 그런 거라면 그녀의 소망은 그녀가 가정한 것처럼 해를 끼치지 않으리라고 보장할 수 없었다. 그 소망에는 반드시 부응해주어야 할 주장들이 포함될 수밖에 없기 때문이다. 그녀는 이것을 미해결 문제로 남겼다.

이 분석은 피터와의 관계에 곧바로 긍정적인 영향을 미쳤다. 그녀는 더 적극적으로 그의 관심사를 공유하고 그의 소망을 고려했고, 단순히 수용만 하는 태도를 버렸다. 또한 갑작스럽게 짜증을 폭발시키는 일은 완전히 그만두었다. 그녀가 그에게 하는 요구가 누그러들었는지 아닌지는 말하기 어렵지만 적당히 완화되었다고 가정해야 합리적일 것이다.

이번에는 덧붙일 말이 거의 없을 정도로 클레어가 완전히 정면으로 그녀의 발견을 마주했다. 주목할 만한 점은 6주 전, 위대한 남자의 백일몽이 처음 등장했을 때도 이번과 같은 자료가 나타났다는 것이다. 그 당시에는 '사랑'의 허상을 붙잡으려는 욕구가 너무 절박해서 자신의 사랑에 보호 욕구가 영향을 미친다고 인정하는 것 외에 할 수 있는 일이 없었다. 인정했음에도 보호 욕구를 자신의 '사랑'을 강화하는 요소로 생각하는 데 그쳤다. 그렇지만 앞서 언급했듯이 그 초기 통찰은 그녀의 의존성에 첫 번째로 공격을 가했다.

그녀가 사랑에서 얼마나 두려움을 느끼는지를 발견하는 것이 두 번째 단계였다. 여기서 한 걸음 더 나아가면 그녀가 피터를 과대평가했는지에 관한 질문이 이어지는데 아직 답을 얻지 못한 채 남아 있다. 안개를 헤치고 그 멀리까지 간 뒤에 비로소 그녀는 자신의 사랑이 절대 순수하지 않음을 알 수 있었다. 지금에 이르러서야 자신의 넘치는 기대와 요구를 사랑으로 착각했다는 것을 자각하며 밀려드는 환멸을 견딜 수 있었다. 그녀는 아직 자신의 기대에서 비롯된 의존성을 깨닫는 마지막 단계를 밟지 못했다. 그러나 분석에서 이 부분은 통찰을 추적하는 것이 무엇을 의미하는지 보여주는 좋은 예시다. 클레어는 타인에게 기대하고 있는 것 대부분이 자신을 위해 무엇을 소망하거나, 무엇을 하는 것에 대한 자신의 억제로부터 생겨난다는 것을 알았다. 그녀는 자신의 기생적인 태도 때문에 무엇을 줄 수 있는 능력이 손상됐다는 것을 알았다. 그리고 자신의 기대가 거부되거나 좌절되면 불쾌감을 느끼는 경향을 인식했다.

사실 클레어는 주로 무형의 것들에 기대를 품었다. 그녀가 욕심이 많다는 증거가 있지만 본질적으로 탐욕스러운 사람은 아니었다. 나는 심지어 선물을 받는 것이 구체성 면에서 떨어지기는 해도 더 중요한 기대를 상징한다고 말하고 싶다. 그녀는 무엇이 옳은지 그른지에 대해 마음을 정하지 않아도 되고, 솔선수범하지 않아도 되며, 스스로 책임지지 않아도 되고, 외부의 어려움을 해결하지 않아도 되는 방식으로 보살핌받을 것을 요구했다.

몇 주가 지나자 피터와의 관계는 전반적으로 원만해졌다. 둘은 마침내 함께 여행을 계획했다. 그가 오랫동안 우유부단하게 굴었기 때문에 여행을 기대하는 기쁨을 대부분 망쳐버렸지만 모든 것이 정해지자 그녀는 다시 휴가를 기대하게 되었다. 그러나 떠나기 며칠 전, 피터는 그녀에게 사업이 너무 불안정한 상태라서 한동안 자리를 비우는 것이 어렵다고 말했다. 클레어는 처음에는 화가 났고 나중에는 절망에 빠졌다. 피터는 그녀가 비합리적으로 군다고 꾸짖었다. 그녀는 비난을 받아들이려 했고 그가 옳다며 자신을 설득하려고 노력했다. 마음을 가라앉힌 그녀는 차로 3시간밖에 안 걸리는 리조트에 혼자서 가겠다고 제안했다. 그렇게 하면 피터는 시간이 날 때마다 그녀와 함께 할 수 있었다. 피터는 대놓고 이 합의안을 거부하지는 않았지만 조금 망설인 뒤에 그녀가 더 합리적으로 받아들일 수 있었다면 자신도 기꺼이 동의했을 것이라고 말했다. 하지만 그녀는 실망스러운 일마다 격렬하게 반응할 것이고 그는 시간을 자유롭게 쓸 수 없기에 앞으로도 마찰만 예상되니, 그녀가 자신을 빼고 계획을 세우는 편이 더 좋을 것 같다고 했다. 그러자 클레어는 다시 절망에 빠졌다. 피터는 그녀를 위로하면서 휴가의 마지막 열흘은 그녀와 함께 보내기로 약속했다. 이렇게 그날 저녁은 끝이 났다. 클레어는 안심이 되는 기분이었다. 내심 피터의 말에 동의하면서 그녀는 일을 더 편하게 받아들이고 그가 그녀에게 줄 수 있는 것에 만족하기로 마음먹었다.

다음 날, 클레어는 자신이 처음 내보인 분노의 반응을 분석하려고 애썼다. 그 사이에 그녀는 세 가지 연상이 떠올랐다. 첫 번째는 그녀가 어렸을 때 순교자 역할을 했다고 놀림을 받았던 기억이었다. 그녀가 자주 떠올렸던 기억이 이제 새로운 관점으로 나타났다.

이전에는 다른 사람들이 이런 식으로 자신을 놀리는 것이 잘못된 것인지 아닌지를 살펴본 적이 없었다. 놀림을 그저 사실로 받아들였다. 이제 처음으로 그들이 옳지 않았다는 것과 그녀가 실제로 차별을 받았다는 것, 그들이 그녀를 놀림으로써 상황을 악화시켰다는 게 그녀에게도 분명히 전해졌다.

그런 뒤에 그녀는 대여섯 살 무렵의 또 다른 기억을 떠올렸다. 그녀는 오빠와 오빠의 친구들과 함께 놀곤 했는데 어느 날 그들은 그녀에게 자신들이 놀던 어느 초원 근처의 은밀한 굴 속에 강도들이 살고 있다고 말했다. 그녀는 이야기를 철석같이 믿었고, 초원 근처에 갈 때마다 덜덜 떨었다. 그러던 어느 날 그들은 그녀가 이야기에 속아 넘어갔다며 비웃었다.

마지막으로 그녀는 지난번에 도박용 가판대와 기괴한 쇼가 있었던 외국 도시가 나온 꿈에 대해 생각했다. 이제는 이 상징들이 일시적인 분노 이상의 것을 나타내고 있음을 깨달았다. 그녀는 피터에게 무언가 거짓되고 믿지 못할 면이 있는 것을 처음으로 보았다. 작정하고 사기詐欺를 친다는 의미는 아니었다. 그는 항상 옳고, 항상 우월하고, 항상 너그러운 역할을 할 수밖에 없었다. 그에게는 약점이 있었다. 자기 안에 틀어박혀 있었고, 그가 그녀의 소망대로 따른다면 그것은 사랑과 관대함 때문이 아니라 자신의 약점 때문이었다. 그가 그녀를 대하는 방식에는 아주 미묘하게 잔혹스러운 면이 있었다.

이제야 그녀는 전날 밤 자신의 반응이 실망했기 때문이 아니라 피터가 자신의 감정을 냉담하게 무시했기 때문이라는 것을 깨달았다. 그가 자리를 비울 수 없다는 소식을 그녀에게 전했을 때 그에게서 어떤 부드러움도, 안타까움도, 연민도 찾아볼 수 없었다. 그녀는 심하게 울었고 저녁이 끝나갈 무렵에야 그는 다정하게 변했다. 그러는 동안 그녀가 정면으로 고통을 감당하게 했다. 그는 그녀에게 모든 것이 그녀의 잘못이라는 인상을 심어 주었다. 피터는 어린 시절에 클레어의 어머니와 오빠가 행동했던 것과 정확히 같은 방식으로 행동했다. 처음에는 그녀의 감정을 짓밟고, 그다음에는 그녀가 죄책감을 느끼도록 만들었다. 그런데 클레어가 반항할 용기를 얻었기 때문에 이 부분의 의미가 더 명확해졌다. 과거에 대한 해석이 현재 그녀가 더 솔직해지는 데 도움이 되는 것은 무척 흥미롭게 여길 만한 지점이다.

그때 클레어는 피터가 암묵적이거나 확실하게 약속하고 끝내 지키지 않았던 여러 사건을 떠올렸다. 그녀는 피터의 이런 행동이 더 중요하고 더 눈에 띄지 않는 방식으로 드러난다는 것을 깨달았다. 그녀는 피터가 그녀 안에 깊고 영원한 사랑의 환상을 만들어 냈지만 정작 그 자신을 떼어놓으려고 안달이었다는 것을 확인했다. 마치 그가 사랑이라는 관념으로 자신과 그녀를 도취시킨 것 같았다. 그리고 그녀는 강도들이 산다는 이야기에 속아 넘어갔던 것처럼 그 사랑에 속아 넘어갔다.

마침내 클레어는 그녀가 초기에 꾼 꿈 이전에 떠올렸던 연상들, 즉 병을 앓고 나서 사랑이 식어버린 친구 아일린과 여주인공이 남편과 소원함을 느꼈던 소설에 관한 생각을 떠올렸다. 이제 그녀는 이러한 생각들이 짐작했던 것보다 더 진지하고 함축적인 의미를 지니고 있다는 것을 깨달았다. 그녀 안에 있는 무언가가 진심으로 피터에게서 벗어나고 싶어 했다. 그녀는 이 통찰이 썩 유쾌하지는 않았지만 그럼에도 마음이 놓였다. 마치 마법의 주문이 풀린 듯한 기분이었다. 통찰을 추적하면서 클레어는 피터에 대한 명확한 그림을 얻기까지 왜 그렇게 오랜 시간이 걸렸는지 궁금해지기 시작했다. 피터의 이러한 특성들을 인식하기 시작하자 그녀의 눈에 너무 두드러지게 보여 간과하기가 어려웠는데 말이다. 그러다가 그녀는 자신의 관심이 그러한 특성들을 보지 않는 쪽으로 강하게 작용한다는 것을 알았다. 그녀가 피터에게서 백일몽의 위대한 남자가 실현되는 것을 보지 못하게 막는 것은 아무것도 없어야 했다. 또한 그녀는 자신이 피터에게 했던 것과 비슷한 방식으로 영웅처럼 숭배해왔던 인물들의 전체 행렬을 처음으로 보았다. 행렬은 클레어가 우상화했던 어머니부터 시작되었다. 그리고 브루스가 뒤따랐다. 그는 여러 면에서 피터와 비슷한 유형이었다. 그리고 백일몽의 남자와 다른 사람들이 있었다. 찬란한 새의 꿈은 이제 피터를 찬미하는 상징임이 확실해졌다. 그녀는 기대 때문에 항상 목표를 별처럼 높게 품었는데, 모든 별은 촛불이었다는 것이 밝혀졌다.

여기서 클레어의 발견은 발견이 아니라는 의견이 더 지배적일 수 있다. 그녀는 피터가 지키지 못할 약속을 했다는 것을 한참 전에 깨닫지 않았던가? 그렇다. 그녀는 여러 달 전부터 봐왔다. 하지만 그녀는 그것을 심각하게 여기지 않았고, 피터를 신뢰할 수 없는 정도를 제대로 인식하지도 않았다. 당시 그녀의 생각은 대부분 그에 대한 분노를 표현하는 것으로 이루어져 있었다. 이제는 하나의 의견이나 판단으로 확고해졌다. 게다가 그녀는 그때 피터의 정의롭고 관대한 겉모습 뒤에 섞여든 가학적인 모습을 보지 못했다. 그녀가 피터에게 자신의 모든 욕구를 충족시켜주기를 맹목적으로 기대하는 한 그녀는 명확한 전망에 도달하지 못했을 것이다. 자신이 환상적인 기대를 품고 있었다는 깨달음과 서로 주고받는 토대 위에서 관계를 정립하려는 의지는 그녀를 훨씬 더 강하게 만들었다. 덕분에 이제 그녀는 감히 그의 약점을 직면하고 둘의 관계를 지탱하는 기둥을 흔들 수 있었다.

클레어가 채택한 분석 경로의 장점은 그녀가 자신이 가진 문제의 근원을 가장 먼저 내면에서 찾았고, 그 작업 이후에 피터가 문제에서 차지하는 몫을 조사했다는 것이다. 원래 그녀의 자기 성찰 목적은 관계의 어려움을 해결하기 위한 쉬운 실마리를 찾으려는 시도였지만 결국 그녀는 자신에 대한 중요한 통찰에까지 이르게 되었다. 분석가라면 누구나 자신뿐만 아니라 자기 삶의 일부인 다른 사람들을 이해하는 법을 배워야 하지만 시작은 자기 자신이 되는 편이 더 안전하다. 내가 갈등에 휘말려 있는 한 내가 얻은 다른 사람들에 대한 그림 또한 왜곡되어 있을 것이다.

클레어가 분석 작업 전 과정에 걸쳐 수집한 피터에 대한 자료를 바탕으로, 그의 성격을 분석한 그녀의 의견이 기본적으로 적절했다고 나는 추정한다. 그렇지만 그녀는 여전히 한 가지 중요한 지점을 놓치고 있었다. 피터는 이유가 무엇이든지, 그녀에게서 벗어날 작정이었다는 것이다. 물론 그가 그녀에게 주었던 사랑의 확신이 그녀의 판단을 흐리게 했을 것이다. 한편으로는 이 설명만으로는 충분하지 않은 면이 있다. 아직 두 가지 질문이 남아 있기 때문이다. 피터라는 그림을 명확히 그리고자 했던 그녀의 노력은 왜 거기서 멈췄을까? 그리고 그녀는 피터에게서 벗어나는 것이 바람직하다는 것을 예견할 수 있었음에도 그가 그녀에게서 벗어날 가능성에 대해서는 왜 눈을 감았을까?

이렇게 끈이 남아있었던 탓에 헤어지고자 했던 클레어의 소망은 오래가지 못했다. 그녀는 그와 떨어져 있는 동안 불행했고, 그가 그녀에게 오자마자 그의 매력에 굴복했다. 또한 그녀는 여전히 혼자가 된다는 생각을 견딜 수 없었다. 그래서 관계는 계속되었다. 그녀는 그에 대한 기대를 줄이고, 더 많이 단념했다. 하지만 그녀의 삶은 여전히 그를 중심으로 돌아갔다.

3주 후에 그녀는 마거릿 브룩스라는 이름을 웅얼거리며 잠에서 깼다. 자신이 꿈을 꿨는지는 알 수 없었지만 그 의미는 즉시 알았다. 마거릿은 결혼한 친구였는데 몇 년 동안 만나지 못했다. 그녀는 남편에게 존엄성을 무자비하게 짓밟히면서도 애처롭게 그에게 의지했다. 남편은 아내를 무시했고, 다른 사람들 앞에서 아내를 비꼬았다. 남편에게는 정부들도 있었는데 한 명은 집으로 데려오기까지 했다. 마거릿은 절망에 빠졌고 클레어에게 불만을 토로하곤 했다. 하지만 그녀는 매번 화해했고, 여전히 자기 남편이 최고일 것이라고 믿었다. 클레어는 마거릿의 그런 의존성에 몹시 놀랐고, 그녀의 모자란 자존심을 경멸했다. 그런데도 클레어가 마거릿에게 하는 조언에는 오로지 남편을 붙잡아두거나 되찾는 방법만 있었다. 그녀는 친구와 함께 결국 모든 것이 잘 되리라는 희망을 품었다. 클레어는 그 남자가 그럴 가치가 없다는 것을 알고 있었지만 마거릿이 그를 너무 사랑했기 때문에 이런 태도를 보이는 것이 최선인 듯했다. 이제 클레어는 자신이 얼마나 어리석었는지를 생각했다. 그녀는 마거릿이 그를 떠나도록 격려했어야 했다.

하지만 지금 그녀를 화나게 한 것은 친구의 상황에서 자신이 예전에 보였던 태도가 아니었다. 그녀를 깜짝 놀라게 한 것은 잠에서 깨는 순간 엄습했던 자신과 마거릿 사이의 유사성이었다. 그녀는 자신이 의존적이라고 생각해본 적이 없었다. 그러나 무서울 정도로 또렷하게 자신이 친구와 같은 처지에 있다는 것을 깨달았다. 그녀 역시 자신을 진정으로 원하지 않고 가치가 의심스러운 남자에게 매달리며 존엄성을 잃었다. 그녀는 자신이 강력한 끈으로 피터와 묶여 있는 것을 보았고, 피터가 없는 삶은 상상할 수 없을 정도로 무의미하다는 것을 알았다. 사회생활도, 음악도, 직장도, 직업도, 자연도 그가 없으면 아무것도 중요하지 않았다. 그녀의 기분은 그에게 달려 있었다. 그에 관한 생각이 그녀의 시간과 에너지를 모두 빨아들였다. 그가 어떻게 행동하든, 살던 집으로 돌아가는 고양이처럼 그녀는 여전히 그에게 돌아갔다. 그 뒤로 며칠 동안 그녀는 멍

한 상태로 살았다. 그 통찰을 통해 아무런 진정 효과도 느낄 수 없었다. 오직 그녀를 얽어매고 있는 사슬을 더 고통스럽게 느꼈을 뿐이었다.

어느 정도 평정을 되찾자 그녀는 자신의 발견에서 함축적인 의미를 살펴보았다. 그녀는 버림 받는 것에 대한 두려움의 의미를 더 깊이 파악해보았다. 그녀와 피터를 묶어 놓은 끈은 그녀에게 본질적이었기 때문에 그녀는 관계가 끝나는 것에 깊은 두려움을 가지고 있었고, 의존이 계속되는 한 두려움도 지속될 수밖에 없었다. 그녀는 자신이 어머니와 브루스, 남편을 영웅처럼 숭배했을 뿐만 아니라 피터에게 그랬던 것처럼 그들에게 의존했다는 것을 확인했다. 그녀가 피터를 잃는 것에 대한 두려움에 비하면 자신의 존엄성이 손상되는 것은 아무것도 아니라고 느끼는 한 제대로 된 자존감을 세우기를 바랄 수는 없다는 것을 깨달았다. 마침내 그녀는 이 의존성이 피터에게도 위협이자 부담이 되리란 것을 이해했다. 이 통찰은 그에게 품었던 그녀의 적대감을 급격히 가라앉혔다.

그녀는 이러한 의존성이 사람들과의 관계를 얼마나 망쳐놓았는지 깨달았다. 그 인식은 그녀가 확실한 입장에 서게 해주었다. 이번에 그녀는 이별함으로써 그 매듭을 끊겠다는 결심조차 하지 않았다. 그녀는 애초에 자신이 피터와 헤어질 수 없다는 것을 알았지만 한편으로는 문제를 확인한 이상 피터와의 관계 안에서 문제를 해결할 수 있을 것 같았다. 그녀는 결국 그 관계는 보존되고 키워야 할 가치가 있다고 자신을 확신시켰다. 그녀는 그 관계를 건전한 기반에 올려놓을 수 있다고 느꼈다. 따라서 그다음 달에 그녀는 분석 작업과 더불어 거리를 두기 원하는 피터의 욕구를 존중하고, 자신의 문제에 보다 독립적인 방식으로 대처하기 위해 진정한 노력을 쏟았다.

분석의 이 부분에서 클레어가 중요한 진전을 이루었다는 데는 의심의 여지가 없다. 그녀는 거의 혼자 힘으로 두 번째 신경증적 경향(첫 번째는 그녀의 강박적인 겸손함)을 발견했는데 이전까지 존재하리라는 의심조차 하지 않던 경향이었다. 그녀는 두 번째 신경증적 경향의 강박적인 성격과 그것이 자신의 애정 생활에 어떻게 해를 끼치는지 인식했다. 그러나 아직은 이 경향이 어떻게 삶 전반을 방해하고 있는지 확인하지 못했고, 그 만만치 않은 힘을 인식하는 데는 한참 못 미쳐 있었다. 그래서 그녀는 자신이 얻은 자유를 과대평가했고, 이 문제를 인식하는 것이 곧 해결하는 것이라는 흔한 자기기만에 굴복했다. 피터와의 관계를 유지한다는 해결책은 사실 타협에 불과했다. 그녀는 그 경향을 어느 정도는 기꺼이 수정할 의향이 있었지만 포기하려는 의지는 없었다. 바로 이 점이 그녀가 피터에 대한 더 선명한 그림을 볼 수 있음에도 여전히 그의 한계를 과소평가했던 이유였다. 곧 살펴보겠지만 피터의 한계는 그녀가 믿었던 것보다 훨씬 더 크고 완고했다. 그녀는 또한 자신에게서 멀어지고자 하는 피터의 노력을 과소평가했다. 그 노력을 보았지만 그를 향한 자신의 태도를 바꾸어 그를 되찾을 수 있기를 바랐다.

몇 주 후에 클레어는 누군가가 자신을 비방하는 말을 퍼뜨렸다는 이야기를 들었다. 그녀는 의식적으로 화를 내진 않았지만 그 소식은 광활한 사막에 서 있는 탑을 보는 꿈으로 이어졌다. 탑은 주위에 난간도 없는 단순한 단platform으로 끝났고, 가장자리에 어떤 형상이 서 있었다. 그녀는 가벼운 불안감을 느끼며 잠에서 깼다.

사막은 뭔가 황량하고 위험한 인상을 남겼고, 그녀에게 가운데가 끊어진 다리 위를 걸었던 불안 꿈을 떠오르게 했다. 탑 위의 형상은 그녀에게 단지 외로움의 상징이었을 뿐이고, 피터와 몇 주 동안 떨어져 있었기 때문에 그녀는 실제로 외로움을 느꼈다. 그때 '섬에 단둘이'라는 문구가 떠올랐다. 그 문구는 산속이나 바닷가의 소박한 오두막에서 사랑하는 남자와 단둘이 있는 모습을 그려보곤 했던 그녀의 공상을 생각나게 했다. 그러므로 처음에는 그 꿈이 피터를 향한 갈망과 피터가 없어서 느끼는 외로움의 표현일 뿐이라고 생각했다. 그녀는 또한 전날 들은 이야기가 이러한 감정을 고조시켰다고 생각했다. 즉 자신을 비방하는 말이 자신을 걱정스럽게 만들고 보호에 대한 욕구를 강화했으리라고 이해했다.

그녀는 연상들을 되짚어보다가 자신이 왜 꿈에 나온 탑에 전혀 관심을 기울이지 않았는지 궁금해졌다. 가끔 머릿속에 떠오르던 어떤 모습이 생각났다. 늪 한가운데에 기둥이 솟아 있고, 그 기둥 위에 서 있는 자신의 모습이었다. 늪에서 나온 여러 개의 팔과 촉수는 마치 그녀를 끌어내리려는 듯 그녀를 향해 뻗어 있었다. 이 환상에서는 아무 일도 일어나지 않았고 오직 이 장면만 있었다. 전에는 여기에 크게 관심을 기울인 적이 없었고 숨겨진 의미 중 가장 명백하게 보이는, 즉 더럽고 불쾌한 곳으로 끌려 내려가는 것에 대한 두려움 정도만 보였다. 그녀를 비방하는 말로 이런 공포가 되살아났을 것이다. 그러나 갑자기 그녀는 그림의 다른 측면을 보게 되었다. 즉 자신을 다른 사람들보다 우위에 놓는 모습이었다. 탑이 나오는 꿈도 이런 측면이 있었다. 세상은 메마르고 황량했지만 그녀는 그 위에 우뚝 서 있었다. 세상의 위험이 그녀에게 닿지 못했다.

따라서 그녀는 자신이 비방하는 말에 굴욕감을 느끼고, 다소 거만한 태도 속에서 위안을 얻으려 한다는 의미로 꿈을 해석했다. 그리고 탑에 서 있는 자신은 고립되고 높은 위치가 너무 불안해서 견디기 어렵고, 두려워하는 것으로 해석했다. 또 그렇게 높은 곳에서는 자신을 받쳐줄 누군가가 있어야 하는데 기댈 수 있는 사람이 아무도 없어서 공황 상태에 빠진 것으로 생각했다. 그녀는 이 발견의 더 넓은 의미를 곧바로 인식했다. 그녀가 지금까지 보았던 모습은 자신이 무방비 상태로 소심하게 대처하기 때문에 그녀를 지지하고 보호해 줄 누군가를 필요로 한다는 것이다. 이제 그녀는 자신이 때때로 반대편 극단, 즉 거만한 쪽으로 변할 수도 있고 그러한 상황에서도 자신의 존재를 드러내지 않을 때와 마찬가지로 보호자가 있어야 한다는 것을 깨달았다. 그녀는 크게 안도했다. 피터와 자신을 묶고 있는 유대 관계에 대한 새로운 전망과 그에 따라 이 유대를 해체할 수 있는 새로운 가능성을 어렴풋이 보았기 때문이다.

이 해석에서 클레어는 실제로 그녀에게 감정적인 지원이 필요한 또 다른 이유를 인식했다. 그녀가 그 문제의 이런 측면을 보지 못했던 데에는 그럴만한 이유가 있다. 오만함과 사람들에 대한 경멸, 탁월해지려는 욕구, 승리하려는 욕구로 구성된 그녀의 성격 영역 전체는 여전히 너무 깊이 억압되어 있어서 아직 통찰의 섬광으로만 밝혀져 있었다. 분석을 시작하기 전부터 그녀는 사람들을 경멸하고자 하는 욕구, 성공에 대한 엄청난 의기양양함, 백일몽에서 야망이 수행하는 역할에 대해 간혹 인식한 바 있지만 일시적인 통찰이었다. 그러나 이 모든 문제는 여전히 너무 깊이 묻혀 있어서 그 징후를 거의 이해할 수 없었다. 마치 땅속 깊은 곳으로 통하는 갱도에 갑자기 불이 켜졌다가, 곧이어 어둠이 찾아와 통로가 사라지는 것과 같았다. 따라서 일련의 연상에 대한 또 다른 의미에는 여전히 접근할 수 없었다. 사막의 탑에서 보이는 극단으로 고독해 보이는 그림은 피터가 없는 그녀의 외로운 감정뿐만 아니라 그녀가 전반적으로 고립되어 있음을 가리켰다. 파괴적인 오만함은 고립에서 비롯된 결과일 뿐만 아니라 원인이 된 요인이기도 했다. 한사람에게 그녀 자신을 묶어두는 것, 즉 '섬에 단둘이'는 사람들과의 관계를 바로잡을 필요 없이 그러한 고립에서 벗어날 방법이었다. 클레어는 이제 피터에게 더 나은 방법으로 대처할 수 있다고 믿었다. 하지만 연거푸 닥친 타격으로 그녀의 문제는 절정에 달했다. 먼저 그녀는 피터가 다른 여자를 만나고 있거나 만난 적이 있다는 사실을 간접적으로 알게 되었다. 피터가 클레어에게 헤어지는 것이 두 사람 모두에게 더 좋겠다는 편지를 썼을 때 그녀는 놀라지 않았다. 클레어는 이런 일이 더 일찍 일어나지 않은 것을 하늘에 감사해하는 것으로 첫 번째 반응을 보였다. 그녀는 이제 견딜 수 있다고 생각했다.

첫 번째 반응에는 진실과 자기기만이 섞여 있었다. 진실은, 몇 달 전이라면 그녀는 심각한 상처를 입고, 스트레스를 견딜 수 없었을 것이라는 점이다. 이후로 몇 달 동안 그녀는 괴로움을 견딜 수 있다는 것을 증명했을 뿐만 아니라 전체 문제의 해결책에 더 가까이 접근해 있었다. 그러나 첫 번째 반응이 이렇게 사무적으로 나온 것은 충격이 보호 갑옷을 뚫고 들어가지 못하도록 그녀가 막았기 때문이기도 하다. 며칠 내로 그 충격이 속으로 파고들었고 그녀는 격렬한 절망의 도가니로 내동댕이쳐졌다.

클레어는 너무 깊은 혼란에 빠져 자신의 반응을 분석할 수 없었다. 이는 이해할 만한 일이다. 집에 불이 났을 때는 원인과 결과를 반성할 것이 아니라 일단 밖으로 나가야 한다. 2주 후 클레어는 자살에 관한 생각이 며칠 동안 계속 떠올랐다고 기록했다. 물론 진지하게 자살을 의도한 것은 아니었다. 그녀는 자살에 대한 생각만 이리저리하고 있다는 사실을 깨달았고, 그런 뒤에 자신이 죽고 싶은지 아니면 살고 싶은지를 자문하며 정면으로 맞섰다. 그녀는 확실히 살기를 원했다. 그러나 그녀가 시들어가는 꽃처럼 살지 않으려면 피터에 대한 갈망과 그를 잃었을 때 삶이 산산조각이 나는 느낌에서 벗어나야 할 뿐만 아니라 강박적 의존성이라는 문제 전체를 근본적으로 극복해야 했다.

그녀의 마음속에서 그 문제가 명확해지자마자 예상치 못한 격렬한 몸부림이 시작되었다. 이제야 그녀는 다른 사람과 융합하고

자 하는 욕구의 힘을 온전히 그대로 느꼈다. 더는 그 욕구가 '사랑'이라고 설득하며 시시덕거릴 수 없었다. 그녀는 의존성이 마치 마약 중독과 같다는 것을 깨달았다. 의존성에 굴복하고 또 다른 '동반자'를 찾거나 의존성을 완전히 극복하는 것, 두 가지 대안밖에 없다는 사실이 또렷하게 보였다. 하지만 그녀가 의존성을 극복할 수 있을까? 그녀에게 의존하지 않는 삶은 살 가치가 있을까? 그녀는 어쨌든 삶은 좋은 것을 많이 주었다고 스스로 설득시키기 위해 미친 듯이 노력했다. 자신에게는 좋은 집이 있지 않은가? 일에서 만족을 찾지 않았는가? 친구가 있지 않은가? 음악과 자연을 즐기지 않는가?를 물었지만 그런 노력은 소용이 없었다. 모든 것이 콘서트 중간의 휴식 시간intermission처럼 매력도 없고, 관심도 가지 않았다. 인터미션은 아무 문제가 없다. 음악이 다시 시작될 때까지 가능한 한 즐겁게 기다리면 된다. 하지만 인터미션만 기다리는 사람은 아무도 없을 것이다. 그녀는 이런 논증이 부적절하다는 생각이 들었지만 잠시 스치는 느낌에 그쳤다. 어떤 진정한 변화도 그녀의 힘으로는 일으킬 수 없다는 감정이 지배적이었다.

마침내 지극히 단순하지만 점점 좋아지는 방향으로 전환하는 계기가 될 생각이 떠올랐다. '못 하겠다는 말은 안 하겠다는 뜻'이라는 오래된 가르침이었다. 어쩌면 그녀는 단순히 자신의 삶을 다른 기반 위에 올려놓기를 원하지 않는 것일까? 그녀는 애플파이를 주지 않으면 아무것도 먹지 않겠다고 하는 아이처럼 어쩌면 인생에서 다른 무언가에 의지하기를 적극적으로 거부하는 것은 아닐까? 그녀는 자신의 의존성을 인식한 이후로 단지 한 사람과의 관계에 구속되어 모든 기운을 다 소진하고 다른 사람을 위한 여력은 전혀 남지 않은 모습만을 보았다. 이제 그녀는 의존성이 단순히 관심을 밀어내버리는 데 그치지 않는다는 사실을 깨달았다. 클레어는 '사랑하는 사람'이 한 것이 아니라면 자신이 혼자 하거나 다른 사람과 함께한 모든 것을 거부하거나 평가절하했다. 따라서 그녀는 처음으로 자신이 얼마나 깊은 악순환에 사로잡혔는지 알게 되었다. 한 사람과의 관계 밖에 있는 모든 것을 평가절하하다 보면, 필연적으로 그 관계의 동반자가 몹시 중요해진다. 그리고 이 유일무이한 중요성은 결국 그녀를 자신과 다른 사람들에게서 한층 더 멀어지게 했다. 이 통찰은 점점 분명해졌고 그녀를 놀라게 하는 동시에 격려해주었으며, 이후에 옳음이 입증되었다. 갇힌 상태로 자유로워지지 못하게 막는 힘이 그녀의 내면에 작용한다면, 아마도 그녀가 속박에 대해 무언가를 할 수 있을 것이다.

내면의 혼란기는 클레어가 새로운 삶을 출발하려는 의지를 얻고 그 문제에 대한 새로운 동기를 부여받으면서 끝났다. 그러나 여기서 여러 가지 질문이 제기된다. 만약 피터를 잃는 것이 여전히 그녀에게 그렇게 심각한 동요를 일으킨다면 앞서 수행한 분석의 가치는 어떻게 될 것인가? 이 문제에는 두 가지 고려 사항이 관련된다.

하나는 이전 분석이 미흡했다는 점이다. 클레어는 자신이 강박적으로 의존하고 있다는 사실을 인지했고, 이런 상태의 함축적인 의미를 어느 정도 알고 있었다. 그러나 그녀가 이 문제에 대한 진정한 이해에 도달하는 데까지는 거리가 멀었다. 만약 누군가가 이전에 성취한 일의 가치에 의구심을 품는다면, 클레어가 문제의 절정에 이르기 전, 분석 기간 전체에 걸쳐 저질렀던 실수를 똑같이 저지르는 것이다. 즉 특정한 신경증적 경향의 중요성을 과소평가하고 따라서 너무 빠르고 너무 쉬운 결과를 기대하는 것이다.

또 하나는 전체적으로 볼 때 최종적인 격변은 그 자체로 건설적인 성격을 띤다는 점이다. 관련된 문제에 대해 전혀 알지 못하는 상태부터 문제의 존재 자체를 부정하려는 가장 강력한 무의식적 시도를 거쳐 문제의 심각성을 최종적으로 완전히 깨닫는 데까지 이어지는 발달노선의 정점을 나타낸다. 절정을 통해서 그녀는 자신의 의존성이 걷잡을 수 없이 커지는 암 덩어리와 같아서 안전하게 경계(타협) 안에 가둬둘 수 없고, 삶을 위협하지 않도록 반드시 제거해야 한다는 것을 깨달았다.

또한 클레어는 극심한 고통의 압박을 받으며 지금까지 무의식 영역에 있던 갈등에 또렷한 의식적 초점을 맞추는 데 성공했다. 다른 사람에 대한 의존을 포기하고 싶은 마음과 계속하고 싶은 마음 사이에서 갈팡질팡하는 자신을 전혀 모르고 있었다. 이 갈등은 피터와 관련된 타협적인 해결책으로 은폐되었다. 이제 그녀는 그 갈등을 마주했고, 자신이 가고 싶은 방향에 대해 분명한 태도를 보일 수 있었다. 이와 관련하여 그녀가 지금 겪고 있는 단계는 이전 장에서 언급했던 대로 분석에서 특정한 시기가 오면 입장을 취하고 결정을 내릴 필요가 있다는 사실을 잘 보여준다. 그리고 만약 분석 작업을 통해 갈등이 충분히 구체화되어 환자가 입장을 정하고 결정을 내리기에 이르렀다면 그것은 성과로 평가받아야 한다. 클레어의 경우에는 그녀가 잃어버린 기둥을 즉시 새것으로 바꾸려고 할 것인지가 관건이다.

그렇게 타협하지 않는 방법으로 문제에 직면하려면 당연히 혼란스러움을 느낀다. 그리고 여기서 두 번째 질문이 등장한다. 클레어의 경험은 분석을 시도하지 않았을 때보다 자살할 위험성을 더 높인 것일까? 이 질문은 그녀가 이전에 자살에 관한 생각에 몰두해 있었다는 사실과 무관하지 않다. 그러나 이번만큼 단호하게 그런 생각에 종지부를 찍은 적이 없었다. 이전에 자살을 생각했을 때는 '좋은' 일이 일어나면 그림에서 그냥 사라졌다. 이제 그녀는 적극적으로, 의식적으로, 그리고 건설적인 정신으로 자살하려는 생각에 반박했다. 또한 앞에서 언급했듯이 피터가 더 일찍 물러나지 않은 것에 그녀가 보인 감사의 반응은 진실한 감정이었다. 이제는 그에게 버림 받는 것에 더 잘 대처할 수 있다고 생각했기 때문이다. 따라서 분석 작업이 없었다면 자살하려는 경향은 더 강하고 더 끈질기게 지속되었을 것으로 추정해도 무방하다.

마지막 질문은 피터와의 이별이라는 외부적 압박이 없었다면 그녀가 자신이 처한 혼란의 심각성을 온전히 인식할 수 있었는지와 관련된다. 클레어는 피터와 헤어지기 전에 분석이 전개되는 과정을 거쳤기 때문에 근본적으로 지지할 수 없는 타협안에 멈추지 않고, 계속 나아갔을 것으로 생각할 수 있다. 반면 최종적 해방에 반대하는 그녀의 힘이 매우 강력해서 그녀는 여전히 추가적인 타협을 하기 위해 상당한 노력을 기울였을지도 모른다. 환자뿐만 아니라 분석가에게도 빈번하게 일어나는 분석 태도가 아니었다면, 이러한 추측은 언급할 가치도 없었을 것이다. 바로 분석만으로 모든 것을 해결할 수 있다고 생각하는 태도이다. 분석 치료에 그렇게 전능한 힘을 부여하면, 최고의 치료사인 '삶 그 자체'가 있다는 사실은 잊게 된다. 분석은 환자가 삶이 제공하는 도움을 받아들이고 그로부터 이익을 얻도록 만든다. 클레어의 경우에서도 분석이 이 일을 해냈다. 분석 작업을 완수하지 않았다면 그녀는 가능한 한 빨리 새로운 동반자를 찾아 나섰을 테고, 같은 경험을 끊임없이 이어나갔을지도 모른다. 중요한 점은 그녀가 외부의 도움 없이 자신을 해방할 수 있었는지가 아니라 도움을 받아들여 건설적인 경험으로 바꿀 수 있었는지다. 그녀는 그렇게 했다.

이 시기에 클레어가 발견한 내용과 관련해서, 클레어가 자기 삶을 살아가는데 맞서는 적극적인 저항을 발견한 것이 가장 중요했다. 자신의 감정을 느끼고, 자신을 두루두루 생각하고, 자신의 관심사를 찾고 계획을 세우는 것, 즉 자기 자신으로서 존재하고 내면의 무게중심을 찾는 것에 대한 적극적인 저항이었다. 이제껏 찾아낸 다른 발견들과는 달리 이는 단지 하나의 감정적인 통찰에 불과했다. 자유 연상으로 도달한 통찰이 아니었고, 통찰을 입증할 수 있는 자료도 없었다. 저항하는 힘의 본성에 대해 아는 것이 거의 없었다. 단지 그런 힘의 존재만을 느꼈을 뿐이다. 우리는 왜 그녀가 그 지점에서 더 나아가지 못했는지를 이해할 수 있다. 그녀의 처지는 삶을 송두리째 빼앗기고 고국에서 쫓겨나 새로운 터전을 닦아야 하는 과업을 떠안은 사람과 비슷했다. 클레어는 자신에 대한 태도, 다른 사람들과의 관계에 근본적으로 변화를 주어야 했다. 당연히 그녀는 이 복잡한 전망<sub>prospect</sub>에 당황했다. 그녀가 의존성 문제를 해결하겠다고 결심했음에도 여전히 최종적인 해결을 가로막는 강력한 무의식의 힘이 방해의 주된 이유가 됐다. 말하자면 그녀는 삶을 대하는 두 가지 방법 사이에서 어느 쪽으로도 움직이지 못한 채 공중에 매달려 있었다. 아직 낡은 것을 떠날 준비도, 새로운 것에 손을 뻗을 준비도 되어 있지 않았다.

그 결과 이어지는 몇 주 동안 클레어는 감정의 기복이 심했다. 피터와 함께한 경험과 이어진 모든 것이 까마득한 과거처럼 보일 때가 있는가 하면, 그를 되찾기를 간절히 갈망할 때도 있었다. 그때 고독은 그녀에게 자행된 불가해한 학대처럼 느껴졌다.

그러던 어느 날, 콘서트를 보고 혼자 집으로 돌아오면서 클레어는 모든 사람의 처지가 자신보다 낫다는 생각이 들었다. 하지만 그녀는 다른 사람들 또한 혼자라고 생각했다. '그렇지, 하지만 그들은 혼자이기를 좋아해' '하지만 사고를 당한 사람들은 처지가 더 나쁘잖아' '그렇지, 아주 안 좋지' '그렇지만 그들은 병원에서 보살핌을 받잖아' '그럼 실업자들은 어떻고?' '그렇지, 아주 곤궁하지' '하지만 그들은 결혼했잖아'. 이 시점에서 문득 자신이 괴상한 방식으로 논쟁을 이어가고 있다는 것을 알아차렸다. 모든 실업자가 행복한 결혼 생활을 하는 것은 아니다. 그리고 설령 그렇다고 해도 결혼이 모든 문제의 해결책은 아니었다. 그녀는 과장된 불행으로 자신을 몰아넣는 어떤 경향이 틀림없이 작용하고 있다는 것을 깨달았다. 불행의 구름이 걷히고 그녀는 안도감을 느꼈다.

그녀가 이 사건을 분석하기 시작했을 때 주일 학교에서 배운 노래의 멜로디가 떠올랐다. 가사는 기억나지 않았다. 그리고 맹장염으로 응급 수술을 받아야 했던 기억이 났다. 그다음에는 크리스마스에 출판된 〈니디스트 케이스〉Neediest Cases(《뉴욕타임스》The New York Times에서는 1911년부터 크리스마스 기간에 도움이 필요한 사례를 기사로 소개하여, 필요한 곳에 직접적인 도움을 줄 수 있도록 기금을 마련한다.-옮긴이)가 떠올랐다. 그다음으로 빙하의 거대한 크레바스crevasse(골짜기에 형성된 깊은 균열)의 모습이 떠올랐다. 그리고 그녀가 빙하를 보게 된 영화가 생각났다. 누군가가 크레바스에 빠졌다가 마지막 순간에 끌어내졌다. 그다음으로 여덟 살 무렵의 기억이 떠올랐다. 그녀는 침대에서 울고 있었는데 어머니가 와서 위로해주지 않는 것은 상상도 할 수 없는 일이라고 느꼈다. 그전에 어머니와의 다툼이 있었는지는 알 수 없었다. 기억나는 것은 자신이 고통받으면 어머니의 마음이 움직일 것이라 확신했던 게 전부였다. 실제로 어머니는 오지 않았고, 그녀는 잠이 들었다.

얼마 후에는 주일 학교의 노래 가사가 떠올랐다. 우리의 슬픔이 아무리 크더라도 하나님께 기도하면 우리를 도울 것이라는 내용이었다. 그녀는 불현듯 다른 연상들과 그 이전의 과장된 불행에 대한 실마리를 보았다. 큰 고통이 도움을 가져오리라고 기대한 것이다. 그리고 이 무의식적인 믿음을 위해 그녀는 자신을 실제보다 더 비참하게 만들었다. 놀랍도록 어리석었지만 어쨌든 그녀가 저지른 일이었으며 드물지 않게 했던 일이었다. 어쩐 일인지 지금은 완전히 사라졌지만 울음이 발작처럼 터져 나오던 때 그렇게 자신을 더 비참하게 만들며 눈물을 흘렸다. 그리고 자신이 누구보다도 더 심하게 학대 받는다고 느꼈다가 시간이 지나고 자신이 실제보다 훨씬 더 문제를 악화시켰다는 것을 깨달았던 때가 한두 번이 아니었다.

그러나 그런 불행에 빠져 있을 때는 그 불행의 이유가 진짜처럼 보였고, 그렇게 느껴졌다. 그럴 때마다 그녀는 피터에게 전화를 걸었고, 그는 공감해주며 기꺼이 도와주려 했다. 이 점에서 그녀는 그에게 대부분 의지할 수 있었다. 여기에 관해서 피터가 그녀를 실망시키는 일은 드물었다. 어쩌면 이것이 그녀가 인식했던 것보다 더 중요한 끈이 아니었을까? 그러나 때때로 피터는 그녀의 불행을 액면 그대로 받아들이지 않았고, 어린 시절 어머니와 오빠처럼 그녀를 놀렸다. 그러면 그녀는 심한 불쾌감을 느꼈고 그에게 화가 났다.

그렇다. 계속 반복되어 온 분명한 형태가 있었다. 클레어는 과장된 고통을 느낌과 동시에 어머니와 신과 브루스와 남편과 피터에게서 도움과 위로와 격려를 기대했다. 그녀가 순교자 역할을 한 것도 다른 모든 것을 떠나서 무의식적으로 도움을 청한 것이 틀림없었다.

클레어가 자신의 의존성에 대한 또 다른 중요한 단서를 이제 막 인식하려는 순간이었다. 하지만 하루 정도 후에 그녀는 두 가지 근거를 들어 자신의 발견에 반박하기 시작했다. 하나는 힘든 시기에 친구에게 우정을 기대하는 것은 어쨌든 이상한 일이 아니라는 이유였다. 우정의 가치가 이런 것이 아니라면 또 무엇일까! 우리가 즐겁고 만족할 때는 모두가 우리에게 잘해준다. 하지만 우리가 슬플 때는 오직 친구에게만 갈 수 있다. 그녀의 발견을 반박하는 또 다른 근거는 그 발견이 이루어진 날과 같은 날 저녁에 닥친 불행에도 그것이 적용될지 의구심이 들었다는 것이다. 확실히 그녀는 자신의 불행을 과장했지만 그런 처지를 호소할 사람은 아무도 없었고, 전화를 받아줄 피터도 없었다. 그녀는 단지 스스로 그 누구보다 비참함을 느낀다고 해서 도움의 손길이 오리라고 믿을 만큼 그렇게까지 비이성적이지는 않았다. 하지만 가끔 그녀가 기분이 좋지 않을 때는 정말로 좋은 일이 일어났다. 누군가 그녀에게 전화를 걸거나 밖으로 불러내곤 했다. 편지를 받고, 일을 잘했다는 칭찬을 받고, 라디오에서 나온 음악이 기운을 북돋워 주었다.

그녀는 자신이 주장한 두 가지가 모순된다는 점을 바로 알아차리지 못했다. 그래서 고통의 직접적인 결과로 도움을 기대하는 것은 비이성적이라고 하면서, 한편으로는 또 이성적이라고 주장했다. 하지만 며칠 후 기록을 다시 읽었을 때 이 모순을 알아챘고, 그런 뒤에 하나의 현명한 결론을 도출했다. 즉 자신이 그러한 주장을 펼치면서 스스로 무엇인가에서 벗어나게 하려고 시도한 것이 분명하다는 결론이었다.

그녀는 이 애매한 추론을 먼저, 마법의 도움을 기대하는 것처럼 자신에게서 지극히 비이성적인 면을 발견하여 혐오감을 느꼈다는 근거로 설명해보려 했다. 하지만 만족스럽지 않았다. 이것은 중요한 단서였다. 만약 우리가 이성적인 사람에게서 비이성적인 면을 발견한다면, 우리는 거기에 중요한 것이 숨어 있다고 확신할 수 있다. 비이성적인 면을 빌미로 싸움이 시작되지만 실제로는 그 배경이 드러나는 것에 저항하는 싸움과 같다. 여기에서도 마찬가지였다. 그러나 그러한 추론 없이도 클레어는 곧 진정한 걸림돌은 비이성 자체가 아니라 자신이 발견에 대해 저항하는 것이라는 사실을 깨달았다. 고통을 통해 도움을 받을 수 있다는 그녀의 믿음이 실제로 자신을 강하게 사로잡고 있음을 알았다.

다음 몇 달 동안 그녀는 이 믿음이 자신에게 어떤 영향을 미치는지 차츰차츰 또렷해지는 것을 자세하게 보았다. 그리고 자신이 삶에서 일어나는 모든 어려움을 무의식적으로 큰 재앙으로 만드는 경향이 있음을 알게 되었다. 그 탓에 완전하게 무력한 상태로 무너졌고 용기와 독립이라는 위장으로 숨기려 해봐도 압도적인 역경 앞에서 느끼는 무력감이 삶을 지배했다. 곧 도움의 손길이 오리라는 그녀의 확고한 믿음이 일종의 개인적 종교에 해당하고, 이는 진짜 종교와 다를 바 없이 마음을 안심시켜주는 효과적인 원천이었음을 인식했다.

클레어는 또한 다른 사람에게 의존하면서 자기 자신을 의존해야 할 것을 얼마나 많이 대체하고 있었는지에 대해 깊은 통찰을 얻었다. 그녀를 가르치고, 격려하고, 조언하고, 돕고, 지켜주고, 그녀의 가치를 긍정해주는 사람이 항상 곁에 있다면, 스스로 삶을 살아감에 있어 뒤따르는 불안을 극복하기 위해 노력할 이유가 없을 것이다. 이 의존적인 관계는 클레어가 자신을 의지하지 않고도 삶을 살 수 있도록 역할을 충실히 완수하였다. 그 덕분에 그녀는 강박적인 겸손에 수반되는 소녀 같은 태도를 버리지 않아도 되었다. 사실 의존성은 더 자립적이고자 하는 동기를 억누름으로써 그녀의 약점을 계속 이어지도록 했을 뿐만 아니라 실제로 무력한 상태로 남아 있도록 끌어들였다. 그녀가 겸손하게 행동하고, 자기를 내세우지 않으면 모든 행복과 모든 승리는 그녀의 것이었다. 조금 더 자립적인 태도를 보인다거나, 조금 더 큰 목소리를 내려고 했다가는 지상 낙원이 위태롭게 될 수밖에 없었다. 이 발견은 그녀가 자신의 의견과 소망을 주장하기 위해 첫걸음을 뗐을 때 공황 상태에 빠질 수밖에 없었던 이유를 설명해준다. 강박적인 겸손은 그녀에게 눈에 띄지 않는 은신처를 주었을 뿐만 아니라 '사랑'에 대한 기대에도 없어서는 안 될 근거가 되었다.

그녀는 에리히 프롬의 적절한 표현대로 '마법적 조력자'의 역할을 맡은 동반자가 지극히 중요해지고, 그 동반자에게 사랑받는 것이 유일하게 의미 있는 일이 되는 것은 논리의 자연스러운 결과라는 점을 깨달았다. 분명히 구원자 유형으로 보이는 피터에게는 독특한 자질이 있었고 특히 이 역할을 맡기에 적합했다. 그녀에게 피터는 단지 진정한 괴로움이 닥칠 때 부를 수 있는 친구로서만 중요한 것이 아니었다. 피터를 필요로 하는 그녀의 욕구가 충분히 커지면 도움을 요구할 수 있는 도구라는 사실에서 중요한 것이다.

이러한 통찰의 결과로 그녀는 전에 없이 자유로워졌다. 때때로 극도로 강렬해지던 피터에 대한 그리움이 사라지기 시작했다. 더 중요한 것은 통찰이 그녀의 삶의 목표에 진정한 변화를 가져왔다는 것이다. 그녀는 의식적으로는 항상 독립하기를 원했지만 실제 삶에서는 그저 입에 발린 말에 그쳤고, 어려움이 있을 때마다 도움을 청했다. 이제는 자신의 삶에 스스로 대처하는 것이 능동적이고 생생한 목표가 되었다.

이 분석에 대해 유일하게 비판할 부분은 그 특정 시기에 관련된 구체적 문제, 즉 클레어가 혼자가 되지 못한다는 문제를 무시했다는 것이다. 나는 문제를 해결하는 방법을 보여주는 기회라면 어느 것도 놓치고 싶지 않다. 따라서 이 문제에 접근하기 알맞은, 약간의 차이가 있는 두 가지 방법을 언급하겠다.

클레어는 이미 지난 1년 사이에 발작과 같은 고통이 눈에 띄게 줄었다는 생각에서 출발할 수 있었다. 그녀 자신이 더욱 적극적으로 외부적인 어려움과 내면적인 어려움에 대처할 수 있을 정도로 고통은 크게 완화되었다. 이 시점에서 그녀가 낡은 기법에 의존해야 했던 이유가 무엇인지 의문이 들었을 것이다. 그녀가 혼자서 행복하지 않았다는 것은 인정했지만 고독은 왜 즉각적인 해법이 필요할 정도로 참을 수 없는 고통을 가져왔을까? 그리고 혼자인 것이 그렇게 고통스러웠다면 왜 그녀는 스스로 적극적인 대처를 할 수 없었을까?

　또 클레어는 자신의 실제 행동을 관찰하는 것에서 출발할 수도 있었다. 그녀는 혼자일 때 비참해졌지만 친구들과 어울리거나 새로운 관계를 만들려는 노력은 거의 하지 않았다. 대신 그녀는 껍데기 속으로 뒷걸음쳐 들어가 마법적 조력을 기대했다. 클레어의 자기 관찰은 예리했지만 이런 점에서 실제로 그녀의 행동이 얼마나 이상한지를 완전히 간과하고 있었다. 그러한 노골적인 맹점은 대개 억제된 상태의 거대한 잠재력을 가리킨다.

　앞 장에서 말했듯이 문제를 놓치면 문제가 우리의 발목을 잡는다. 이 문제는 몇 주 후에 클레어를 붙잡았다. 그리고 그녀는 내가 제안한 두 방법과는 약간 다른 경로로 해결책에 도달했다. 심리적인 문제에서도 로마는 여러 길로 통한다는 사실을 보여준다. 이 부분에 해당하는 서면 기록이 없기 때문에 여기서는 새로운 통찰에 이르는 단계를 제시하는 것으로 대신하겠다.

　첫 번째는 그녀가 자신의 모습을 다른 사람들이 비추어준 것을 통해서만 볼 수 있다는 인식이었다. 그녀는 다른 사람들이 그녀를 평가하는 방식을 감지하고, 전적으로 거기에 따라 자신을 평가했다. 클레어는 어떻게 그런 통찰에 도달했는지 기억하지 못했다. 그것이 그저 갑자기 떠올라 어질어질했다는 것만 기억했다. 이 통찰의 의미를 잘 설명해주는 동요가 있다. 나는 여기에 인용하고 싶은 유혹을 참을 수가 없었다.

8장 • 병적 의존성에 대한 체계적인 자기 분석　　　　　　　257

한 노파가 있었지.

내가 들은 이야기야.

노파는 시장에 갔지.

달걀을 팔려고.

노파는 시장에 갔지.

장날이었어.

그런데 잠이 들고 말았어.

국도 위에서.


한 행상이 왔지.

이름은 스타우트였어.

스타우트가 노파의 속치마를 싹둑 잘랐지.

빙 돌아가면서.

스타우트가 노파의 속치마를 잘랐지.

무릎 밑까지.

그래서 노파는

덜덜 떨고 꽁꽁 얼었어.


그때 노파가

처음 깨어나더니

덜덜 떨기 시작하더니

부들부들 흔들렸지.

노파는 의아해하더니

그러더니 울기 시작했어.

"맙소사,

이건 내가 아니에요."


"하지만 이것이 나라면

내가 바라는 대로 이것이 나라면

집에 작은 개가 있는데

그 개가 날 알아볼 거예요.

이것이 나라면

그 개가 작은 꼬리를 흔들 거예요.

이것이 내가 아니라면

그 개가 짖을 거예요, 울부짖을 거예요."


조그만 노파가 집으로 갔어.

모두 깜깜한 어둠에서

펄쩍 작은 개가 뛰어올랐어.

그리고 짖기 시작했지.

그 개는 짖기 시작했어.

그리고 노파가 울기 시작했어.

"맙소사,

이건 내가 아니에요."

2주 후 이어진 두 번째 단계는 혼자인 것에 대해 느끼는 그녀의 반발심과 더 직접적인 관련이 있었다. 이 문제에 대한 그녀의 태도는 '개인적 종교'에 대한 분석 이후로 바뀌었다. 그녀는 여전히 예전처럼 혼자일 때의 아픔을 뼈저리게 느꼈지만 속수무책으로 불행에 굴복하는 대신 고독을 피하고자 적극적인 조치를 했다. 그녀는 다른 사람들과 어울리려고 했고, 함께 즐겼다. 그러나 일주일쯤은 친밀한 친구가 필요하다는 생각에 완전히 사로잡혀 있었다. 그녀는 미용사와 재단사, 비서, 결혼한 친구들 등 만나는 사람마다 자신에게 잘 맞는 남자를 알고 있는지 물어보고 싶은 기분이었다. 그녀는 누구든 결혼했거나 친한 친구가 있는 사람을 가장 부러워했다. 온통 이런 생각에만 빠져 있다가 마침내 이 모든 것이 한심할 뿐만 아니라 확실히 강박적이라는 생각이 들었다.

　　그제야 피터와 관계를 맺고 있는 동안 혼자 살아갈 수 없는 자신의 무능함이 한층 커졌고, 헤어진 뒤에는 절정에 달했다는 것을 알 수 있었다. 그녀는 또한 자신의 선택이라면 고독도 견딜 수 있다는 것을 깨달았다. 다만 고독이 자발적이지 않을 때는 고통스럽게 변했고, 그럴 때면 수치스러웠고, 선택받지 못하고, 배제되고, 외면당하는 기분이 들었다. 따라서 그 문제가 혼자 있을 수 없는 무능함에 관한 것이 아니라 거절당하는 것에 대한 과민증이라는 것을 깨달았다.

　　클레어는 이 발견을 타인의 평가에 전적으로 좌우되는 자기 평가에 대한 인식과 결부하면서 자신에게는 단지 관심을 받지 못하는 것도 버려졌다는 의미가 된다는 것을 깨달았다. 거절에 대한 이러한 민감성은 그녀가 자신을 거절한 사람들을 좋아하는지와는 전혀 무관했고, 오로지 그녀의 자존감과 관련 있었다. 이런 깨달음은 대학 시절의 기억에서 비롯되었다. 대학 시절에는 속물적인 여학생들이 그녀를 제외하고 무리를 지어 다녔다. 그녀는 그들에게 호감이 없었고 중요하게 생각하지도 않았지만 모든 것을 다 바쳐서라도 그들 무리에 속하고 싶었던 때가 있었다. 이러한 맥락에서 클레어는 또한 자신만 배제된 어머니와 오빠 사이의 친밀한 공동체를 생각했다. 그들의 눈에는 그녀가 단지 성가신 존재일 뿐이라고 느끼게 된 사건들이 떠올랐다.

그녀는 지금 발견한 반응이 실제로 차별 대우에 대한 저항을 멈추었을 때 시작되었다는 것을 깨달았다. 그때까지 자신이 다른 사람들 못지않게 훌륭하다는 자연스러운 확신이 있었고, 열등한 존재로 취급받을 때면 저절로 대항하는 반응이 나왔다. 그러나 두 번째 장에서 보았듯이 장기적인 대항 때문에 불가피하게 야기된 고립은 그녀가 견딜 수 있는 한계를 넘어섰다. 그녀는 다른 사람들에게 받아들여지기 위해 자신이 열등하다는 암묵적인 판결을 받아들였고, 다른 사람들을 우월한 존재로 칭송하기 시작했다. 그녀는 엄청난 역경에 처하며 인간적 존엄성에 첫 번째 타격을 입었다.

그녀가 여전히 다소 의존적이던 시기에 피터가 그녀를 떠나면서 그녀를 혼자 있게 했을 뿐만 아니라 더하여 완전히 가치 없는 존재가 된 기분까지 남겼음을 알았다. 두 요인이 복합적으로 작용해 이별은 깊은 충격을 안겨 주었다. 혼자인 것을 참을 수 없게 만든 요인은 바로 쓸모없는 존재가 된 기분이었다. 이 감정은 처음에는 마법의 치료법을 요구했고 그다음에는 재활의 수단으로 친한 친구를 갖고 싶다는 강박적인 욕구를 만들어 냈다. 이 통찰은 즉각적인 변화를 가져왔다. 남자 친구에게 바라던 강박적인 소망이 사라졌고, 혼자가 되어도 불안함을 느끼지 않았다. 심지어 혼자인 것을 즐길 때도 있었다.

또한 피터와 불행한 관계를 유지하는 동안 거절에 대한 자신의 반응이 어떻게 작용해왔는지도 보았다. 돌이켜 생각해보니 피터는 연애의 첫 흥분이 사라진 직후부터 미묘한 방식으로 자신을 거부하기 시작했다는 것을 알 수 있었다. 피터는 그녀 앞에서 후퇴하는 기법을 쓰고, 짜증스러워하는 모습을 보이면서 그녀를 원하지 않는다는 뜻을 매번 더 강하게 나타냈다. 확실히 피터는 후퇴하는 동시에 사랑의 확신을 주는 것으로 이를 위장했다. 후퇴가 효과적으로 가려질 수 있었던 것은 그가 그녀에게서 벗어나고자 한다는 증거를 보고도 그녀 스스로가 눈을 감았기 때문이었다. 그녀는 자신이 반드시 알았어야 할 것을 깨닫는 대신 피터와의 관계를 지키기 위해 점점 더 노력했다. 그 노력은 그녀의 자존심을 회복하려는 간절한 욕구에 좌우되었다. 그녀는 굴욕감에서 벗어나기 위해 했던 이런 노력이 그 무엇보다 그녀의 존엄성에 상처를 입혔다는 것을 분명히 알 수 있었다.

그러한 노력은 클레어가 피터의 소망에 아무런 비판 없이 따르게 할 뿐만 아니라 피터에 대한 그녀의 감정을 무의식적으로 부풀리기 때문에 특히 치명적이었다. 그녀는 그에 대한 실제 감정이 줄어들수록 거짓 감정을 고조시켰고, 따라서 자신의 속박에 스스로 더욱 깊이 빠져들었음을 깨달았다. 이 '사랑'을 구성하는 욕구에 대한 그녀의 통찰은 감정을 부풀리고 과장하려는 경향을 감소시켰지만 그녀의 감정이 실제 수준으로 급격히 떨어진 것은 지금에야 일어났다. 간단히 말해 자신의 마음이 그에게 가지 않는다는 것을 발견했다. 이 인정은 그녀에게 오랫동안 갖지 못했던 평온한 느낌을 주었다. 그녀는 피터에 대한 그리움과 복수하고 싶은 마음 사이에서 갈팡질팡하는 대신 피터를 향해 침착한 태도를 취했다. 그녀는 여전히 그의 좋은 자질을 높이 평가했지만 다시 그와 가깝게 지내기는 불가능하다는 것을 알았다.

여기에 보고된 마지막 발견으로 클레어는 새로운 각도에서 의존성을 해결했다. 지금까지의 작업은 그녀가 동반자에 대한 과도한 기대로 생긴 의존성을 점진적으로 인식한 것으로 요약될 수 있다. 그녀는 이러한 기대의 본질을 차근차근 깨달았고, 이 작업은 '개인적 종교'의 분석에서 절정에 달했다. 이제 그녀는 자발적인 자신감의 상실이 의존성에 더 직접적인 방식으로 일조했다는 사실도 추가로 확인했다. 결정적인 발견은 그녀 자신의 모습이 전적으로 타인의 평가에 좌우되고 있었다는 깨달음이었다. 이 통찰이 떠올랐을 때 그녀가 아찔할 정도로 깊은 인상을 받은 것이 통찰의 중요성에 잘 부합한다. 이 경향에 대한 감정적 인식은 그녀를 단시간에 압도할 정도로 깊이 있는 경험을 구성했다. 통찰 자체가 문제를 해결하지는 않았지만 그녀에게 감정 부풀리기와 '거절'의 의미가 얼마나 광범위하게 작용했는지를 인식하는 초석이 되었다.

이 분석은 또한 후에 그녀의 억압된 야망을 이해할 수 있는 길을 열어주었다. 그녀는 이 분석을 바탕으로 다른 사람들에게 받아들여지는 것이 자신의 짓밟힌 자존감을 끌어올리는 한 가지 방법이었고, 또 다른 방향에서는 다른 사람들을 능가하려는 야망을 이루는 방법이었다는 것을 알 수 있었다.

클레어는 여기에 보고한 작업을 마친 지 몇 달 만에 분석 치료를 재개했다. 문제들에 대해 나와 이야기하고 싶었기 때문이기도 하고, 창의적인 글쓰기를 하는데 걸림돌이 되는 억제 때문이기도 했다. 3장에서 언급했듯이 우리는 그 시기를 그녀의 탁월해지려는 욕구, 혹은 더 일반적으로 말하자면 억압되었던 공격적이고 보복적인 경향을 극복하며 보냈다. 나는 그녀가 이 일을 혼자 힘으로도 할 수 있었을 것이라고 확신하지만 그렇게 했다면 아마도 더 오랜 시간이 걸렸을 것이다. 억압되어 있던 공격적인 경향의 분석은 의존성을 잘 이해하는 데 더 도움이 되었다. 또한 그녀가 더 적극적으로 자기주장을 펴게 하여 또 다른 병적인 의존 관계로 빠져들게 할 만한 어떤 위험도 제거했다. 하지만 동반자와 융합하려는 클레어의 욕구가 그녀에게 미친 영향력은 그녀 혼자 했던 분석 작업에 의해 깨졌다.

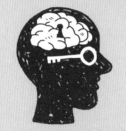

*Self-Analysis*

# 9장

# 체계적인 자기 분석의
# 태도와 규칙

자기 분석을 할 때 특별히 주의해야 할 것들

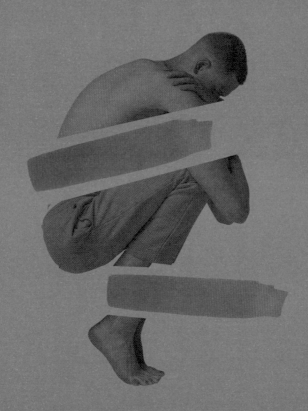

우리는 이미 여러 관점에서 정
신분석 작업에 대해 논의했고, 광범위한 사례를 통해서 자신을 분
석하는 일반적인 절차를 보았다. 따라서 자기 분석 기법을 체계적
으로 논의하는 것은 거의 불필요하고, 중복되는 내용일 수 있다. 다
음에 언급하는 내용은 단지 특정한 고려 사항을 강조하는 것뿐이
다. 이미 다른 맥락에서 언급된 부분이지만 스스로 자기 분석을 진
행할 때 특별히 주의를 기울여야 할 사항들이기에 다시 적었다.

　우리가 본 바와 같이 솔직하고 거리낌 없이 자기를 표현하는 자
유 연상 과정은 모든 분석 작업의 시작점이자 지속적인 토대다. 자
기 분석뿐만 아니라 전문적인 분석에서도 마찬가지다. 하지만 이
를 성취하기가 쉽지 않다. 이 절차는 혼자 진행할 때 더 쉽다고 생
각할 수 있는데, 혼자일 때는 오해하거나, 비판하거나, 방해하거나,
보복할 것 같은 사람이 없기 때문이다. 게다가 부끄럽다고 생각하
는 일들을 자기 자신에게 표현하는 것은 그다지 굴욕적이지 않다.
이는 어느 정도 사실이기는 하지만 제삼자가 듣는다는 사실만으로
도 자극과 격려가 되기는 마찬가지로 사실이다. 그러나 혼자 분석

하든 분석가와 함께 분석하든 자유로운 표현의 가장 큰 장애물이 항상 자신 안에 있다는 데는 의심의 여지가 없다. 우리는 특정 요소를 무시하거나 자신의 체면을 유지하기 위해 너무 조바심을 낸다. 따라서 혼자든 아니든 이상적인 자유 연상의 과정을 성취하기보다 가능한 한 근접하기를 바랄 뿐이다. 이러한 어려움을 고려하여 자기 분석을 수행하는 사람은 떠오르는 어떤 생각이나 감정을 건너뛰거나 지우는 것이 진정한 자기 이익에 반하는 행동을 하는 것과 같음을 시시때때로 상기해야 한다. 또한 그 책임이 전적으로 자신의 몫이라는 것을 기억해야 한다. 잃어버린 연결고리를 추측하거나 간극에 있었던 일에 관해 물어볼 사람은 자신 외에는 아무도 없다.

이러한 성실성은 감정 표현과 관련하여 특히 중요한데 기억해야 할 두 가지 규칙이 있다. 하나는 전통이나 자신의 기준 등 정해진 것에 따라서 느끼는 것이 아니라 진정으로 느끼는 것을 표현하려고 노력해야 한다는 것이다. 진정한 감정과 인위적으로 채택된 감정 사이에 넓고 의미심장한 거리가 있다는 것을 알아야 하며, 이따금 (연상하는 동안이 아니라) 그 문제에 대해 진정으로 무엇을 느끼는지 자문해야 한다. 다른 하나의 규칙은 가능한 한 자신의 감정에 대한 범위를 자유롭게 허용해주어야 한다는 것이다. 이 역시 말하기는 쉽지만 실행하기는 어렵다. 가령 대수롭지 않게 보이는 공격에 깊은 상처를 받는 자신이 우스꽝스럽게 보일 수도 있다. 가까운 사람을 불신하거나 증오하는 나의 모습이 당혹스럽고 혐오스러울 수 있다. 사소한 짜증이라도 기꺼이 인정하려는 태도는 취할 수 있겠지만 짜증 속에 있는 분노를 스스로 느끼는 것은 두려운 일일 수 있다. 그러나 진정한 감정을 표현했을 때 발생할 외부적 결과를 고려하면, 분석 과정만큼 위험이 덜한 상황은 없다는 점을 잊어서는 안 된다. 분석에서는 오직 내면적인 결과만이 중요하며, 이는 곧 감정의 강도를 충실히 인식해야 한다는 뜻이다. 일단 범인을 잡아야 처벌할 수 있듯이 심리적인 문제에서도 파악하지 못한 문제를 해결부터 할 수는 없으므로 인식이 특히 중요하다.

물론 누구도 억압된 감정을 억지로 끌어낼 수는 없다. 할 수 있는 일은 손 닿는 곳에 있는 감정을 억누르지 않는 정도가 전부다. 클레어가 분석 초기에 피터에 대해 분노를 느끼거나 표현하는데 아무리 더 강한 의지를 품었다고 하더라도, 당시로서는 그보다 더 많이 느끼고 표현하지는 못했을 것이다. 그러나 분석이 진행됨에 따라 그녀는 점차 기존 감정의 강도를 인식할 수 있게 되었다. 어떤 면에서 그녀가 거쳐온 발전은 자신이 진정으로 느꼈던 그대로를 느낄 수 있는 자유의 범위가 점점 확장되는 과정으로 묘사될 수 있다.

자유 연상 기법에 관해 한 마디 덧붙이자면, 연상하는 동안에는 필수적으로 추론을 삼가야 한다. 이성은 분석에서 제 역할이 있으며, 나중에 사용할 기회가 충분히 있다. 이미 강조했듯이 자유 연상의 본질은 자발성이다. 그러므로 자유 연상을 시도하는 사람은 의미를 알아내 해결책에 도달하려고 해서는 안 된다. 당신은 너무 피곤하고 기운이 없어 당장이라도 침대에 기어들어 '나는 아프다'라고 선언하고 싶다. 그때 2층 창문 밖을 내다보면서 떨어져도 기껏해야 팔이나 부러지겠지 하며 비참하게 생각하는 자신을 발견한다. 이 생각에 당신은 깜짝 놀란다. 당신 자신도 죽고 싶다고 생각할 정도로 스스로가 이렇게 절박했는지는 몰랐기 때문이다. 그러다가 위쪽에서 라디오 켜지는 소리가 들린다. 당신은 적당히 짜증을 내며 라디오를 켠 녀석을 쏴버리고 싶다고 생각하게 된다. 이제 당신은 당신의 아픈 감정 뒤에 절망과 더불어 분노가 있을 것이라고 올바르게 결론짓는다.

지금까지 당신은 잘 해냈다. 당신은 조금씩 기운을 차리고 있는데 만약 무언가에 화가 난다면 그 이유를 찾을 수 있을지 모르기 때문이다. 하지만 이제 당신은 자신을 화나게 했을지도 모르는 것을 의식적으로 미친 듯이 찾기 시작한다. 당신이 피곤하다고 느끼기 전에 일어난 사건을 모조리 검토한다. 물론 당신을 자극한 요인과 우연히 마주칠 가능성은 있지만 의식적으로 원인을 밝혀내려는 시도가 철저히 헛수고가 될 가능성도 있다. 그리고 당신이 헛수고로 낙담하고 의식적인 탐색을 포기하고 있으면, 30분 후에 진짜 분노의 원천이 나타날 수도 있다.

해결책을 억지로 찾아내려는 시도만큼 비생산적인 것은 또 있다. 자유 연상 과정에서 한편으로는 생각을 자유롭게 흐르도록 하고, 다른 한편으로는 이것저것 종합해서 추측하며 연상의 의미를 파악하려고 노력하는 것이다. 조바심이 나서든, 뛰어나고자 하는 욕구에서든, 아니면 통제되지 않은 생각과 감정에 굴복하는 것에 대한 두려움에서든, 무슨 이유에서든지 이성의 침입은 자유로운 연상에 필요한 이완된 상태를 방해할 수밖에 없다. 연상의 의미가 저절로 떠오르기도 한다는 것은 사실이다. 클레어의 일련의 연상 중에서 주일 학교의 노래 가사로 끝나는 연상이 좋은 예시다. 여기서 클레어의 연상들은 그것을 이해하려는 의식적인 노력이 이루어지지 않았음에도 점점 더 명료하게 나타났다. 다시 말해 자기표현과 이해라는 두 가지 과정은 때때로 동시에 일어날 수 있지만 의식적인 노력에 관련해서는 두 과정이 엄격히 분리되어야 한다.

자유로운 연상과 이해 사이를 명확하게 구별할 수 있다면, 도대체 언제 연상을 멈추고 이해하려는 노력을 시작해야 하는 것일까? 다행히도 아무런 규칙이 없다. 생각이 자유롭게 흐르는 한 인위적으로 연상을 막는 것은 무의미하다. 조만간 그 생각들은 그보다 더 강한 무언가에 의해 저지될 것이다. 그 모든 것이 무엇을 의미하는지 호기심을 느끼는 지점에 도달하면 멈출 것이다. 아니면 갑자기 자신을 괴롭히고 있는 무언가를 밝혀줄 감정적인 화음和音이 떠오를 수도 있다. 혹은 단순히 생각이 바닥났을 수도 있다. 이는 저항의 표시일 수도 있지만 일단은 그 주제를 샅샅이 살폈다는 뜻일 수도 있다. 또는 자유롭게 낼 수 있는 시간이 한정되어 있어서, 더 늦기 전에 기록을 살피며 해석을 시도해보고 싶을지도 모른다.

연상을 이해할 때는 연상이 표현할 수 있는 주제의 범위와 주제의 조합이 무궁무진하므로 개별적인 맥락에서 개별 요소의 의미를 해석하는 데 어떠한 고정된 규칙도 있을 수 없다. 몇몇 기본적인 원칙은 분석 과정 중 분석가의 역할을 다룬 장에서 논의한 바 있다. 그러나 필연적으로 많은 부분이 개인의 독창성, 주의력, 집중력에 달려 있다. 그러므로 나는 연상을 해석할 때 가져야 할 정신에 대한 몇 가지 언급을 추가하여 이미 논의했던 내용을 확장해보겠다.

연상을 중단하고 이를 이해하기 위해 기록을 검토하기 시작할 때는 작업 방식이 바뀌어야 한다. 무엇이든 떠오르는 생각에 대해 완전히 수동적이고 수용적이던 태도에서, 능동적인 태도로 바뀌는 것이다. 이제 이성이 작용한다. 나는 이 말에 대해 부정적으로 표현하기를 선호하므로 더는 이성을 배제하지 않는 상태라고 말하겠다. 물론 지금도 이성만 사용하지는 않는다. 일련된 연상의 의미를 파악하려고 할 때 취해야 할 태도를 정확하게 묘사하기는 어렵다. 하지만 그 과정이 단순한 지적 활동으로 전락해서는 안 된다. 지적인 활동을 하고 싶다면 체스를 두거나 세계 정치의 진행 방향을 예측하거나 십자말풀이를 하는 편이 좋을 것이다. 어떤 함축적인 의미도 놓치지 않고 모든 것을 아우르는 완전한 해석을 찾아내기 위한 노력이 두뇌의 우월성을 증명하고 허영심을 만족시킬 수 있지만 자신에 대한 진정한 이해에 더 가까이 다가가는 데는 도움이 되지 않을 것이다. 그러한 노력은 도리어 위험을 불러올 수 있다. 실제로는 아무것도 건드리지 않고 단지 항목만을 나열한 상태에서, 우쭐하며 모든 것을 다 아는 듯한 기분으로 진척을 방해할 수 있기 때문이다.

이와는 반대편 극단에 있는 단순한 감정적인 통찰은 오히려 훨씬 더 가치가 있다. 하지만 추가로 정교하게 다듬어지지 않는다면,

이것 또한 이상적이지 않다. 아직 완전히 명료하지 않은, 수많은 중요한 단서들을 시야에서 사라지게 만들기 때문이다. 그러나 클레어의 분석에서 알 수 있듯이 이런 종류의 통찰은 무언가를 진전시킬 수 있다. 클레어는 분석 초기에 외국의 도시가 나오는 꿈과 관련하여 강렬한 상실감을 경험했다. 이 감정적인 경험이 추가 분석에 어떤 영향을 미쳤는지 입증하는 것은 불가능하다. 그러나 상실감은 불안을 조성하는 그 본성을 통해 어쩌면 그녀와 피터를 묶고 있던 복합적인 관계에 대해 어느 것도 건드려서는 안 된다는 그녀의 엄격한 금기를 느슨하게 풀어놓았을 수도 있다. 또 다른 예로 클레어가 자신의 의존성과 마지막 전투를 벌이는 동안 자기 삶을 스스로 책임지는 것에 반대하는 저항을 느꼈을 때 일어났던 일을 들 수 있다. 그녀는 이 감정적인 통찰의 의미에 대해 지적으로는 전혀 파악하지 못했다. 하지만 이 통찰은 그녀가 속수무책이었던 무기력 상태에서 벗어나는 데 도움을 주었다.

자기 분석을 하는 사람은 과학적 걸작을 만들고자 하는 대신 자신의 해석이 자신의 관심에 부합하는 방향으로 가도록 해야 한다. 단순하게 자신의 주의를 끌고, 자신의 호기심을 불러일으키고, 자신 내면에 감정적인 화음을 불러일으키는 것을 뒤따라가야 한다. 스스로의 자발적인 관심에 이끌려 가게 둘 만큼 유연한 사람이라면, 그 순간에 자신의 이해에 가장 접근하기 쉬운 주제나 현재 다루고 있는 문제와 일치하는 주제들을 직관적으로 선택할 것이라고 확신할 수 있다.

이 조언은 의구심을 불러일으킬 수도 있을 것이다. 내가 지나치게 관용을 지지하는 것이 아닐까? 자기 분석을 하는 사람의 관심은 자신에게 익숙한 주제를 선택하도록 이끌지 않을까? 이 과정이 그의 저항에 굴복하는 것을 의미하지는 않을까? 저항에 대처하는 문제는 별도의 장에서 논의할 것이다. 여기서는 이 질문에 대한 답까지만 살펴보겠다. 자신의 관심에 이끌린다는 것은 최소한의 저항이 일어나는 길을 택한다는 의미가 맞다. 그러나 최소한의 저항은 저항이 없는 것과는 다르다. 그 원칙은 본질상으로 그 당시 가장 억압되지 않은 주제를 추구한다는 의미다. 그리고 이것은 정확히 분석가가 환자에게 해석을 전할 때 적용하는 원칙이다. 이미 강조했듯이 분석가는 그 당시 환자가 충분히 이해할 수 있다고 판단되는 해석을 위한 요소들을 선택할 것이고, 깊이 억압된 문제들에 착수하는 것은 여전히 자제할 것이다.

클레어의 자기 분석은 이 절차의 유효성을 보여준다. 그녀는 무심하게도 어떤 문제가 그녀의 얼굴을 거의 정면에서 응시하고 있어도, 내면에서 반응을 끌어내지 못하는 문제는 해결하려 들지 않았다. 그녀는 자기 관심이 이끄는 대로 따른다는 원칙에 대해서 전혀 몰랐지만 분석 작업 전반에 걸쳐 원칙을 직관적으로 적용했고, 적용된 원칙은 제 역할을 충실히 했다. 한 가지 사례는 많은 경우를 대변할 수 있다. 위대한 남자의 백일몽이 처음 등장하고 끝나는 일련의 연상에서 클레어는 보호에 대한 욕구가 그녀가 가진 인간관계에서 수행하는 역할만을 인식했다. 백일몽에서 남자에게 걸었던 그녀의 다른 기대에 관한 암시는 눈에 띄었음에도 완전히 무시했다. 이 직관적인 선택은 그녀가 따를 수 있었던 최선의 길로 그녀를 인도했다. 그녀는 결코 친숙한 바탕에서만 움직이지 않았다. 보호에 대한 욕구가 그녀의 '사랑'에 필수적인 부분이었다는 발견은, 그때까지 알려지지 않은 새로운 요소를 발견한 것이었다. 게다가 이 발견은 '사랑'에 대한 그녀의 소중한 환상에 처음으로 침입한, 그 자체로 고통스럽고 통렬한 단계이기도 했다. 그녀가 피상적인 방식으로 다루지 않았다면, 남자들에 대한 그녀의 기생적인 태도를 악화시키는 문제까지 동시에 받아들이는 것은 분명 너무 힘든 일이었을 것이다. 이것이 마지막 요점을 이끌어 낸다. 한 번에 하나 이상의 중요한 통찰을 흡수하는 것은 불가능하다. 그런 시도는 둘 다 또는 모든 통찰을 훼손하게 될 것이다. 관련된 통찰이 충분히 이해되어 뿌리를 내리려면 시간과 분산되지 않은 집중이 필요하다.

일련의 연상에 대한 이해는 방금 논의된 바와 같이 작업의 방향뿐만 아니라 접근 방법에서도 유연성을 요구한다. 다시 말해 문제를 선택할 때는 지성뿐만 아니라 감정적 관심사가 자발적으로 이끄는 곳을 따라가야 하며, 또한 유발되는 문제들을 살필 때는 신중한 사고를 하다가 연결고리를 직관적으로 파악하는 방법으로 쉽게 옮겨갈 수 있어야 한다. 이런 요구 사항은 그림을 연구할 때 필요한 태도와 비교할 수 있다. 우리는 구성, 색 조합, 붓질 등에 대해 생각하지만 그림이 우리 내면에서 끌어내는 감정적인 반응도 고려한다. 이는 분석가가 환자의 연상에 대해 취하는 태도와도 일치한다.

환자의 말을 듣는 동안 나는 가능성 있는 의미에 대해 열심히 생각할 때가 있는가 하면, 때로는 단지 환자의 말이 나의 직관적인 능력에 작용하도록 내버려 두고 추측에 도달하기도 한다. 그러나 도달한 방법과는 무관하게, 발견을 검증할 때는 언제나 최대한의 지적 경각심이 요구된다.

물론 어떤 일련의 연상에서는 특별한 관심을 끄는 것이 전혀 없을 수도 있다. 단지 이런저런 가능성만 보이고 이해를 도와주는 연상이 없을 수도 있다. 정반대로 하나의 연결고리를 파고들 때 주목할 만한 다른 요소들이 보일 수도 있다. 두 경우 모두 답하지 않은 질문들을 여백에 메모해두는 편이 좋을 것이다. 미래에 다시 기록을 검토하다 단지 이론적 가능성에 지나지 않던 것이 더 많은 의미를 띠거나 보류했던 질문들을 더 자세히 다룰 수 있을 것이다.

아직 언급해야 할 함정이 하나 더 남아 있다. 바로 당신이 진정으로 믿는 것보다 더 많이 받아들여서는 안 된다는 점이다. 이 위험은 분석가와의 정기적인 분석에서 특히 환자가 권위 있는 주장에 순응하는 성향이 있는 경우에 더 커진다. 하지만 한 사람이 자신의 자원에만 의존하는 자기 분석의 경우에도 이런 위험이 작용할 수 있다. 예를 들어 자기 분석을 하는 사람은 자신과 관련하여 나타나는 어떤 '나쁜' 것이라도 반드시 받아들여야 하고, 그렇게 하기가 주저된다면 '저항'이 작용하고 있다는 걸 의심해야 한다고 생각할 수 있다. 자신의 해석을 단지 잠정적인 상태로 여기고, 해석이 확실하다고 자신을 설득하려고 하지만 않는다면 훨씬 안전한 분석의 기반을 가질 수 있다. 분석의 본질은 진실성이며, 또한 진실성은 해석을 수용하거나 수용하지 않는 영역까지 확장하여 적용해야 한다.

오도하거나 이익이 없는 해석을 할 위험성은 결코 배제할 수 없지만 그렇다고 해서 그 위험에 짓눌려서는 안 된다. 만약 나약해지지 않고 올바른 정신으로 계속 분석을 수행한다면, 조만간 더 유익한 길이 열릴 것이다. 혹은 막다른 골목에 와 있음을 깨닫게 된다고 해도 그 경험에서 배우게 될 것이다. 예를 들어 클레어는 의존성에 대한 분석을 시작하기 전, 자기 뜻대로 하려는 욕구로 추정되는 문제를 좇아 두 달 동안 파고들었다. 나중에 밝혀진 자료에서 우리는 그녀가 어떻게 그런 방향으로 이끌렸는지 이해할 수 있다. 하지만 그녀는 이 시도를 하는 동안에는 자신이 나중에 경험했던 것과 같은 확신의 감정이 전혀 들지 않았다고 말했다. 또한 클레어가 초기에 그런 시도를 한 궁극적인 이유는 피터는 종종 그녀가 지배하려는 태도를 보인다고 나무랐기 때문이었다. 이것은 앞서 언급한 두 가지 지점, 즉 자신의 관심을 따르는 것의 중요성과 완전한 확신 없이 어떤 것도 받아들이지 않는 것의 중요성을 잘 보여준다. 클레어의 초기 탐색은 시간 낭비였을지언정 아무런 해를 끼치지 않고 사라졌고, 이후에 그녀가 건설적인 작업을 수행하는 것을 방해하지 않았다.

클레어의 분석 작업이 건설적인 성격을 띠는 것은 그녀가 도출한 해석이 본질적으로 정확했을 뿐만 아니라 이 시기 그녀의 분석이 주목할 만한 수준의 연속성을 보여주었기 때문이다. 오랫동안 한 가지 문제에 집중할 의도 없이 그녀가 수행했던 모든 작업이 그녀의 의존성 문제를 해결하는 데 도움이 되는 것으로 바뀌었다. 한 가지 문제에 변함없이 무의식적으로 집중함으로써 그녀는 끊임없이 새로운 각도에서 접근할 수 있었다. 이런 방식이 바람직하긴 하지만 클레어가 해낸 것과 같은 수준으로 달성되는 경우는 거의 없다. 클레어의 경우에는 당시 엄청난 압박감 속에서 살고 있었기 때문에 무의식적으로 그 문제를 해결하는 데 모든 에너지를 쏟을 수 있었다. 그런 어쩔 수 없는 상황은 인위적으로 만들어질 수 없다. 그러나 어떤 문제에 관한 관심이 커질수록, 그에 대한 집중도도 비슷한 정도로 높아질 것이다.

클레어의 자기 분석은 3장에서 논의된 세 가지 단계, 즉 신경증적 경향의 인식, 그 영향의 이해, 그리고 다른 신경증적 경향과의 상호 관계에 대한 발견을 매우 잘 보여준다. 분석에서 종종 나타나듯이 클레어의 분석에서도 그 단계들은 어느 정도 중복으로 실행되었다. 그녀는 많은 암시를 감지한 뒤에야 마침내 경향 자체를 인식하게 되었다. 또한 그녀는 분석에서 정해진 단계를 다루려고 노력하지 않았다. 그녀는 신경증적인 경향을 발견하기 위해 의도적으로 시작한 것이 아니었고, 의존성과 강박적인 겸손 사이의 연관성을 의도적으로 조사하지도 않았다. 경향에 대한 인식은 저절로 이루어졌고, 이와 유사하게 분석 작업이 진행됨에 따라 두 경향 사이의 연결고리가 거의 자동으로 점점 더 눈에 띄게 되었다. 다시 말해 클레어는 의식적으로 문제를 선택하지 않았지만 문제가 그녀에게 닥쳤고 문제들이 전개되는 과정에서 유기적인 연속성을 보여주었다.

클레어의 분석에는 또 다른 종류의 연속성이 있다. 어쩌면 이것이 훨씬 더 중요하고, 모방 가능성도 더 큰 연속성이다. 그녀의 통찰이 어느 시점에서도 고립되거나 단절된 상태로 남아 있지 않았다는 측면의 연속성이다. 우리가 보는 분석 과정의 전개와 발전은 통찰의 축적이 아니라 구조적인 형태다. 분석에서 얻는 모든 개별 통찰이 옳다고 해도, 통찰이 흩어진 채로 남아 있다면, 그 작업에서 얻을 수 있는 가장 큰 혜택을 누리지 못한다.

클레어는 자신이 도움을 받을 수 있다고 내심 믿고 있었기 때문에 자신을 불행에 빠져들게 했다는 것을 깨달은 후, 단순히 어린 시절에서 이 특성의 기원을 추적하여 유아기 믿음으로부터 지속된 것으로 여겼을 수도 있었다. 아무도 정당한 이유 없이 비참해지기를 원하지는 않는다. 따라서 그 점이 일부 도움이 되어, 다음번 한 차례 고통에 굴복하는 자신을 발견했을 때 그녀는 금방 작업을 중단하게 되었을 수도 있다. 그러나 통찰을 이런 식으로 처리하면 기껏해야 시간이 지남에 따라 과장된 불행이 공격하는 총량이 줄어드는데서 그칠 것이다. 그리고 과장된 불행의 공격은 그 신경증적 경향이 나타내는 가장 중요한 표현도 아니었다. 혹은 그녀는 그다음 단계 이상으로 나아가지 않았을 수도 있었다. 자신의 발견을 자신이 실제로 자기주장이 부족하다는 점과 연결 지어 삶의 어려움에 적극적으로 대처하는 대신 마법적 조력을 믿고 있다는 것을 인식하는 데서 그쳤을 수도 있다. 여전히 불충분하긴 하지만 이 정도도 훨씬 더 도움이 되었을 것이다. 믿음 뒤에 숨은 무기력한 태도를 완전히 없애기 위한 새로운 동기를 열었을 것이기 때문이다. 하지만 만약 그녀가 마법적 조력에 대한 믿음을 그녀의 의존성과 연결하지 않고, 다른 것의 필수적인 부분으로 보지 않았다면, 그녀는 그 믿음을 완전히 극복할 수 없었을 것이다. 그녀가 영원한 '사랑'을 찾을 수만 있다면, 도움은 항상 다가왔을 테니 말이다. 그 통찰이 근본적으로 해방하는 효과를 가져올 수 있었던 것은 오직 그녀가 그 연관성을 보았고, 그러한 기대의 오류와 그에 따른 엄청난 대가를 인식했기 때문이다.

따라서 개인의 성격 특성이 다양한 근원과 다양한 효과와 함께 자신의 구조에 어떻게 내재되어 있는지를 발견하는 것은 이론적인 관심에만 그치는 문제가 아니라 치료적으로도 대단히 중요성을 띠고 있다. 이 요구 사항은 '역학'dynamics이라는 익숙한 용어로 표현될 수 있다. 성격의 특징을 변화시키고 싶다면 그 특징의 역학을 알아야 한다. 그러나 이 단어는 너무 오래 써서 볼품없이 닳아 얄팍해진 동전과 같다. 게다가 역학은 보통 원동력이라는 개념을 암시하므로 어린 시절에서든 현재에서든 그러한 원동력을 찾아야 한다는 의미로 해석될 수 있다. 이 경우 역학의 개념이 오해를 불러일으킬 소지가 있다. 특성의 존재를 좌우하는 요소만큼이나 하나의 특성이 전체 성격에 미치는 영향도 중요하기 때문이다.

이와 같은 구조적 상호 관계에 대한 인식이 단지 심리적인 문제에서만 필수적인 것은 아니다. 예를 들어 내가 강조했던 고려 사항들은 기질성 질병에 관해 질문할 때도 똑같이 비중 있게 적용된다. 좋은 의사라면 심장질환을 신체 전체에서 고립된 별개의 현상으로 여기지 않을 것이다. 심장이 신장이나 폐와 같은 다른 기관들에 의해 어떤 방식으로 영향을 받는지도 고려할 것이다. 그리고 심장 상태가 몸의 다른 계통에 어떤 영향을 미치는지 알아야 한다. 예컨대 혈액의 순환이나 간의 작용에 미치는 영향을 살펴야 한다. 그러한 영향에 대한 의사의 지식은 해당 질병의 심각성을 이해하는 데 도움이 될 것이다.

여기저기 흩어진 세부 사항에 매몰되지 않는 것이 분석 작업의 필수 자세라면, 바람직한 연속성은 어떻게 성취할 수 있을까? 이론적으로 그 답은 앞에서 말한 내용에 포함되어 있다. 만약 어떤 사람이 적절한 관찰을 했거나 자신에 대한 통찰을 얻었다면, 그는 드러난 특이성이 다양한 영역에서 어떻게 자신을 형성했고 어떤 결과를 가져왔는지, 그리고 성격에서 어떤 요소를 통해 설명되었는지 검토했을 것이다. 그러나 이것은 다소 추상적인 진술로 보일 수 있으므로 나는 적절한 예시를 구성하여 설명해보겠다. 그렇지만 간단한 사례는 현실과 달리 깔끔하고 간결한 인상을 줄 수밖에 없음을 명심해야 한다. 또한 인식해야 할 다양한 요소들을 보여주기 위한 예시인 만큼 사람이 자신을 분석할 때 느끼는 감정적 경험은 나타낼 수 없으므로 편향적이고 과장된 그림을 그리게 된다는 점도 잊지 말아야 한다.

이러한 제한을 염두에 두면서 예시를 살펴보자. 토론에 참여하고 싶지만 혹시 모를 비판이 두려워 말문이 막히는 사람이 있다. 그가 이 상황을 관찰한다고 상상해보자. 이 관찰이 그에게 받아들여진다면, 그는 이 문제와 관련된 두려움이 없는지 궁금해하기 시작할 것이다. 실제 위험에 비해 두려움이 너무 크기 때문이다. 그는 생각을 표현하기는커녕 똑바로 생각하는 것조차 방해 받을 정도로 두려움이 큰 이유가 궁금해질 것이다. 그는 두려움이 그의 야망보다 더 큰지, 그리고 경력을 위해 좋은 인상을 남기려고 편법을 쓰고자 하는 마음보다 더 큰지 궁금해질 것이다.

따라서 자신의 문제에 관심을 두며 비슷한 어려움이 삶의 다른 영역에서도 작동하는지, 만약 그렇다면 어떤 형태를 취하는지 알아내려고 노력할 것이다. 그는 여자들과의 관계를 조사할 것이다. 여자들이 혹시 트집을 잡을까 봐 너무 소심해서 다가가지 못하는 것일까? 성생활은 어떤가? 실패를 극복하지 못해서 한때 발기부전이었던 것일까? 파티에 가기를 꺼리는가? 쇼핑은 어떤가? 혹시 판매원이 구두쇠로 볼까 봐 비싼 위스키를 사는 것일까? 웨이터가 얕볼지도 모르니까 팁을 후하게 주는 것일까? 비판에 대해서는 정확히 얼마나 취약한가? 무엇에 당황하고 상처를 입는가? 아내가 넥타이를 노골적으로 비판할 때만 상처를 받는가? 아니면 아내가 지미 Jimmy는 항상 잘 어울리는 넥타이와 양말을 고른다고 칭찬할 때 불안한가?

이런 고려 사항들은 자신이 가진 어려움의 범위와 강도, 그것의 다양한 징후들에 대한 인상을 남길 것이다. 그러면 그는 그 어려움이 자기 삶에 어떻게 영향을 미치는지 알고자 할 것이다. 어려움이 많은 부분에서 자신을 억제하게 만든다는 사실은 이미 알고 있다. 자신을 주장할 수 없고, 다른 사람들의 기대에 너무 순응한다. 따라서 결코 그 자신이 될 수 없고 자동으로 하나의 역할을 맡는다. 이 행동은 그가 다른 사람들에게 적대감을 품게 한다. 다른 사람들이 그를 지배하는 것처럼 느껴지기 때문이다. 이는 또한 그의 자존감을 저하한다. 마지막으로 그는 어려움의 원인이 되는 요소들을 찾는다. 그가 그렇게 비판을 두려워하게 만든 것은 무엇일까? 부모가 자신에게 매우 엄격한 기준을 두었다는 것을 기억해낼 수도 있고, 꾸중을 들었거나 부적절하다고 느끼게 했던 수많은 사건을 떠올릴 수도 있다. 그러나 그는 실제 성격의 모든 약점 또한 생각해야 할 것이다. 전체적으로 볼 때 그 약점들은 그를 의존적으로 만들고 따라서 강제적으로 다른 사람들의 의견을 중요하게 받아들이도록 만들 수도 있다. 만약 이 모든 질문에 대한 답을 찾을 수 있다면, 자신이 비판을 두려워한다는 인식은 더는 고립된 통찰이 아니게 되며 그는 자신의 성격 구조 전체와 이 특성의 관계를 보게 될 것이다.

내가 이 예를 통해 말하려는 것은 무엇일까? 새로운 요소를 발견한 사람은 제시된 다양한 방법을 활용하여 자신의 경험과 감정을 의도적으로 뒤져봐야 한다는 뜻일까? 절대로 그렇지 않다. 왜냐하면 그러한 절차는 이전에 논의되었던, 단순히 지적으로만 능숙한 경우와 똑같은 위험을 초래할 것이기 때문이다. 그는 자신에게 숙고할 시간을 주어야 한다. 고고학자가 땅에 묻힌 조각상을 발굴할 때처럼 훼손된 조각상에서 원래의 특징이 보일 때까지 모든 각도에서 보물을 바라보듯 자신이 발견한 것을 곰곰이 생각해야 한다. 새롭게 인식하는 모든 요소는 삶의 특정 영역을 비추는 서치라이트 search-light와 같아서, 지금까지 어두웠던 부분들을 밝혀준다. 자신을 알아보는 데 왕성한 관심을 이어간다면 그곳들을 모두 보게 될 것이다.

이 지점에서는 전문가의 지도가 특히 도움이 될 것이다. 분석가는 환자가 발견의 중요성을 알 수 있도록 적극적으로 도와주고, 그것이 시사하는 이런저런 질문을 제기하고 이전 발견과 연결한다. 그러한 외부의 도움을 받을 수 없을 때 할 수 있는 가장 좋은 일은 분석을 서두르지 않고, 새로운 통찰은 새로운 영토의 정복을 의미한다는 것을 기억하며, 새로 얻은 것들을 통합함으로써 정복한 영토에서 혜택을 입도록 노력하는 것이다. 나는 수시 자기 분석을 다룬 장의 각 예시에서 새로 얻은 통찰에서 제안할 수 있는 질문들을 언급했다. 분석을 수행한 당사자들이 이러한 질문들을 떠올리지 않은 이유는 그들의 관심이 당면한 어려움을 제거하는 데 그쳤기 때문이다.

클레어에게 자신의 분석에서 어떻게 그렇게 놀라운 연속성을 달성했는지를 묻는다면, 그녀는 아마도 훌륭한 요리사가 오믈렛 요리법을 알려줄 때와 거의 같은 대답을 내놓을 것이다. 요리사의 대답은 자신의 느낌에 따른다는 말로 요약된다. 그러나 분석에 이 대답을 적용하면 오믈렛 요리법만큼 불만족스럽지는 않다. 클레어의 감정을 빌릴 수는 없지만 누구나 자신이 따라갈 수 있는 자신만의 감정을 지니고 있다. 그리고 이것은 연상의 해석에 대해 논의하면서 앞서 언급했던 지점으로 우리를 돌아가게 한다. 무엇을 찾아봐야 하는지에 대해 지식을 배우는 것은 도움이 되지만 무엇을 볼지 시선은 자신의 주도권과 관심에 따라 이끌어가야 한다. 사람은 욕구와 관심으로 움직이는 살아 있는 존재라는 사실을 받아들여야 하며, 정신이 기름칠이 잘 된 기계처럼 완벽하게 작동한다는 환상을 버려야 한다. 이 과정에서도 다른 많은 과정과 마찬가지로 이런저런 함축적인 의미를 관통하는 철저함이 완전성보다 더 중요하다. 놓치고 있는 암시는 나중에 볼 준비가 더 잘 갖춰졌을 때 나타날 것이다.

또한 분석의 연속성은 통제할 수 없는 원인에 방해 받을 가능성이 있다. 분석하는 사람이 실험적인 진공상태에서 사는 게 아니기 때문에 방해를 예상해야 한다. 매일의 많은 경험이 생각을 잠식할 것이고, 그중 일부는 아마도 즉각적인 해명을 요구하는 감정적인 반응을 끌어낼 것이다. 예컨대 클레어가 의존성 문제를 해결하는 동안 직장을 잃었거나 더 많은 진취성과 자기주장, 지도력을 요구하는 새로운 직책을 맡았다고 가정해보자. 어느 경우든 의존성 이외의 다른 문제들이 전면으로 나왔을 것이다. 그 상황에서 할 수 있는 것은 이러한 방해를 당연한 일로 받아들이고 할 수 있는 최선을 다해 발생하는 문제들을 처리하는 것이다. 그중에는 당면한 문제를 해결하는 데 도움이 되는 경험이 있을 수도 있다. 피터가 관계를 끊은 덕분에 확실히 클레어가 자신의 문제에 대해 더 많은 분석 작업을 하도록 자극받았듯이 어떤 면에서는 도움이 될 수 있다. 외부 간섭을 크게 걱정할 필요는 없다. 나는 환자들과 함께 일하면서, 분석 과정이 빗나가도록 영향을 미치는 결정적인 외부 사건조차도 아주 짧은 시간에 그친다는 점을 발견했다. 환자는 상당히 빠르게, 그리고 종종 자신도 모르게 자신이 작업하고 있던 문제로 돌아가 자신이 방치했던 정확한 지점에서 다시 시작한다.

이런 현상에 대해서 작업하던 문제가 외부 세계에서 일어나는 일보다 환자에게 더 호소력을 가지고 있다는 식의 모호한 설명을 할 필요는 없을 것 같다. 대부분의 경험이 여러 반응을 끌어내고 당면한 문제에 가장 가까운 경험이 환자에게 가장 깊은 감동을 준다. 그러면서 그가 포기하려던 실마리를 되찾게 될 가능성이 더 크다.

이런 발언들이 명확한 방향을 제시하기보다는 주관적 요소를 강조한다는 점에서 분석이 과학적 절차라기보다는 예술적이라는 비판을 떠올리게 할 수 있다. 이 주장에 대해 논의하려면 용어에 대한 철학적 해명이 뒷받침되어야 하므로 다른 길로 너무 멀리 돌아가야 한다. 여기서 중요한 것은 실용적인 고려 사항이다. 만약 분석을 예술 활동이라고 한다면, 많은 사람이 분석을 수행하기 위해서는 특별한 재능이 필요하다는 뜻으로 받아들일 것이다. 당연하게도 우리는 저마다 타고난 재능이 다르다. 기계적인 문제에 능숙하거나 정치에 대한 전망을 가진 사람들이 있는 것처럼 심리학적인 사유에 특별한 재능을 가진 사람도 있다. 하지만 정말로 중요한 것은 불가사의한 예술적 재능이 아니라 엄격하게 정의할 수 있는 요소, 즉 개인의 관심이나 동기이다. 이것은 주관적인 요소이긴 하지만 우리가 하는 일의 대부분을 책임지는 결정적인 요소가 아닐까 싶다. 중요한 것은 규칙이 아니라 정신이다.

# 10장

# 저항에
# 대처하는 방법

## 문제 영역에 침입하는 방법

분석은 자아 안에 상반된 관심사를 가진 두 집단의 요인들 사이에 힘이 작용하도록 촉발하거나 이 작용을 강화한다. 한 집단의 관심은 신경증적인 구조가 제공하는 환상과 안전을 변함없이 유지하는 것이고, 다른 집단의 관심은 신경증적인 구조를 뒤집어엎음으로써 내면의 자유와 힘을 얻는 것이다. 이미 충분히 강조했듯이 이러한 이유에서 기본적으로 분석은 고립된 지적 연구의 과정이 아니다. 지성은 그 순간 가장 큰 비중을 차지하는 어떤 관심사를 위해 봉사하는 기회주의자에 불과하다. 해방에 반대하고 현상 유지를 위해 노력하는 힘은 신경증적 구조를 위태롭게 할 수 있는 모든 통찰에 도전을 받고, 도전에 대항해 어떻게든 진전을 막으려 한다. 이는 분석 작업에 대한 '저항'resistances으로 나타난다. 저항은 프로이트가 내면에서 이 작업을 방해하는 모든 것을 가리키는 데 사용한 용어로 매우 적절한 표현이다.

저항은 결코 분석적 상황에서만 생성되는 것이 아니다. 우리가 예외적인 조건에서 살지 않는 한 삶 자체는 분석가의 존재만큼이나 신경증적인 구조에 대한 큰 도전이다. 삶에 대한 은밀한 주장들은 절대적이고 경직된 성격을 띠고 있는 탓에 번번이 좌절될 수밖에 없다. 다른 사람들은 우리가 자신에 대해 품고 있는 환상을 공유하지 않고, 의심하거나 무시함으로써 상처를 줄 것이다. 우리는 자신의 안전을 위해 세워둔 치밀하고도 위태로운 수단에 대한 침입을 막을 수 없다. 이러한 도전들이 건설적인 영향을 미칠 수도 있지만 분석에서처럼 처음에는 불안과 분노로, 그다음에는 신경증적 경향을 강화하면서 도전에 반응할 수도 있다. 그렇게 되면 경우에 따라서 더 내성적이거나 지배적이거나 의존적이 될 수 있다.

분석가와의 관계는 부분적으로 다른 사람들과의 관계와 거의 비슷한 감정과 반응을 만들어 낸다. 그러나 분석은 신경증적 구조에 대한 공격이기 때문에, 훨씬 더 큰 도전을 의미한다.

정신분석 분야의 문헌 대부분에서는 우리가 우리의 저항에 무력하다는 것, 즉 전문가의 도움 없이는 그것들을 극복할 수 없다는 것을 암묵적으로든 명시적으로든 자명한 이치로 취급한다. 이러한 확신은 자기 분석이라는 발상에 반대하는 가장 강력한 논거로 받아들여질 것이다. 분석가뿐만 아니라 분석을 받은 모든 환자에게 매우 큰 영향력이 있는 주장이기도 하다. 분석가와 환자 모두 위험한 영역에 접근할 때 발생하는 그 끈질기고 기만적인 투쟁을 알고 있기 때문이다. 그러나 경험에 의지하는 호소는 결코 결정적인 논거가 될 수 없다. 경험 자체는 지배하고 있는 개념과 여러 관습의 복합적인 작용, 우리의 생각으로 결정되기 때문이다. 보다 구체적으로 말하면, 분석적 경험은 환자가 자신의 저항에 홀로 대처할 기회가 주어지지 않는다는 사실에 결정적인 영향을 받는다.

더 유력한 고려 사항은 분석가에게 확신의 기초가 되는 이론적 전제다. 이는 프로이트의 인간 본성에 대한 철학 전체 그 이상도 이하도 아닌데 이 문제를 여기서 자세히 다루기에는 너무 복잡하다. 만약 인간이 본능에 의해 움직인다면, 그리고 프로이트의 주장처럼 그중에서 파괴 본능이 지배적인 역할을 한다면, 인간 본성에서 성장과 발전을 위해 노력할 수 있는 건설적인 힘을 위한 공간은 많이 남지 않는다. 저항을 생성하는 힘과 역동적으로 극을 달리는 건설적인 힘을 부정한다면, 우리의 노력을 통해 저항을 극복할 가능성은 당연하게도 패배주의 성향으로 빠질 수밖에 없다. 나는 이 부분에서 프로이트 철학에 공감하지 않지만 저항에 대한 문제가 여전히 심각한 고려 사항으로 남는다는 사실을 부인하지는 않는다. 모든 분석이 그러하듯이 자기 분석의 결과는 대체로 저항하는 힘의 세기와 저항하는 자아의 힘에 좌우된다.

어떤 사람이 저항에 대해 실제로 무력감을 느끼는 정도는 겉으로 드러나는 저항의 힘뿐만 아니라 숨겨진 힘에 따라서도 달라진다. 다시 말해 저항을 어느 정도 분별할 수 있는지가 결정적인 역할을 한다. 저항은 틀림없이 공개적인 전투의 장에서 발견되고 대적할 수 있다. 이를테면 환자는 자신이 분석을 받으러 가는 데에 저항이 있다는 것을 잘 알고 있을 수도 있다. 혹은 클레어가 의존성을 해결하기 위한 마지막 싸움에서 그랬던 것처럼 자신이 신경증적인 경향을 포기하는 것에 맞서 필사적으로 싸우고 있음을 깨달을 수도 있다. 하지만 저항군이 위장된 형태로 환자에게 몰래 접근하는 경우가 더 빈번하다. 환자는 저항을 저항으로 인식하지 못하고, 저항하는 힘이 작동하고 있다는 것도 알지 못한다. 그는 단지 비생산적이거나 무기력하고 피곤하며 낙담했다고 느낀다. 환자는 보이지 않을 뿐 아니라 존재한다는 사실조차 모르는 적과 마주치게 되므로 당연히 무력할 수밖에 없다.

환자가 저항의 존재를 인식하지 못하는 가장 중요한 이유 중 하나는 저항의 방어 과정이 관련된 문제와 직접적으로 맞닥뜨렸을 때만 작용하는 것이 아니라 멀리 떨어진 곳의 문제 영역에 접근할 때도 작동한다는 사실에 있다. 즉 저항의 힘은 삶에 대한 은밀한 주장이 드러나거나 자신의 환상에 의문이 제기되거나 안전을 위한 수단이 위태로워질 때만 작용하는 것이 아니다. 환자가 문제의 영역들을 온전하게 유지하는 데에 더 많이 노력을 기울일수록 먼 영역에 접근하더라도 더 민감하게 반응한다. 천둥과 번개뿐 아니라 먼 수평선에 구름만 나타나도 불안해 하는 사람과 같다. 이러한 장거리 반응은 쉽게 주목을 피할 수 있다. 위험하지 않아 보이고, 어떤 종류의 강한 감정도 불러일으킬 것 같지 않은 주제와 함께 등장하기 때문이다.

저항을 인식하려면 저항의 근원과 표현에 대한 확실한 지식이 필요하다. 따라서 '저항'이란 표현을 명시적으로 사용하지 않은 경우를 포함하여, 책 전체에 걸쳐 여기저기서 저항과 관련하여 언급된 내용을 모두 개괄하고, 자기 분석에 특별히 관련되는 사항을 추가하는 것이 적절해 보인다.

저항의 근원은 환자가 현상 유지에 기울이는 관심의 총합이다. 현상 유지에 관한 관심이 신경증을 계속 앓고 싶어 하는 소망은 아니다. 강조하건대 이 둘은 다르다. 누구나 장애와 고통을 없애고 싶어 하기에 변화에 동의한다. 그것도 빠른 변화를 원한다. 환자가 유지하고자 하는 것은 '신경증'이 아니라 자신에게 엄청나게 중요한 주관적 가치로 증명된 마음속에서 미래의 안전과 만족을 약속한 신경증의 측면들이다. 누구든 조금도 바꾸고 싶어 하지 않는 기본적인 요소들은 삶에 대한 은밀한 주장, '사랑'에 대한 주장, 권력, 독립 같은 것에 대한 주장, 자신에 대한 환상, 그리고 자신이 비교적 편하게 움직이는 안전한 영역과 관련된다. 이러한 요소들의 정확한 특성은 환자의 신경증적 경향의 특징에 달려 있다. 신경증적 경향의 특징과 역학은 이미 설명했으므로 여기서는 다시 말할 필요가 없다.

전문적인 분석에서 저항을 일으키는 자극은 대부분 분석 자체에서 발생한 것이다. 강력한 이차적 방어가 발달하면 분석가가 이러한 방어의 유효성, 즉 환자의 성격에 나타나는 어떤 요소의 정당성이나 미덕, 또는 불변성에 의문을 제기하는 즉시 첫 번째 저항이 발생한다. 따라서 단점을 포함하여 자신과 관련된 모든 것을 훌륭하고 독특한 것이라 여기는 이차적 방어를 가진 환자라면 자신의 동기를 의심 받는 즉시 무력감을 느끼게 된다. 또 어떤 환자는 내면에서 어떤 비이성적인 흔적이라도 마주치거나 분석가가 그런 면을 지적하는 즉시 짜증스러워하면서 낙담하는 반응을 보인다. 이러한 방어 반응은 단지 억압된 특별한 요인이 발각될 위기일 때뿐 아니라 내용과는 상관없이 무엇이든 의문시될 때 유발된다. 이는 이차적 방어의 기능, 발달한 체계 전체를 보호하는 역할에 부합한다.

그러나 이차적 방어의 힘이 그렇게 거세지 않거나 환자가 이차적 방어를 발견하고 직면한다면, 저항은 대부분 억압된 특정한 요인이 공격당하는 데 대한 대응을 의미한다. 어떤 환자에게 금기인 영역에 가까이에서든 멀리서든 접근하면, 그는 두려워하거나 분노하며 정서적으로 반응할 것이고, 더 이상의 침입을 막기 위해 자동으로 방어 행동을 취할 것이다. 이와 같은 금기에 대한 침범은 특별한 공격이 아니라 분석가의 일반적인 행동에서도 비롯될 수 있다. 분석가가 하거나 못하거나 말하거나 말하지 못하는 모든 것이 환자의 취약한 부분 중 하나를 다치게 할 수 있고, 당분간은 협조적인 분석 작업을 방해하는 의식적이거나 무의식적인 분노를 일으킬 수 있다.

또한 분석 작업에 대한 저항은 분석 상황 밖의 요인에서 유발될 수도 있다. 분석을 진행하는 중에 외부 상황이 변화하여 신경증적 경향이 원활하게 기능하도록 협조하거나 심지어 긍정적으로 유용해진다면 저항을 일으키는 자극이 대단히 증가한다. 변화에 반대하는 힘이 강화되기 때문이다. 일상생활이 불리하게 이루어진 경우에도 역시 저항이 일어날 수 있다. 예를 들어 환자가 자신이 속한 집단에서 누군가에게 부당한 대우를 받았다고 느낀다면, 너무 화가 나서 자신이 상처받거나 모욕감을 느낀 진짜 이유를 찾기 위한 분석을 거부하고 어떤 노력도 하지 않겠다고 다짐하며 복수에만 모든 힘을 집중시킬 수도 있다. 즉 가까이에서든 멀리서든 억압된 요인을 건드리면 분석의 내부적 상황뿐만 아니라 분석 외적 상황의 전개 때문에 저항이 발생할 수 있다.

저항을 일으키는 자극은 원칙적으로 자기 분석에서도 다르지 않다. 그러나 여기서는 분석가의 해석이 아니라 환자 자신이 고통스러운 통찰이나 함축적 의미에 침입할 때 저항이 일어난다. 더구나 자기 분석에는 분석가의 행동이 일으킬 수 있는 자극이 없다. 이런 측면은 어느 정도는 자기 분석의 장점이다. 자극에 대한 대응이 올바르게 분석되기만 한다면, 가장 건설적인 작업으로 입증될 수 있음을 기억해야 한다. 마지막으로 차단을 발생시킬 힘은 자기 분석에서 일상생활을 경험할 때 더 크다. 이는 쉽게 이해할 수 있다. 전문적인 분석에서는 그 당시에 분석가가 부여 받는 중요성 때문에 환자의 감정이 분석가에게 크게 집중된다. 그러나 혼자서 분석 작업을 수행할 때 그러한 집중은 존재하지 않는다.

전문적인 분석에서 저항의 표현 방법은 대략 세 가지로 분류될 수 있다. 첫 번째는 자극을 일으키는 문제에 대한 공개적인 싸움, 두 번째는 방어적인 감정 반응, 세 번째는 방어적인 억제 또는 회피적인 전술이다. 서로 형태가 다른 다양한 표현들은 단지 직접성의 정도에서 차이가 있을 뿐이다.

예를 들어 절대적인 '독립'을 강박적으로 추구하는 환자를 생각해보자. 분석가는 사람들과의 관계에서 어려움을 겪는 환자의 특성에 다가가기 시작한다. 환자는 이 접근을 자신의 무심함에 대한 간접적인 공격, 그의 독립성에 대한 간접적인 공격이라고 느낀다. 이 점에서 환자는 옳다. 환자가 다른 사람들을 대할 때 겪는 어려움과 관련된 어떤 작업도 궁극적인 목표는 그의 인간관계를 개선하고, 그가 더 큰 우정과 연대를 향하도록 돕는 것이어야 의미가 있기 때문이다.

분석가는 이러한 목표들을 의식적으로 염두에 두지 않을 수도 있다. 분석가는 환자가 단지 소심함, 도발적인 행동, 여성들을 대할 때 겪는 곤경을 이해하기를 원한다고 믿을 수도 있다. 그러나 환자는 다가오는 위험을 감지한다. 그러면 그의 저항은 언급된 어려움을 해결하는 데 대한 공개적인 거절의 형태를 취하며, 이러나저러나 사람들에게 시달리고 싶지 않다고 솔직하게 선언할 수도 있다. 아니면 분석가가 그의 기준을 자기에게 강요하고 싶어 한다고 의심하면서 분석가에 대한 불신으로 반응할 수 있다. 가령 환자는 분석가가 자신에게 불쾌한 사교성을 강요한다고 믿고 싶을 수 있다. 혹은 단순히 분석 작업에 대해 무기력해질 수도 있다. 환자는 분석 시간에 늦거나, 큰 변화가 일어나지 않거나, 주제를 바꾸거나, 꿈을 꾸지 않는다고 하거나, 의미를 이해할 수 없을 정도로 복잡한 꿈을 말해 분석가를 괴롭힐 수도 있다.

저항의 첫 번째 유형인 공개적인 싸움은 매우 명확하고 더는 상술할 필요가 없을 정도로 친숙하다. 세 번째 유형인 방어적 억제 또는 회피 전술은 자기 분석과의 관련성 측면에서 논의할 것이다. 그러나 두 번째 유형인 방어적인 감정 반응은 전문적인 분석에서 특히 중요하다. 그러한 반응은 분석가에게 집중될 수 있기 때문이다.

분석가에 대해 감정적으로 반응할 때 저항이 모습을 드러내는 방법에는 몇 가지가 있다. 방금 언급한 예에서 환자는 자신이 분석가에게 현혹되고 있다는 의심으로 반응했다. 다른 경우에는 분석으로 자신이 다칠지도 모른다는 강렬하지만 막연한 두려움으로 반응이 나타날 수 있다. 또는 단지 만연한 짜증일 수도 있고, 분석가가 자신을 이해하거나 돕기에는 너무 어리석다는 생각을 바탕으로 경멸을 보일 수도 있다. 혹은 넓게 퍼진 불안을 진정시키기 위해 분석가의 우정이나 사랑을 얻으려 노력할 수도 있다.

이러한 반응들은 때때로 놀랍도록 강렬하게 나타나는데 이는 환자가 자신이 구축한 구조에서 필수적인 무언가에 대한 위협을 느끼기 때문이기도 하지만 반응 자체의 전략적 가치 때문이기도 하다. 이와 같은 반응은 원인과 결과를 찾는 본질적인 작업에서 분석가와 감정이 얽힌 상황이라는 훨씬 안전한 작업으로 관심의 초점을 전환하는 역할을 한다. 환자는 자신의 문제를 추구하는 대신 분석가를 설득하고, 분석가의 마음을 얻고, 분석가가 틀렸음을 증명하고, 분석가의 노력을 좌절시키고, 자신이 금기시하는 영역에 대한 침입을 처벌하는 데 노력을 집중한다. 그리고 이렇게 초점을 옮기면서 환자는 자신의 모든 어려움을 분석가 탓으로 돌리거나 이해심 없고 공정하지 않은 태도로 대하는 사람과는 진전을 이룰 수 없다고 확신하거나 분석 작업에 대한 모든 책임을 분석가에게 떠넘기고 자신은 묵묵부답으로 무기력하게 일관하게 된다. 말할 것도 없이, 이러한 감정적 싸움은 드러나지 않고 물밑에서 진행될 수 있고, 이를 환자의 의식으로 끌어올리려면 상당히 많은 분석 작업이 필요할 수 있다. 따라서 감정적 싸움이 억압될 때는 억압의 영향으로 발생한 차단을 통해서만 그 존재를 느낄 수 있다.

자기 분석에서도 저항은 똑같이 세 가지 방식으로 표현되지만 차이가 있다. 클레어의 자기 분석은 단 한 번의 노골적이고 직접적인 저항을 낳았지만 분석 작업을 대하는 다양한 억제와 회피적인 책략은 여러 차례 나타났다. 때때로 클레어는 자신의 분석적 발견에 대해 의식적인 감정 반응을 느꼈다. 이를테면 그녀는 남성들에 대한 자신의 기생적 태도를 발견하고 충격을 받았으나 그러한 반응이 추가적인 분석 작업을 방해하지는 않았다. 나는 이것이 자기 분석에서 저항의 작동 방식을 보여주는 매우 전형적인 그림이라고 생각한다. 적어도 그것은 우리가 합리적으로 기대할 수 있는 그림이다. 발견에 대한 감정 반응은 일어나기 마련이다. 자기 분석을 하는 사람은 자신에게서 발견한 것에 대해 걱정이나 부끄러움, 죄책감 또는 짜증을 느낄 것이다. 그러나 이와 같은 반응은 전문적인 분석에서 오는 감정 반응이 차지하는 비중과는 다르다. 한 가지 이유는 방어전에서 자기 분석을 하는 스스로와 맞서 싸워야 하거나 분석의 모든 책임을 돌릴 상대인 분석가가 없기 때문이다. 그 상대는 다시 자신이 되어야 한다. 또 다른 이유는 자기 분석을 수행하는 사람은 보통 분석가보다 더 신중하게 자신을 대하기 때문이다. 그는 한참 멀리 떨어진 위험을 감지하고, 당분간 문제를 피하기 위한 이런저런 수단에 대신 의지하면서 자동으로 직접적 접근 방법에서 물러날 것이다.

이제 저항이 자신을 표현하는 방어적 억제와 회피 전술이 자연스럽게 등장한다. 이처럼 길을 막는 형태의 방법은 다양한 성격만큼이나 무수히 많고, 분석 작업을 하는 도중에 어느 시점에서든 발달할 수 있다. 자기 분석에서 나타나는 억제와 회피의 징후는 작업 진척을 방해할 수 있는 특정한 결정적인 지점을 지적함으로써 가장 편리하게 논의될 수 있다. 요약하면 저항은 자기 분석을 하는 사람이 문제를 분석하기 시작하는 것을 방해할 수 있다. 저항은 자유 연상의 가치를 손상할 수 있고, 이해를 방해할 수 있으며, 발견을 무효로 만들 수 있다.

일반적으로 혼자 분석하는 사람은 어떤 식으로든 정기적으로 자신을 분석하지 않기 때문에 문제 분석을 시작하는 것에 대한 억제력을 식별하기 불가능할 수 있다. 스스로 분석이 필요하지 않다고 느끼는 기간에 대해서는 비록 그 기간에 저항이 작용할 가능성이 있더라도 걱정하지 말아야 한다. 그러나 극심한 고통, 불만, 피로, 짜증, 우유부단함, 걱정을 느끼면서도 그 상태를 명확히 밝히려는 어떠한 시도도 하지 않는 시기에 대해서는 매우 경계해야 한다.

그는 그런 시도를 통해 고통에서 벗어나고 그로부터 무언가를 배울 기회를 자신에게 줄 수 있다는 사실을 잘 알면서도 자신을 분석하기를 의식적으로 꺼릴 수 있다. 아니면 시도하지 않은 데 대한 여러 가지 변명 거리를 찾을 수도 있다. 너무 바쁘고, 너무 피곤하고, 시간이 너무 없다. 이런 형태의 저항은 전문적인 분석에서보다 자기 분석에서 더 빈번히 나타날 가능성이 크다. 전문적인 분석에서는 환자가 가끔 분석 시간을 잊거나 취소할 수는 있지만 정례적인 일정이나 예의, 비용 등의 압박으로 자주 그렇게 하지는 못하기 때문이다.

자유 연상 과정에서 방어적 억제와 회피는 기만적인 방식으로 작동한다. 그것들은 자기 분석을 하는 사람을 완전히 비생산적으로 만들지도 모른다. 그의 마음을 자유롭게 움직이게 하기보다는 '알아내기'로 이끌지도 모른다. 생각을 요점에서 벗어나게 할 수도 있고, 나타나는 연관성을 추적하는 것을 깜빡 잊도록 하는 일종의 졸음을 만들어 낼 수도 있다.

저항은 특정 요인에 대한 사각지대를 형성하여 이해를 방해할 수 있다. 자기 분석을 하는 사람은 그러한 요소들에 전혀 관심을 기울이지 않거나 충분히 파악할 수 있음에도 그것의 의미나 중요성을 파악하지 못할 것이다. 클레어의 분석에 이러한 예가 몇 차례 있었다. 그리고 분석 초기에 클레어가 피터와의 관계에서 원망과 불행을 축소했듯이 저항 때문에 감정이나 생각이 축소되어 나타날 수도 있다. 게다가 저항은 탐색을 잘못된 방향으로 유도할 수도 있다. 여기서 위험한 일은 해석에서 완전히 허황된 것, 즉 연상에서 존재하지 않는 무언가를 읽는 것이 아니라 존재하는 요소의 맥락을 고려하지 않은 채 선택하여 잘못 통합하는 것이다. 클레어가 자신의 인형 에밀리에 대한 기억을 해석한 것이 그 예시다.

마지막으로 자기 분석을 하는 사람이 진정한 발견에 이르렀을 때 억제나 회피로 작동하는 저항이 많은 면에서 그 발견의 건설적인 가치를 망칠 수 있다. 어쩌면 자신이 발견한 것의 중요성을 무효로 만들 수도 있다. 아니면 참을성 있게 노력하는 대신에 특정한 어려움을 극복하는 데 필요한 것은 의식적인 노력밖에 없다고 성급히 결론 내릴지도 모른다. 아니면 발견에 대해 '잊고' 있거나, '하고 싶은 기분'이 들지 않거나 또는 이런저런 이유로 단순히 하지 않기 때문에 발견을 추적하는 작업을 꺼릴 수 있다. 그리고 그가 분명한 태도를 보여야 할 때 의식적으로 옳다고 믿으면서 이런저런 타협적인 해결책에 의지하여 자신이 얻은 결과에 대해 자신을 속일 수 있다. 클레어가 여러 번 그랬던 것처럼 사실은 해결책과는 동떨어져 있는데도 자신이 문제를 해결했다고 믿는 것이다.


그렇다면 저항에 어떻게 대처해야 할까? 먼저, 눈에 띄지 않는 것에 대해서는 무엇도 할 수 없다. 가장 우선적이고 가장 중요한 조건은 저항이 작동한다는 사실을 인식하는 것이기 때문이다. 대부분의 저항은 간과될 수 있는데 이는 우리가 대체로 저항을 간절히 보고 싶어 하지 않기 때문이다. 하지만 아무리 경각심이 있거나 의지가 있더라도 관심을 피하게 마련인 특정한 형태의 저항도 있다. 그중에서 가장 중요한 것은 맹점과 감정의 최소화다. 저항이 보여주는 방해의 심각성은 그것이 얼마나 광범위하게 퍼져 있고 끈질긴지, 그 뒤에 도사리는 힘이 무엇인지에 따라 달라진다. 그것은 자기 분석을 하는 사람이 아직 특정한 요소를 직면할 수 없다는 사실의 표현일 뿐이다. 예를 들어 클레어는 처음에 피터에 대한 자신의 분노가 얼마나 깊었는지, 혹은 자신이 그 관계에서 얼마나 고통받았는지를 알 수 없었을 것이다. 심지어 분석가조차도 그녀가 이런 점을 보거나 파악하도록 도울 수 없었을 것이다. 그녀가 이러한 요소들과 씨름하기 전에 많은 일이 이루어져야 했다. 이러한 고려는 긍정적으로 발전할 가능성이 크다. 분석 작업을 꾸준히 진행하면 이 맹점이 적절한 시기에 해소되는 경우가 많다는 것을 암시한다.

탐색이 잘못된 방향으로 진행된 경우에도 거의 다를 바 없다. 이러한 형태로 자신을 표현하는 저항 역시 감지하기 어렵고, 시간 손실을 초래할 것이다. 그러나 시간이 흐른 후에도 진전이 없거나 관련 문제를 해결했는데도 제자리를 맴돌고 있음을 알게 되면 저항의 존재를 의심해볼 수 있다. 자기 분석에서는 다른 분석에서와 마찬가지로 진척 상황에 대해 착각하지 않는 것이 중요하다. 그런 착각은 잠시 기분을 끌어올릴 수는 있지만 뿌리 깊은 저항의 발견을 가로막기에 십상이다. 이처럼 발견을 잘못 통합할 가능성이 있기에 분석가와 수시로 분석을 점검하는 것이 좀 더 바람직하다.

다른 저항은 더 쉽게 알아차릴 수 있다. 따라서 무서울 정도로 강도 높은 저항일 수 있다는 사실을 충분히 참작해야 한다. 앞서 말한 상황이라면 자기 분석을 하는 사람은 분석을 시작하는 것에 대한 거부감을 확실히 알아차릴 수 있다. 연상 과정에서 그는 자신이 자연스럽게 생각하는 대신 의미를 알아내려고 한다는 것을 알게 될 수 있다. 그는 생각이 핵심에서 멀어져 방황하고 있다는 것을 알아차릴 수 있고, 그런 다음에는 생각의 순서를 돌이켜보거나 적어도 요점에서 벗어난 지점을 되찾을 수 있다. 클레어가 마법적 조력에 대한 기대와 관련하여 그랬던 것처럼 다른 날에 기록을 검토해본다면 잘못된 추론에 빠질 수 있다. 그는 자신의 발견이 뚜렷하게 규칙적으로 자신을 매우 칭찬하는 내용이거나 매우 모욕적인 내용이라는 사실을 발견하면, 무언가가 진전을 막고 있는 것은 아닌지 의심할 수 있다. 심지어 낙담하는 반응을 저항의 한 형태로 의심할 수 있지만 그러한 감정에 사로잡힌 상태에서는 의구심을 갖기 어렵다. 여기서 해야 할 일은 낙담 자체를 액면 그대로 받아들이지 않고, 분석에 대한 하나의 반응으로 간주하는 것이다.

차단이 존재한다는 것을 인식하게 되면, 하고 있던 모든 분석적 추구를 포기하고 저항을 시급히 해결해야 할 문제로 받아들여야 한다. 프로이트의 설명을 빌리자면, 저항에 맞서도록 자신을 강요하는 일은 불이 들어오지 않는 전구를 밝히기 위해 몇 번이고 시도하는 것처럼 부질없는 일이다. 전구에서, 전등 설비에서, 전선에서, 스위치에서 어디든 간에 전류가 차단되는 곳을 확인해야 한다.

저항에 대처하는 기술은 곧 저항에 연관 지으려고 노력하는 것이다. 하지만 분석 작업 중에 발생하는 모든 저항에서 먼저 차단이 일어나기 전의 기록을 검토해보는 것도 도움이 된다. 저항에 대한 단서가 적어도 한 번은 건드러본 문제에 있을 가능성이 상당히 크고, 기록을 검토하는 동안 출발점이 분명히 드러날 수도 있기 때문이다. 그리고 때때로 즉각 저항을 추적할 수 없을 수도 있다. 저항을 뒤쫓기가 너무 꺼려지거나 불안할 수도 있다. 그럴 때는 자신에게 강요하기보다는 단지 어떤 지점에서 불안함이나 피로를 느꼈는지 기록하고, 다음 날 문제에 대한 새로운 관점을 가질 수 있을 때 분석을 재개하는 것이 바람직하다.

'저항에 연관' 지어야 한다고 주장하는 것은 자기 분석을 하는 사람이 차단을 발생시킨 특정한 것을 고려하고 그 노선을 따라 생각이 자유롭게 흐르도록 해야 한다는 뜻이다. 그러므로 어떤 문제에 관해서든 항상 자신이 이기게 만드는 해석이 나온다는 것을 알아차렸다면, 그 발견을 추가적인 연상의 출발점으로 받아들이려고 해야 한다. 만약 어떤 발견에 낙담했다면, 그 발견이 자신이 아직 변화시킬 수 없거나 변화시킬 의지가 없는 요인들을 건드렸을 가능성과 연관 지으려고 노력해야 한다. 자기 성찰의 필요성을 느끼면서도 분석을 시작하는 데 어려움을 겪는다면 이전의 분석 일부나 다른 외부적 사건이 차단을 만들어 냈는지 떠올려봐야 한다.

외부 요인에 의해 유발되는 이러한 저항은 앞서 언급된 이유로 자기 분석에서 흔히 볼 수 있다. 신경증적 경향에 사로잡혀 있는 사람, 혹은 그런 점에서 거의 모든 사람은 특별한 개인에게 또는 삶 전반에서 불쾌하거나 부당하게 다루어진다고 느끼고 상처나 분노의 반응을 액면 그대로 받아들일 가능성이 크다. 그러한 상황에서 실제 공격과 상상된 공격을 구별하려면 상당한 수준의 명석함이 필요하다. 그리고 비록 그 공격이 진짜라고 할지라도, 반드시 반응을 일으킬 필요는 없다. 만약 자신이 취약하지 않다면, 다른 사람들이 가한 행위에 대해 공개적인 싸움에서 상대에게 상처나 분노보다는 동정이나 반감으로 반응할 수 있는 공격들도 많이 있다. 화낼 권리를 느끼는 것이 공격당한 자신의 취약한 부분이 어디인지 정확히 조사하는 것보다 훨씬 쉽다. 그러나 자신의 이익을 위해서는 설령 상대방이 잔인하거나 불공평하거나 사려 깊지 않았다는 데 의심의 여지가 없더라도 정확한 자기 성찰을 하는 길을 택해야 한다.

남편이 다른 여자와 일시적으로 부적절한 관계를 맺었다는 사실을 알고 크게 동요하는 아내가 있다고 가정해보자. 몇 달이 지나도 아내는 그 일을 극복하지 못한다. 이미 지나간 일이라는 것을 알고, 남편은 다시 좋은 관계를 만들기 위해 무엇이든 하지만 소용이 없다. 아내는 자신과 남편을 비참하게 만들고, 때때로 남편에게 심한 비난을 퍼붓는다. 신뢰를 위반한 행동으로 받은 실제 상처와는 별개로 아내가 왜 이런 식으로 느끼고 행동하는지 설명할 수 있는 많은 이유가 있다. 남편이 자신 이외의 누구와 애착을 가질 수 있다는 일이 아내의 자존심을 상하게 했는지도 모른다. 남편이 자신의 통제와 지배에서 벗어날 수 있다는 사실을 아내가 참을 수 없을지도 모른다. 그 사건은 클레어 같은 사람에게서 일어나는 것처럼 버림받음에 대한 두려움을 불러일으켰을지도 모른다. 아내는 자신이 의식하지 못하는 이유로 결혼에 불만을 가질 수도 있고, 눈에 띄는 이 사건을 자신의 억압된 불만을 표현하는 핑계로 삼아, 단지 무의식적으로 복수를 준비할 수도 있다. 아내는 다른 남자에게 매력을 느꼈을 수도 있고, 남편이 자신이 허락하지 않았던 자유를 탐닉했다는 사실에 분개했을 수도 있다. 만약 아내가 그러한 가능성을 검토한다면 상황을 상당히 개선할 뿐만 아니라 자신에 대한 훨씬 더 명확한 지식을 얻을 수 있을 것이다. 그러나 그녀가 단지 화낼 권리만을 주장한다면 어떤 결과도 얻을 수 없다. 그녀가 화를 억눌렀다고 해도 상황은 본질적으로 같겠지만 그런 경우에는 자기 성찰에 대한 그녀의 저항을 감지하기는 훨씬 더 어려울 것이다.

여기서 저항에 대처하는 정신에 대해 짚고 넘어갈 수 있겠다. 우리는 마치 저항이 성마른 어리석음이나 고집을 나타내는 것처럼 저항하는 우리 자신에게 쉽게 짜증을 내고 싶어진다. 그러한 태도는 이해할 만하다. 최선의 이익을 위해서 원하는 목표에 향하던 중 스스로가 만든 장애물에 부딪히면 짜증이 나거나 심지어 화가 날 수 있기 때문이다. 그렇지만 어떤 사람이 자신의 저항에 대해 스스로 책망하는 것은 정당성도 없고 심지어 어떤 의미도 없다. 그는 저항 뒤에 있는 힘의 발달에 책임이 없으며, 게다가 저항이 보호하려고 하는 신경증적 경향은 다른 모든 수단이 실패했을 때 그에게 삶을 살아가는 수단을 주었다. 반대하는 힘을 그저 자신에게 주어진 요소로 간주하는 편이 더 현명하다. 나는 그 힘들을 자신의 일부로서 존중해야 한다고 말하고 싶다. 저항의 힘을 존중한다고 해서 이를 승인하고 멋대로 할 수 있도록 둔다는 의미가 아니다. 유기적인 발달로 인정한다는 의미다. 그러한 태도는 자신에게 더 공정할 뿐만 아니라 저항에 대처하기 위한 훨씬 더 나은 근거를 제공할 것이다. 만약 그 힘들을 짓밟겠다는 적대적인 결의로 접근한다면 그것을 이해하는 데 필요한 인내심과 의지를 갖지 못할 것이다.

저항이 건설적인 의지보다 강하지 않은 한 저항에 대한 대처가 제시된 방식으로 진행된다면 저항이 이해되고 극복될 가능성은 충분하다. 그보다 더 강한 저항은 반드시 전문가의 도움이 있어야만 극복할 수 있는 어려움을 나타낸다.

# 11장

# 자기 분석의 한계

자기 분석을 가로막는 장벽은 무엇일까?

저항과 한계는 정도의 차이
만 있을 뿐이다. 어떤 저항이든 충분히 강해진다면, 실질적인 한계
로 바뀔 수 있다. 자기 자신을 이해하려는 사람의 동기를 감소시키
거나 마비시키는 모든 요소는 자기 분석의 한계가 될 수 있다. 비록
그것들이 별도의 실체는 아니지만 이러한 요소들을 별도로 논의하
는 것 외에는 다른 방법이 없는 것 같다. 따라서 이번 장에서는 같
은 요소를 여러 관점에서 다루도록 하겠다.

우선 뿌리 깊은 체념의 정서가 있다. 이것은 자기 분석에 심각
한 한계를 구성한다. 어떤 사람은 자신의 정신적 얽힘에서 벗어나
는 일이 너무 힘들고 절망적일 수 있다. 어려움을 극복하기 위해 건
성으로 시도하는 것 이상의 노력을 할 동기가 없다. 모든 심각한 신
경증 환자에게는 절망감이 어느 정도 존재한다. 그것이 치료에 심
각한 걸림돌이 되는지는 아직 살아 있거나 되살릴 수 있는 건설적
인 힘의 세기에 달려 있다. 그런 건설적인 힘은 잃어버린 것처럼 보
여도, 실제로는 존재하는 경우가 많다. 그러나 어린 나이에 너무 완
전히 억압당했거나, 혹은 해결할 수 없는 갈등에 휘말려 버린 경우

라면 오래전부터 기대와 투쟁을 포기했을 수도 있다.

이러한 체념의 태도는 완전히 의식적일 수 있으며, 자기 삶에 대한 전반적인 허무감 또는 일반적으로 삶의 허무에 대해 공들인 철학으로 표현된다. 체념은 종종 허무감이라는 '사실'에 눈감지 않은, 소수 무리에 속해 있다는 자부심에 의해 강화되기도 한다. 어떤 사람들에게는 그러한 의식적인 가공이 일어나지 않는다. 그들은 단지 수동적이고, 인생을 금욕적으로 견디며, 더 의미 있는 존재에 대한 어떤 전망에도 더는 반응하지 않는다.

그러한 체념은 입센의 『헤다 가블러』Hedda Gabler에서처럼 삶에 대한 권태감 뒤에 숨겨져 있을 수도 있다. 그녀의 기대는 극히 빈약하다. 삶은 때때로 즐거워야 하고, 약간의 재미나 긴장이나 흥분을 제공해야 하지만 그녀는 긍정적인 가치를 전혀 기대하지 않는다. 이러한 태도는 헤다 가블러의 경우처럼 삶의 어떤 가치도, 어떤 목표도 믿지 않는 깊은 냉소를 동반한다. 그러나 깊은 절망감은 또한 그것을 의심하지 않는 사람, 피상적으로 인생을 즐길 수 있다는 인상을 주는 사람에게도 존재할 수 있다. 그들은 함께 먹고, 마시고, 성관계를 즐길 수도 있다. 어쩌면 진정한 흥미와 진정한 감정을 품은 채 전도유망한 청소년기를 보냈을지도 모른다. 그러나 어떤 이유로 그들은 천박해졌고, 야망을 잃었고, 일에 대한 관심은 형식적으로 변했고, 사람들과의 관계는 느슨해지고, 인연은 쉽게 이어졌다 쉽게 끝났다. 요컨대 의미 있는 존재가 되기 위한 노력을 멈추었고 대신 삶의 주변부로 눈을 돌렸다.

이렇게 표현하는 것은 다소 부정확하지만 만약 신경증적 경향이 '너무 성공적으로' 작용하고 있다면 자기 분석에는 상당히 종류가 다른 한계가 설정된다. 예를 들어 권력에 대한 갈망이 완전히 충족되어 자기 삶이 실제로는 사상누각沙上樓閣*인데도 어떤 분석 제안도 비웃어 넘길 정도로 삶에 대한 만족도가 높을 수 있다. 의존에 대한 욕구가 지배 충동을 가진 사람과의 결혼을 통해 충족되거나 집단에 종속되는 형태로 충족될 때도 마찬가지다. 이와 비슷하게 어떤 사람은 상아탑으로 물러나 그 안에 머물면서 비교적 편안함을 느낄 수 있다.

내적 조건과 외적 조건의 조합이 이루어지면 신경증적 경향이 성공적으로 행사된다. 내적 조건을 보면, '성공'하는 신경증적 경향은 다른 욕구들과 너무 첨예하게 충돌해서는 안 된다. 사실 사람은 다른 모든 것이 지워진 채, 단 하나의 강박적인 욕구만으로 완전히 소모되지는 않는다. 어떤 인간도 한 방향으로만 움직이는 유선형 기계로 전락하지 못한다. 그러나 이렇게 한 가지에 완전히 집중하는 것과 비슷한 정도로 집중할 수는 있다. 그리고 외부 조건은 그러한 발달을 허용하는 종류가 되어야 한다. 외부 조건과 내부 조건의 상대적 중요성은 무한히 다양하다. 우리 사회에서 재정적으로 독립을 이룬 사람은 상아탑으로 쉽게 물러날 수 있지만 자원이 부

---

*   모래 위에 세운 누각. 기초가 튼튼하지 못하여 오래 견디지 못할일 또는 물건을 이름.

족한 사람 또한 자신의 다른 욕구를 최소한으로 제한하여 세상에서 물러날 수 있다. 한 사람은 위신이나 권력을 과시할 수 있는 환경에서 자라왔고, 다른 사람은 아무것도 없이 시작했지만 외부 환경을 집요하게 이용하여 결국 같은 목표를 달성한다.

신경증적 경향의 '성공적인' 주장이 어떤 식으로 달성되든지, 분석을 통한 발전에 완벽한 장벽으로 작용한다. 왜냐하면 성공적인 경향이 너무 소중해져서 어떤 질문도 제기되기 어려워진다. 또 다른 이유는 분석에서 추구하는 목표, 즉 자신과 좋은 관계, 타인과 좋은 관계를 유지하며 삶의 조화로운 발전을 추구하는 목표가 신경증적 경향을 가진 사람들의 관심을 끌지 못한다는 데 있다. 그 사람에게는 그런 목표의 호소에 응답할 만한 힘이 너무 약해져 있기 때문이다.

분석 작업의 세 번째 한계는 파괴적 경향이 만연하다는 것이다. 타인을 향한 것이든 자신을 향한 것이든 상관없다. 먼저, 그러한 경향이 자살 충동의 의미처럼 반드시 문자 그대로 파괴적이지는 않다는 점부터 짚고 넘어가야겠다. 파괴적인 경향은 적대감이나 경멸 또는 일반적인 거부의 태도와 같은 형태를 취할 때가 더 많다. 이러한 파괴적인 경향은 심각한 신경증에서 발생한다. 모든 신경증적 발달의 밑바탕에는 심하든 약하든 파괴적인 경향이 깔려 있다. 이런 경향은 경직되고 자기중심적인 요구와 환상이 외부 세계와 충돌하면서 더욱 강화된다. 심각한 신경증은 환자가 다른 사람들과 충만하고 활동적인 삶을 사는 것을 가로막는 꽉 끼는 갑옷과 같다. 그것은 필연적으로 삶에 대한 원한을 불러일으킨다. 이처럼 배제된 것에 대한 깊은 분개를 니체는 '삶에 대한 질투'Lebensneid라고 했다. 여러 이유에서 자신과 타인에 대한 적대감과 경멸이 너무 강한 나머지 자신이 허물어지도록 두는 것이 복수하기에 좋은 방법으로 보일 수도 있다. 삶이 제공하는 모든 것에 대해 '아니오'라고 말하는 것이 유일하게 남은 자기 주장이다. 체념의 요소를 논할 때 언급했던 입센의 헤다 가블러는 타인과 자신에 대한 파괴적인 경향이 만연해 있는 사람을 보여주는 좋은 예시다.

그러한 파괴가 자기 계발에 얼마나 방해가 되는지는 언제나 그렇듯이 그 심각성의 정도에 달려 있다. 예를 들어 삶에서 건설적인 어떤 일을 하는 것보다 다른 사람을 이기는 것이 훨씬 더 중요하다고 느끼는 사람이라면 분석을 통해 많은 혜택을 얻지 못할 것이다. 즐거움, 행복, 애정, 또는 사람에 대한 친밀감을 경멸할 만한 약점이나 평범함을 나타내는 표시로 여기는 사람이라면, 자신이나 혹은 그 누구나 그의 단단한 갑옷을 꿰뚫기가 불가능할지도 모른다.

네 번째 한계는 '자아'self라는 이해하기 어려운 개념에 관한 것이기 때문에 더 포괄적이고 정의하기가 더 어렵다. 여기서 내가 의미하는 것은 물질적, 사회적 자아와 구별되는 윌리엄 제임스William James의 '진정한 자아'real self의 개념으로 가장 잘 나타나 있을 것이다. 간단히 말해서 자아는 정말로 무엇을 느끼고, 무엇을 원하고, 무엇을 믿고, 무엇을 결정하는지에 관한 것이다. 자아는 정신적 삶의 가장 생생한 중심이고, 중심이어야만 한다. 분석 작업에서 호소가 이루어지는 곳이 바로 정신적 중심이다. 모든 신경증에서 이 정신적 중심의 범위와 활력은 저하된다. 진정한 자아존중감, 타고난 존엄성, 진취성, 자기 삶을 책임질 수 있는 능력, 그리고 자기 계발의 원동력이 되는 유사한 요소들이 항상 타격을 받아왔기 때문이다. 게다가 신경증적 경향 자체는 에너지를 상당히 많이 빼앗아 간다. 이전에 사용한 비유를 다시 쓰자면, 신경증적 경향은 사람을 원격으로 조종하는 비행기로 만들어버리기 때문이다.

대부분 자아를 되찾고 발달시킬 충분한 가능성이 있지만 이러한 가능성의 힘을 처음부터 추정하기는 어렵다. 그러나 만약 진정한 자아가 상당히 손상된다면, 그 사람은 자신의 무게중심을 잃고 내부 또는 외부에서 오는 다른 힘의 지시를 받는다. 그는 자신의 환경에 지나치게 적응하여 자동인형이 될 수도 있다. 그는 다른 사람들에게 도움이 되는 것에서 유일하게 존재할 자격을 찾을 수 있고, 따라서 내면에 무게중심이 없다는 것이 그의 효능을 저해할 수밖에 없더라도 사회적으로 유용할 수는 있다. '너무 성공적인' 신경증적 경향에 대한 논의에서 언급했듯이 그는 모든 내적 방향 감각을 잃고 목적 없이 표류하거나 온전히 신경증적 경향에 의해 휘둘릴 수 있다. 그의 감정과 생각, 행동은 거의 전적으로 스스로 쌓아 올린 부풀려진 이미지에 좌우될 수 있다. 그는 정말로 동정심을 느끼기 때문이 아니라 동정하는 것이 자신의 이미지 일부이기 때문에 동정할 것이다. 그는 특정한 친구나 어떤 관심사가 자신의 이미지에 필요하기 때문에 그러한 친구나 관심사를 가질 것이다.

마지막으로 강력하게 발달된 이차적 방어에 의한 한계가 있다. 모든 것이 정당하고, 선하며, 변경 불가능하다는 엄격한 확신이 신경증 전체를 보호한다면, 무엇이라도 변화시킬 만한 동기가 거의 없을 것이다.

신경증적 속박에서 자신을 해방하기 위해 고군분투하는 사람은 누구나 이러한 요인 중 일부가 내면에서 작동한다는 사실을 알거나 느끼고 있다. 정신분석 치료에 익숙하지 않은 사람들에게는 이러한 한계들을 열거하는 것만으로도 억제 효과를 가져올 수 있다. 그러나 이러한 요인 중 어느 것도 절대적인 의미에서 금지되지 않는다는 점을 기억해야 한다. 오늘날 전투기가 없으면 전쟁에서 승리할 가능성이 없다는 것을 단호하게 말할 수 있다. 그러나 허무감이나 타인에게 솟구친 분노가 자기 분석을 가로막을 것이라고 단호하게 말하면 터무니없는 일이 된다. 그가 건설적인 자기 분석을 할 수 있는 가능성은 '할 수 있다'와 '할 수 없다' 또는 '하겠다'와 '하지 않겠다' 사이의 상대적인 힘에 크게 좌우된다. 그리고 이것은 결국 자기 계발을 위태롭게 하는 태도가 얼마나 심각한지에 달려 있다. 그저 표류하면서 삶에서 의미를 찾지 못하더라도 막연하게 무언가를 찾고 있는 사람과 헤다 가블러처럼 마지막에 쓸쓸한 체념으로 삶을 등진 사람 사이에는 큰 차이가 있다. 지극히 냉소적이고 모든 이상을 단순한 위선으로 치부해버리는 사람과 마찬가지로 냉소적이지만 진정한 이상에 따라 사는 사람에게 긍정적 의미의 존경과 호감을 느끼는 사람 사이에 차이가 있는 것과 같다. 또는 사람들을 향한 짜증과 경멸이 만연해 있으면서도 그들의 호의에 응답하는 사람과 헤다 가블러처럼 친구에게나 적에게나 똑같이 악랄하고, 심지어 자신 내면에 남은 어린 감정의 잔재를 건드리는 사람들을 파괴하려는 사람 사이에 차이가 있는 것과 같다.

분석을 통해 진정으로 자기 계발을 막는 장벽을 넘을 수 없다면, 그 원인은 하나의 요인이 아니라 여러 요인의 조합으로 설명된다. 예를 들어 깊은 절망이 독선의 갑옷이나 만연한 파괴성과 같이 절망을 강화하는 경향과 결합하면 무소불위의 방해물이 된다. 자기로부터의 완전한 소외는 확고하게 고착된 의존성과 같은 강화 경향이 있지 않은 한 한계로 작용할 수 없다. 다시 말해 진정한 한계는 심각하고 복잡한 신경증에만 존재하며, 심지어 그러한 신경증에서도 건설적인 힘은 여전히 살아 있을 수 있다. 그 힘이 발견되고 사용될 수만 있다면 살릴 수 있다.


앞서 논의된 것과 같이 분석을 방해하는 정신적 힘들은 자기를 분석하기 위한 노력을 철저히 막을 만큼 강력한 경우가 아닐 때는 다양한 방식으로 자기 분석에 대한 노력에 영향을 미친다. 우선 그 힘들은 부분적으로만 정직한 태도로 분석을 수행하게 하여 알지 못하는 사이에 분석 전체를 망치게 할 수 있다. 어떤 분석이든지 시작하는 시점에는 중점을 두는 부분이 한쪽으로 치우쳐 있고, 사각지대가 상당히 넓은 범위에 걸쳐 존재한다. 하지만 이 경우에는 편파적인 강조점과 광범위한 사각지대의 범위와 강도가 분석을 진행하면서 줄어들기보다는 분석 작업 내내 지속된다. 이 영역들 밖에 있는 요소들은 똑바로 직면할 수 있다. 하지만 자기 안의 어떤 영역도 다른 영역과 격리되어 있지 않고, 따라서 전체 구조와 연관 짓지 않고서는 진정으로 이해될 수 없으므로 잘 보이는 요소들조차도 피상적인 통찰의 수준에 머물러 있다.

루소의『고백록』은 분석과 거의 유사하지 않지만 이 가능성에 대한 예시로 쓰일 수 있다. 여기에는 분명히 자신의 정직한 모습을 보여주기를 원하면서, 적당한 수준에서만 그렇게 하는 한 남자가 있다. 그는 책 전체에 걸쳐 자신의 허영심과 사랑할 수 없는 무능력을 사각지대에 놓아두고 있다. 언급한 것은 오직 눈에 띄는 두 가지에 불과하지만 이것들만 해도 너무 노골적으로 드러나서 오늘날 우리에게는 어처구니없다는 인상을 준다. 그는 자신이 다른 사람들에게 기대하는 것, 받아들이는 것에 대해서는 솔직하지만 그에 따른 의존성을 '사랑'으로 해석한다. 그는 자신의 취약성을 인정하지만 그것을 자신의 '감정을 느끼는 마음'에 결부시킨다. 그는 자신의 적대감을 인정하지만 그것은 항상 정당한 것으로 판명된다. 그는 자신의 실패를 알지만 그 실패에 대한 책임은 항상 다른 사람들에게 있다.

확실히 루소의 고백은 자기 분석이 아니다. 그러나 나는 최근 몇 년 동안 책을 다시 읽으면서 분석 작업을 했던 친구들과 환자들이 그 책의 주인공과 크게 다르지 않았다는 사실을 떠올리곤 했다. 그 책은 정말로 진중하고 비판적인 연구를 할 만한 가치가 있다. 자기 분석에 대한 노력이 더 정교할지라도 쉽사리 그와 비슷한 운명을 맞을 수 있다. 더 많은 심리학적 지식을 갖춘 사람이라면 자신의 행동과 동기를 정당화하고 미화하려는 시도가 그저 더 교묘해질 뿐이다.

루소가 정직했던 지점이 하나 있는데 바로 그의 성적인 특이성이다. 이 솔직함은 분명히 인정받아야 한다. 하지만 성적인 문제에 대한 루소의 솔직함은 그가 다른 문제에는 실질적으로 거의 직면하지 않는다는 점을 보지 못하도록 한다. 이 점에서도 루소에게 배울 교훈이 있다. 성적 취향은 우리 삶에서 중요한 영역이기 때문에 다른 모든 것과 마찬가지로 집요하게 솔직해지는 것이 중요하다. 그러나 프로이트가 성적인 요인들을 일방적으로 강조하는 바람에 많은 사람이 루소가 그랬던 것처럼 다른 무엇보다도 성적인 요인을 골라내려는 유혹을 받았을지도 모른다. 성적인 문제에 솔직해지는 것은 필수적이지만 오직 성적인 문제에만 솔직해지는 것으로는 부족하다.

또 다른 일방적인 강조는 현재에 나타나는 어떤 어려움을 특정한 유아적 경험이 변화하지 않고 반복되는 것으로 생각하려는 꾸준한 경향이다. 다시 말해 현재의 어려움을 특정한 유아적 경험의 고정된 반복으로 간주하는 완고한 경향이다. 한 사람이 자신을 이해하고자 할 때 자신의 발달에 막중한 역할을 했던 힘을 이해하는 것이 중요하다는 것에 의심할 여지가 없다. 그리고 초기 경험이 성격 형성에 미치는 영향을 인식한 것은 프로이트의 가장 중요한 발견

중 하나다. 그러나 현재의 성격 구조를 형성하는 데 이바지하는 것은 언제나 우리의 초기 경험의 총합이다. 따라서 현재에 나타나는 어떤 장애와 특정한 초기 영향 사이의 독자적인 연관성만을 밝혀내는 것은 부질없는 일이다. 현재의 특이성은 오직 현재 성격에 작용하는 힘들이 일으키는 상호 작용 전체를 나타내는 표현으로 이해할수 있다.

예를 들어 클레어와 어머니의 관계에서 일어난 특이한 발달은 클레어가 남자에게 보인 의존성과 분명한 관련이 있었다. 그러나 클레어가 옛 유형과 새로운 유형 사이의 유사성만 보았다면, 그 유형이 영구적으로 유지되도록 압박하는 근본적인 원동력을 인식하지 못했을 것이다. 그녀는 어머니에게 그랬던 것처럼 피터에게 자신을 예속시켰고, 어머니를 흠모했던 것처럼 피터를 영웅으로 숭배했으며, 어머니가 자신을 도와주기를 기대했던 것처럼 피터가 절망에 빠진 자신을 보호하고 도와주기를 기대했을 것이다. 또한 어머니가 자신을 차별하는 것에 분개했듯이 피터가 자신을 거절하는 것에 분개했을 것이다.

이러한 연관성을 인식하는 과정에서 그녀는 단순히 강박적인 유형이 작용한다는 사실을 인지함으로써 자신의 실제 문제와는 일정한 거리를 두었을 수도 있다. 그러나 실제로 그녀가 피터에게 매달린 것은 그가 어머니의 모습을 상징했기 때문이 아니었다. 그것은 그녀가 강박적인 겸손과 억압된 오만 및 야망 때문에 자존감을 잃고 정체성까지 거의 잃었기 때문이었다. 따라서 그녀는 두렵고,

억제되고, 무방비 상태이며 고립되어 있었다. 그리고 이러한 이유에서 실패할 운명이 정해진 방식, 단지 억제와 두려움의 그물망에 자신을 더 깊이 얽어맬 방식으로 피난처를 찾고 자기 회복을 추구해야 했다. 오직 이러한 역학을 깨닫는 것으로써 그녀는 마침내 불행한 어린 시절의 영향에서 해방될 수 있었다.

또 하나의 일방적인 강조는 항상 '나쁜' 면, 또는 나쁘다고 여겨지는 것에 대해 끊임없이 이야기하는 경향이다. 고백하고 비난하는 것이 이해를 대신할 수 있다. 부분적으로는 적대적으로 자기를 질책하는 태도에서 비롯되지만 고백한 것만으로도 보상을 얻기 충분하다는 은밀한 믿음 역시 함께한다.

물론 이러한 사각지대와 일방적인 강조는 앞서 논의한 한계가 존재하는지와 관계없이 자기 분석을 위해 노력하는 과정에서 언제나 발견될 수 있다. 이런 측면은 어느 정도 정신분석에 대한 잘못된 선입견에서 비롯될 수 있다. 이 경우에는 정신적 과정에 대한 보다 원숙한 이해를 통해 바로잡을 수 있다. 그러나 내가 여기서 강조하고 싶은 점은 사각지대와 일방적 강조가 단지 본질적인 문제들을 회피하기 위한 수단일 수도 있다는 것이다. 이 경우에는 현상은 궁극적으로 진전에 대한 저항 때문에 발생한다. 저항이 매우 강력하여 내가 한계로 설명한 것에 해당한다면 분석이 성공하는 데 명백한 걸림돌이 될 수 있다.

앞에서 언급되었던 분석을 방해하는 힘들은 또한 노력을 성급하게 종료시킴으로써 자기 분석을 좌절하게 할 수 있다. 분석이 어느 정도까지 진행되어 부분적으로 도움은 되지만 내면에서 자신을 더 나아가지 못하게 방해하는 요인들과 맞붙어 싸우려 하지 않아서 이 이상으로 진행되지 않는 사례들을 가리키는 것이다. 이런 사례는 가장 방해가 되는 요소들을 극복하여 더는 자신을 분석할 필요성을 절박하게 느끼지 않지만 여기저기 퍼진 장애가 많이 남아 있을 때 나타날 수 있다.

삶이 순탄하게 돌아가고 특별히 도전하는 게 없다면 긴장을 풀고 싶은 유혹은 특히 커진다. 자연히 그런 상황에서는 누구나 완전한 자기 인식을 이루려는 열정이 줄어든다. 우리가 스스로 더 성장하고 발전하도록 흔드는, 자신에 대한 건설적인 불만에 얼마나 높은 가치를 두는지는 개인의 인생철학 문제다. 그러므로 우리는 자신의 가치관이 정확히 무엇인지 명확히 하고, 그에 따라 행동하는 것이 바람직하다. 만약 우리가 성장이라는 이상을 의식적으로 고수하면서, 실제로는 그 이상에 따르려는 노력을 포기하거나 심지어 독선적인 자기만족으로 노력을 억누른다면 기본적으로 우리 자신에 대한 진실성이 부족한 셈이 된다.

이와는 사뭇 반대되는 이유에서 자기 분석을 위한 노력을 중단할 수도 있다. 자신의 어려움에 대한 다양한 통찰에 도달했지만 아무런 변화가 일어나지 않고, 이렇게 눈에 보이는 결과가 없다는 데에 낙담할 수 있다. 사실 앞서 언급했듯이 낙담은 그 자체로 문제가 되고, 그렇기에 문제로서 다루어져야 한다. 그것이 가령 앞에서 설명한 절망적인 체념의 태도처럼 심각한 신경증적 혼란에서 비롯된다면, 혼자서는 대처할 수 없을 것이다. 그렇다고 해서 지금까지의 노력이 헛된 것은 아니다. 성취할 수 있는 것에 한계가 있음에도 신경증적 어려움에서 보이는 이러저러한 심각한 징후를 벗어나는 데 성공하는 경우가 종종 있다.

내재적인 한계는 또 다른 방식으로 자기 분석을 성급하게 끝내는 원인이 될 수 있다. 자기 분석을 하는 사람은 해결하지 못하고 남아 있는 신경증에 맞게 삶을 조정하는 일종의 유사 해결책에 도달할 수 있다. 삶 자체가 그러한 해결책을 끌어내는 데 도움을 줄 수 있다. 그는 권력에 대한 갈망을 표현할 배출구를 제공하거나 자신을 주장할 필요가 없는 무명의 삶과 예속된 삶을 허용하는 상황에 놓일 수 있다. 의존하려는 충동을 해결하기 위해 결혼 가능성을 잡을지도 모른다. 혹은 자신이 인식하고 파악한 것을 포함해서 인간관계의 여러 가지 어려움이 에너지를 너무 많이 소모시키고 따라서 평화로운 삶을 살거나 창조적 능력을 살리는 유일한 방법은 다른 사람들을 피하는 것뿐이라고 어느 정도 의식적으로 결정을 내릴 수 있다. 그러면 그는 사람에 대한 욕구나 물질적인 것에 대한 욕구를 최소한으로 제한하고 이러한 조건에서 견딜 수 있는 존재를 생각해낼 것이다. 이 해결책들은 확실히 이상적이지는 않지만 정신적인 균형은 이전보다 더 나은 수준에 이를 수 있다. 그리고 매우 심각한 혼란이 일어나는 일부 상황에서 달성할 수 있는 최대치가 이런 유사 해결책일 수도 있다.

건설적인 작업에 대한 한계는 원칙적으로 자기 분석뿐만 아니라 전문적인 분석에도 존재한다. 사실 앞서 언급했듯이 저지하는 힘이 아주 강하다면 분석이라는 발상 자체가 아예 거부될 것이다. 설령 거부되지 않고, 자신의 장애가 주는 압박감이 너무 고통스러워 분석 치료를 받는다고 해도, 분석가는 완전히 억눌린 힘을 주문으로 되살릴 수 있는 마법사가 아니다. 그러나 대체로 자기 분석이 한계가 훨씬 크다는 데는 의심의 여지가 없다. 많은 경우 분석가는 환자에게 해결책에 접근할 수 있는 구체적인 문제를 보여줌으로써 건설적인 힘을 자유롭게 해방할 수 있는 데 반해 혼자 분석하는 환자가 눈에 보이지 않고 풀리지 않을 것 같은 어려움에 사로잡혔다고 느끼면 자신의 문제를 해결하기 위해 충분히 용기를 낼 수 없을 것이다. 게다가 치료 중에 환자 내면에 있는 다양한 정신적 힘들의 상대적인 강도가 변할 수 있다. 어떤 힘도 영원히 일정하지는 않기 때문이다. 환자를 진정한 자아에 더 가깝게, 그리고 다른 사람들과 더 가까워지도록 이끄는 모든 단계는 그를 덜 절망적이고 덜 고립되게 만든다. 그로 인해 삶에 대해 적극적인 관심을 더하고, 또한 자신의 발전에 관심을 더한다. 따라서 분석가와 함께 일정 기간 공동 작업을 진행한 후에는 심각한 신경증적 장애로 시작한 환자들조차 필요한 경우에 스스로 분석을 계속할 수 있다.

전반적으로 비교해보면 복잡하고 광범위한 혼란이 영향을 미칠 때마다 전문적인 분석이 유리하지만 몇 가지 제한 조건을 유념해두어야 한다. 먼저 자기 분석과 자기 분석의 불가피한 결점을 이상적인 분석 치료와 비교하는 것은 전혀 공평하지 않다는 점이다. 나는 치료에서 거의 손대지 않은 꽤 심각한 문제를 나중에 스스로의 노력으로 붙잡아 성공적으로 극복한 몇몇 사람들을 알고 있다. 우리는 어느 쪽으로든 신중해져야 한다. 전문가의 도움 없이 할 수 있는 일을 과소평가해서도 안 되고 과대평가해서도 안 된다.

여기서 우리는 처음에 제기되었던 질문, 즉 자기 자신을 분석할 수 있는 특정한 조건에 관한 질문으로 되돌아가게 된다. 이미 어느 정도 분석 치료를 받은 환자의 경우에는 여건이 좋다면, 이 책에서 꾸준히 강조했듯이 지대한 영향을 미치는 결과를 얻을 수 있다는 희망을 품고 스스로 분석을 계속할 수 있다고 믿는다. 클레어의 예와 여기에 소개되지 않은 다른 사례들은 이전의 경험을 바탕으로 심각하고 복잡한 문제조차도 혼자서 대처할 수 있음을 분명히 보여준다. 분석가들과 환자들이 가능성에 대해 더 많이 알게 되고 이런 종류의 시도가 더 많이 이루어지리라는 희망은 현실적으로 보인다. 또한 분석가들이 환자가 독립적으로 분석을 지속하도록, 적절한 시기를 권장할 수 있는 판단 기준을 서서히 세워나갈 것으로 기대된다.

이러한 맥락에서 자기 분석에 직결되지는 않더라도 꼭 강조하고 싶은 사항이 있다. 분석가가 환자에게 권위적인 태도를 보이지 않고, 처음부터 이 기획이 분석가와 환자 모두가 같은 목표를 향해 적극적으로 노력하는 협력적인 작업임을 분명히 한다면, 환자는 훨씬 더 높은 수준에서 자신의 자원을 개발할 수 있을 것이다. 또한 자신은 속수무책이고 분석가가 혼자 책임져야 한다는 무력감을 버리고 주도적이고 지략 있게 대응하는 법을 배울 것이다. 넓게 말하면 정신분석 치료는 환자와 분석가 모두가 상대적으로 수동적인 상황에서 분석가가 더 능동적인 상황으로, 마침내는 두 참여자가 모두 능동적인 역할을 하는 상황으로 발전해왔다. 분석가와 환자 모두 능동적으로 참여하는 태도라면 더 짧은 시간에 더 많은 것을 성취할 수 있다. 내가 여기서 이 사실을 언급하는 이유는 분석 치료 기간의 단축 가능성을 제시하기 위해서가 아니다. 물론 기간을 줄이는 것은 바람직하며 중요하지만 그보다는 협력적 태도가 자기 분석의 가능성에 이바지할 수 있다는 점을 강조하려는 의도였다.

이전에 분석 경험이 없는 사람에게는 자기 분석 가능성에 대해 명확한 답을 주기가 더 어렵다. 전부는 아니지만 이 문제의 많은 부분이 신경증적 장애의 심각성에 달려 있다. 심각한 신경증을 전문가 손에 맡겨야 한다는 데는 의심의 여지가 없다. 누구든 심각한 장애를 겪는 사람은 자기 분석을 시작하기 전에 전문가와 상의해야 한다. 그러나 자기 분석의 가능성을 고려할 때 심각한 신경증 관점에서 생각하는 것은 실수에 가깝다. 심각한 신경증보다는 주로 특정한 상황의 어려움으로 발생한 가벼운 신경증과 다양한 신경증적 문제들인 경우가 훨씬 더 많다. 이렇게 가벼운 장애로 고통 받는 사람들은 분석가의 관심을 받는 일이 거의 없지만 그들의 어려움을 가볍게 여겨서는 안 된다. 그들의 문제 역시 고통과 장애를 일으킬 뿐만 아니라 귀중한 에너지를 낭비하는 결과를 낳는다. 자신이 가진 인간적 능력을 최대한으로 개발하지 못하기 때문이다.

수시 자기 분석 사례에 실린 경험들은 이러한 어려움에 가능성을 제시한다. 여러 사례에 나온 자기 분석 당사자들은 분석 치료에 대한 경험이 거의 없었다. 그들은 자기 성찰을 수행하는 노력을 끝까지 밀고 나가지는 않았다. 그렇지만 신경증적 문제의 본성과 문제를 해결하는 방법에 대한 전반적인 지식이 더 광범위하게 보급된다면 이러한 종류의 시도가 더 진전을 보일 것이라 믿어도 좋다. 다만 자기 분석이 허용될 정도의 심각하지 않은 신경증이어야 한다는 제한이 항상 따른다. 가벼운 신경증적 장애는 중증의 신경증보다 성격 구조가 훨씬 덜 경직되어 있어서 분석 작업을 멀리까지 밀고 나가지 않더라도 상당한 도움을 받을 수 있다. 심각한 신경증에서 어떤 해방의 효과를 이루기 위해서는 그전까지 어마어마하게 많은 양의 분석 작업을 거쳐야 하는 경우가 흔하다. 가벼운 장애에서는 단 한 번 무의식적인 갈등을 발견하더라도 더 자유로운 발전을 향한 전환점이 된다.

그러나 많은 사람이 자기 분석을 유익하게 수행할 수 있다는 사실을 인정한다고 해도, 과연 그들이 분석 작업을 완결할 수 있을지는 의문으로 남는다. 해결되지 않거나 손도 대지 않는 문제가 늘 남아 있지는 않을까? 질문에 답하자면, 완전한 분석은 없다는 것이다. 이것은 체념하고 내어놓은 답이 아니다. 확실히 분석이 더 명료해질수록, 우리는 더 자유로워질 수 있고, 자유를 더 많이 얻을수록 우리에게 더 유익하다. 그러나 완성된 인간의 결과물이라는 생각은 주제넘을 뿐 아니라 심지어 강하게 마음을 끄는 매력도 없다. 삶은 투쟁이고 노력이며 발전이자 성장이다. 분석은 이 과정에 도움이 될 수 있는 수단 중 하나다. 긍정적인 성취를 얻는 것도 중요하지만 노력하는 것 자체에도 가치가 있다. 괴테가 파우스트에서 말했듯이 "언제나 갈망하며 애쓰는 자, 그를 우리는 구원할 수 있다".*

---

* 『파우스트 2』(민음사, 정서웅 역)

무의식은 어떻게 나를 뒤흔드는가

# 나를 다 안다는 착각

**초판 1쇄 발행** 2023년 2월 15일
**초판 2쇄 발행** 2023년 3월 31일

**지은이** 카렌 호나이
**옮긴이** 서나연
**펴낸이** 김동환, 김선준

**책임편집** 정슬기　**1본부2팀장** 송병규　**1본부2팀** 이희산
**책임마케팅** 이진규　**마케팅** 권두리, 신동빈
**책임홍보** 이은정　**홍보** 한보라, 유채원, 권희, 유준상, 박지훈
**디자인** 김세민
**경영관리** 송현주, 권송이

**펴낸곳** 페이지2북스　**출판등록** 2019년 4월 25일 제 2019-000129호
**주소** 서울시 영등포구 여의대로 108 파크원타워1. 28층
**전화** 02) 2668-5855　**팩스** 070) 4170-4865
**이메일** page2books@naver.com
**종이** ㈜월드페이퍼　**인쇄·제본** 더블비

ISBN 979-11-6985-013-1 (03180)